モノのはじまりを知る事典

【生活用品と暮らしの歴史】

木村茂光
安田常雄
白川部達夫
宮瀧交二
【著】

吉川弘文館

はじめに

二一世紀も二〇年代を迎えようとしているいま、日常の生活は私たちの予想をはるかに超えるスピードで変化し続けている。パソコン・スマートフォンなどの端末でインターネットを利用した情報通信環境の変化は、ともすると私たちが、いまどこにいるのかも見失ってしまうような勢いである。

また、それに伴うバーチャルな映像環境の変化も著しく、それらが造る豊かな映像と世界が日常の生活に次々と持ち込まれている。バーチャル映像に基づくゲームの普及はその最たるものといえよう。本来「形のないモノ」が、実際の生活のなかで「価値あるモノ」として通用してきているのである。そういえば、「仮想通貨」という「貨幣」の広がりもその代表ということができよう。

すなわち、いまの私たちの生活は「形のあるモノ」と「形のないモノ」とによって形作られているだけでなく、ある側面では「形のあるモノ」から「形のないモノ」へ変化しつつあるということができよう。例えば「アルバム」といえば、以前は印刷された写真を思い出などのために冊子の写真帳に貼り付けたものをいったが、いまはパソコンやスマートフォンに取り込まれた映像を整理し記憶させたものを「アルバム」というようになっている。同じ「アルバム」という名称でも、その実態は大きく変化しているのである。もしかしたら、あと数年、数十年後には冊子仕立ての「アルバム」は消滅しているかもしれない。

しかし、その一方で、日本の伝統的な生活文化に価値を求めようとする傾向も根強い。健康食品としての「和食」や家庭料理への関心、さらにそれに伴う包丁や和風の食器などに対する関心が近年日増しに高まってきていると感じる。

このように、私たちの現在の日常生活は、伝統的な生活スタイルを作り上げている「形のあるモノ」と、バーチャル映像に代表される「形のないモノ」とのせめぎ合いのなかで送られているといっても過言ではない。そして、なによりも両者に共通しているのはその変化・進化のスピードの早さであろう。

このスピードの早さは、ともすると、先の「アルバム」にみたように、それらの「モノ」の名称や由来、さらに本来の意味を曖昧にしてしまう状況も生み出しつつあるようにもみえる。また、その早さのなかで、それらの来歴や意味を問い直す機会さえももてなくなってしまっているようにも感じる。

しかし、その変化する日常のまっただ中にいる私たちの生活が、これまでのどのような変化を受けた結果なのか、また現在どのような状況にあるのか、さらにこの後どのように変化していくのかを知るためには、いまの生活を形作っているさまざまな「モノ」の由来とその意味、そしてその変化の過程を理解することがどうしても必要であろう。

私たち四人は、多くの執筆者の協力を得て、二〇一六年十一月に『日本生活史辞典』（吉川弘文館）を刊行した。その後に、この成果を生かして、もう少し簡便で利用しやすい形式で、私たちをとりまく日常生活の歴史に関する事典を作れないかと考えた。といっても同じ内容を繰り返すのでは意味がないので、私たちの日常生活を形作っている「モノ」に焦点をあて、その「はじまり」をわかりやすく伝える事典を作ってみよう、と考えたのが本書の出発点である。そして、執筆にあたっては、あるモノの登場や変化に伴って、社会や世相が変わってきたことにも留意して記述するよう努力した。

もちろん、簡便さを目的にしたこともあって、日常の「モノ」を網羅的に取り上げることはできなかった。選んだ項目は私たち四人の関心に拠るところが大きいので、本書で取り上げられなかった項目、さらに本書で内容の不足を感じられた読者の皆さんには、ぜひ『日本生活史辞典』を繙いていただきたいと思う。

本書を、一般読者の方々に興味ある項目を読んでいただくのはもちろんのこと、学校の先生方や生徒の皆さんにも日ごろの「調べ学習」などでぜひ活用して欲しいと思う。そのことによって、現在の私たちの生活を形作っている「モノ」に関心をもってもらうと同時に、いまの私たちの生活をもう一度見直す機会になることを、執筆者四人は心より願っている。

二〇一九年十月

木村茂光
安田常雄
白川部達夫
宮瀧交二

目　次

はじめに……1
着る・身につける……1
背広・ワイシャツ・ネクタイ……2
男性の勤務服として明治期に定着
Tシャツ……4
軍服の下着が若者のファッションへ変身
ジーンズ……6
ゴールド・ラッシュが生んだ作業着
眼　鏡……8
舶来の眼鏡をかけた戦国大名
靴……10
木・藁・革――時代と身分で変わる履物
寝　巻……12
昼間の服と寝る服は分かれていなかった
雨　具……14
かぶる〈かさ〉から差す〈かさ〉へ
かばん……18
胴乱にハンドバッグ――携行用具の進化
食べる・飲む……21

米　飯……22
弥生時代にも〈おにぎり〉があった？
パ　ン……24
日本で出会った小豆とパン
そば・うどん……26
麺として登場するのは室町・戦国時代
ラーメン……28
最初に食べた日本人は光圀か禅僧か
鮨……30
古代のなれ鮨から江戸の握り鮨へ
弁　当……32
平城京の市でも携行用の飯を販売
駅　弁……34
時代とともに変化する列車の旅の必需品
すき焼き……38
農具を使った焼き肉料理
蒲焼き……40
鰻・醬油・みりん——三位一体の江戸の食
天ぷら……42
朝鮮通信使をもてなした料理
カレーライス……44
脚気を救った海軍の麦飯カレー
豚カツ……48
銀座の煉瓦亭が豚肉のカツレツを考案
鯛焼き……50
しっぽに餡は入る？　入らない？
インスタント食品……52
コーヒーにカレー——二十世紀の食料改革
酒……56
儀式に、商業に——日本史上の酒の役割
茶……62
留学僧が唐から持ち帰った喫茶文化

清涼飲料水……64
夏目漱石・宮沢賢治も好んだ炭酸水
調　味　料……68
塩と酒から分岐していった日本の味
うま味調味料……74
かつて食卓には必ず〈味の素〉があった
屋　台……76
江戸時代に始まった移動式外食店
学校給食……80
欠食児童、体位向上の課題を解決

調理する・食事をする……83
包　丁……84
もとは料理人を意味する言葉
俎……86
前近代には脚つき、かまぼこ形もあった
鍋……88
渡来人がもたらした鋳物の調理器具
食　器……90
葉・土器・陶磁器――色々なうつわの歴史
箸……92
ピンセット状は儀礼用、二本箸は日常用
食　卓……94
台所の〈台〉とは食卓のこと

住　ま　う……97
団　地……98
憧れの家電を備えた集合住宅
ダイニング・キッチン……102
〈○DK〉という住宅のスタンダード

水洗トイレ　歴史的にも連結しているトイレと下水道……104
風　呂　奈良時代の僧が使った〈サウナ〉……106

暮らしの中で使う……111

ミシン　ペリーが将軍に献上していた……112
アイロン　朝鮮半島から伝来した火熨斗がルーツ？……114
洗濯機　主婦を〈洗多苦〉から解放……116
掃除機　ゴミを掃き出せない団地で活躍……118
冷蔵庫　食料の収納・保存の〈近代化〉……120
石油ストーブ　一九六〇年代に石炭から石油へと変化……122
自家用車　〈国民車構想〉から〈マイカー時代〉へ……124
プラスチック製品　変幻自在の物質が生活の形も変えた……128
薬　古代から統制されていた医薬品と薬園……132
時　計　スイスと並ぶ高性能の国産品……136
灯　火　火による明かりと油の確保……138
電　灯　近代日本を照らす文明の灯……142

座る・寝る……145
敷　物……146
『古事記』にも登場するタタミ
椅　子……150
高貴な人しか座れなかった椅子
寝　具……152
長きにわたって庶民が使った藁のムシロ
書　く……157
筆……158
古代の役人の仕事にも必須の文房具
ペ　ン……160
文明開化を象徴する新しい筆記具
鉛　筆……162
家康が手にしたのはオランダの贈り物
紙……164
奈良時代に誕生した〈文化遺産〉
机……168
坏をのせる〈つきうえ〉が〈つくえ〉に
手　帳……170
検地の役人も持っていた手控え帳
日　記……172
政務や事件の公的な記録
売る・買う……177
スーパー・マーケット……178
アメリカ発の大規模小売店システム

自動販売機　明治時代から煙草、切手、飲料へと展開 …… 180
通信販売　都市の流行商品を地方へ送り出す …… 182

人とつながる …… 187

手紙　外交の国書が最古の手紙 …… 188
郵便　駅制、飛脚から郵便へと至る通信制度 …… 190
電話　明治二十年代に東京・熱海間に開通 …… 194

遊ぶ・楽しむ …… 197

囲碁　貴族も庶民も興じた盤上の格闘技 …… 198
将棋　室町時代に現行のルールが成立 …… 200
面子　もとは銭を使った大人の遊び …… 202
煙草　南蛮から渡来した喫煙が江戸時代に流行 …… 204
映画　戦前戦後の大衆文化の一大産業 …… 206
マンガ　北斎の漫画、手塚のマンガ、世界のmanga …… 210
ラジオ　国策の伝達から大衆の娯楽へ …… 214
テレビ　時代を映してきたメディアの王者 …… 218

流行歌　昭和の心情をのせてレコードは回る　222
旅行　江戸時代の街道整備で民衆の旅が広がる　226
レジャー　行楽や遊園地——消費の楽しみの拡大　230
公園　明治時代の欧化政策——行楽地から公園へ　234

図版目録
索引
著者紹介

着る・身につける

男性の勤務服として明治期に定着

背広・ワイシャツ・ネクタイ

背広は、上着・チョッキ・ズボンからなる成人男性が屋内での業務に従事する際に着用する最も一般的な洋服。

国内において、和装から洋装への転換が進む明治期、一八八六年（明治十九）に政府官員の通常勤務に洋服の着用が義務づけられると、まず最初に着用されたのは、フロックコート（flock coat）であった。現在は正装とされているモーニング（morning coat）は、その代用品である。九四年の日露戦争後、フロックコートに代わって、より機能的な上着である背広が登場・普及し、日常の勤務服として一般化した。モーニングやフロックコートに比して背幅が広くなっているため、仕立て職人が「背広」と呼んだのが語源とみられている。

ワイシャツは、その背広の下に着用する主に白色のシャツの総称である。国内では、和装から洋装への転換が進んだ明治初期に一気に普及し、すでに一八七〇年には、東京日本橋本町の加納屋（長谷川左衛門《はせがわさえもん》）がワイシャツを発売している。white shirt（ホワイトシャツ）が訛って「ワイ（Y）シャツ」と呼ばれるようになった。昭和期以降はサラリーマンを象徴する衣服となり、当初は洋服屋で個人が誂《あつら》えるものであったワイシャツも、大量生産された既製品が商店で販売され始めると、人々はこれを購入するようになった。

そのワイシャツの襟周りに巻いて首の前で結ぶ帯状の装飾布であるネクタイ（necktie）もまた、背広やワイシャツとともに普及した。ネクタイを最初に結んだ日本人は、一八五一年（嘉永四）にアメリカから帰国した土佐の漂流民中浜万次郎《なかはままんじろう》であったといわれている。すでに八二年には、東京日本橋区の田《た》中力蔵《なかりきぞう》がネクタイを販売しているが、当初は短い蝶ネクタイが主流であった。

明治期以降、背広にワイシャツ、ネクタイ姿が広く公務員・会社員の正装として社会的に認知されてきたが、近年、地球環境の温暖化が叫ばれ、毎年暑い夏を迎えている日本では、二〇〇五年（平成十七）以来、環境省が中心となって衣服の軽装化キャンペーン（ノーネクタイ・ノージャケット・キャンペーン）である「クールビズ（COOL BIZ）」が行われ、上半身ワイシャツのみの服装が、今日では、夏季のビジネススタイルとして定着している。その実施期間は、毎年、環境省が定めており、二〇一九年（令和元）は五—九月であった。

図1　背広・ワイシャツ・ネクタイを着用した福沢諭吉

今日、就職活動をする学生は、男女を問わず黒色や濃紺・灰色の無地のスーツを着ることにより自身の知性や清潔感を演出することが一般的となり、「リクルートスーツ」と呼ばれている。

参考文献　日本ネクタイ組合連合会編『日本ネクタイ史』（一九八〇）、石井研堂『明治事物起原』7第十七編衣装部（ちくま学芸文庫、一九九七）、遠藤武・石山彰『写真でみる日本洋装史』（二〇一四、日本図書センター）

（宮瀧　交二）

軍服の下着が若者のファッションへ変身

Tシャツ

Tシャツは、いうまでもなく素肌に着る下着であるが、その起源は、一九三〇年代末のアメリカ、アジア・太平洋戦争下の軍隊にあるという。米軍では兵士たちに軍服一式を支給したが、当時の下着は「ユニオン・スーツ」と呼ばれる上下が繋ぎになっているメリヤス下着であった。ちょうど世間では上下を切り離したタイプが流行し始めていたが、軍隊では色物のシャツや縞柄のパンツは採用されず、白無地で、メリヤスの、丸首シャツというシンプルなスタイルであった。Tシャツの名前は、広げておいた形がT字型であるからであるが、それは、GIたちのスラングとして始まったと推測されている。

一九四五年のアジア・太平洋戦争の終結後、除隊した兵士のなかにはTシャツを愛好する者も多く、五〇年代のアメリカにおいて、下着の「王者」として君臨する。それは新たな下着の流行という以上に、若者たちはその劇的な着方を通して、ひとつの時代の自己主張の象徴にもなった。端的には「不良少年」ファッションの流行であり、オートバイを飛ばし、ケンカに明け暮れる彼らのユニフォームとなる。ジーンズをはき、革ジャンを着て、その下には直接Tシャツを誇示したのである。出石尚三によれば、「好意的に眺めるなら、官給品を逆手にとっての戦争批判、戦争責任者であるダメな大人たちにつきつける匕首《あいくち》であったかもしれない」。日本に上陸したハリウッド映画のなかでも、マーロン・ブランドやジェームズ・ディーンのTシャツでの登場で、その流行に拍車がかかった。

しかし日本で直ちに流行したわけではない。日本でのTシャツという言葉の初出は、谷朝二「男の下着」(『男子専科』一九五二年〈昭和二十七〉五月一日発行)と推測されているが、翌一九五三年には、「ニート」(きちんとした恰好)から「ラフ」への転換が論じられていた。これからの若者の服装のポイントは「無造作な美しさが狙いなのです」(南部あき「若い男性の服装」〈『男子専科』一九五三年四月十日発行〉)。そして日本の小説のなかのTシャツ第一号は、三島由紀夫「沈める滝」(『中央公論』一九五四年十月―五五年三月連載)という指摘も興味深いが、奇しくも開いた襟の間から、丸首がのぞいているのは「おしゃれ」か「ヤボ」かなどをめぐって展開された「Tシャツ論争」などを含め、下着から上着への転換点を標示していた。

図2　Tシャツを着たジェームズ・ディーン

　こうしたTシャツ文化は、一方で穏健な愛好者の使用が拡大するとともに、一九六〇年代後半には、怒れる若者、ビート族、ヒッピーへと続く反体制ヤングのファッションとして注目された。またそこには、ノーブラで着るTシャツは「女性にとっての思想」という主張も浮上することになる。しかし七〇年代後半になると、反抗や異議申し立ての性格をすっかり欠落させ、ただ白い、なんの模様もない、洗いざらしのTシャツが復権することになっていった。

参考文献　出石尚三「T・シャツのもたらしたもの」(石川弘義他監修『アメリカンカルチャー』2、一九八一、三省堂)

(安田　常雄)

ゴールド・ラッシュが生んだ作業着

ジーンズ

ジーンズのJeanとは、丈夫な綾織《あやおり》綿布を素材にしていることで、複数形であるのは足が二本の意味である。その語源は「ジェノア」で、生地がイタリアのジェノア港から輸出されたのにちなむ。初出は一四八八年ころという。ジーンズは一八五〇年、サンフランシスコで生まれた。生みの親は、リヴァイ・ストラウス（Levi Strauss）。

彼はドイツからの移民であったが、ゴールド・ラッシュに沸く町で商売し、金を掘るのに必要な丈夫なズボンを作り、蛇を寄せつけないといわれたインディゴでの青に染めた。彼はその後テキサスに行くが、ジーンズはカウボーイにも愛用された。

一方ネヴァダのジャコブ・デイヴィスは、尻ポケットだけでなく力のかかる要所に鋲《びょう》を打つことを思いつき、一八七二年リヴァイ・ストラウスと連名で特許申請した。ジーンズはその後、労働者や少年たちの普段着として定着していった。それではジーンズが誰によってファッションとなったのか。出石尚三はジェームズ・ディーンではないかと推測している。

日本に紹介された最初は戦後の占領軍の普段着としてであり、それは「アメリカの作業ズボン」として紹介され、その後「ジーン・パンツ」「ブルー・ジーン」と呼ばれるようになり、一九五〇年代末から六〇年代初頭にかけて「ジーパン」という名前が定着していった。日本では戦後、アメリカ・イメージの大きな転換があり、ジェームズ・ディーン、マーロン・ブランド、エルビス・プレスリー、ジョージ・チャキリスなどの若者のヒーローが愛用することによって、爆発的に流行した。そこでは若者の反抗性やエスタブリッシュを忌避する心性にも訴え、六〇年代後半から七〇年代初頭にかけ、「ジーンズ」という呼び名が浸透していった。当時のファッション誌は次のように書いている。「ヨレヨレのブルージーンズにトレンチコート、はち切れるのではないかと思えるほどピチピチのブルージーンズに編上げブーツ、切りっぱなしの裾をほぐしたブルージーンズに、はき古したような運動靴……町にはブルージーンズの若者たちがあふれている」（「ファッション・スピリット」〈『装苑』一九七一年〈昭和四十六〉五月号〉）。

図３　ファッション雑誌でのジーンズの特集（『装苑』1971年５月号より）

当時いわれたジーンズにおける五つの“NO”とは、「ノー・クラス（階級を超え）」「ノー・エイジ（年齢を超え）」「ノー・オケイジョン（あらゆる機会を超え）」「ノー・シーズン（季節を超え）」「ノー・セックス（性別を超え）」であり、これらがジーンズを浸透させたファクターである。また、それらは時代の危機感に対する「ノー」と共振していたのである。

参考文献　出石尚三「ジーンズ物語」（石川弘義他監修『アメリカンカルチャー』2、一九八一、三省堂）

（安田　常雄）

舶来の眼鏡をかけた戦国大名

眼鏡

眼鏡のはじまりについてはイタリア発祥説、中国発祥説など諸説があるが、十三世紀末にはイタリアのベネチアで眼鏡が作られていたことはまちがいない。最初は凸レンズを用いた老眼用であったが、十六世紀半ばころには近視用が発明され、十七世紀には広く普及した。

日本に伝わったのは、一五五一年（天文二十）に宣教師フランシスコ・ザビエルが中国地方の戦国大名大内義隆《おおうちよしたか》に献上したのがはじめてというが現存していない。現存する最古の眼鏡は室町幕府一二代将軍足利義晴《あしかがよしはる》が所持したものというのが京都市の大徳寺に伝わっている。また、静岡県の久能山東照宮《くのうざんとうしょうぐう》には徳川家康が使用した鼻眼鏡二面が伝存している。

初めはヨーロッパや中国からの輸入品であったが、元和年間（一六一五—二四）ごろ、長崎の生島藤七《いくしまとうしち》が技術を習得し製作したのが日本における眼鏡製作のはじまりである。その後、京都・大坂・江戸でも作られるようになった。

初期の眼鏡には手持ち式、紐を付けて耳にかけるもの、さらに鼻梁に挟むものなどがあったが、鼻梁に挟むものは鼻の低い日本人はあわなかった。その後改良が加えられ、紐を耳にかける方式の支柱式天狗眼鏡が江戸時代を通じて使用された。「めがね」という言葉が「眼鏡」を指すと認識されるのは江戸中期になってからである。

一八七三年（明治六）のウィーン万国博覧会に派遣された二四人の伝習生のうちの一人朝倉松五郎《あさくらまつごろう》は、宝石や大理石の研磨技術だけでなく眼鏡の製法も学んで帰国し、西洋の技術に学んだ新しい眼鏡製作を始めた。

強い日差しや照明から眼を守るために作られたサングラスの起源については、古代ローマ皇帝ネロの使用説や十二世紀の中国の裁判官が用いたとされるスモーキークオーツ、イヌイットのスノーゴーグルなどに求める説など多様だが、安価な大量生産品は一九二九年にアメリカで製作された。最初は遮光性が重視されたが、その後ファッション性が追及されたり、スポーツ用が開発されたりしてさまざまな分野で利用されている。

図４　徳川家康所用の眼鏡

　コンタクトレンズは十九世紀初頭からイギリスなどで実験が始まったが、実用化されるようになったのは一九三〇年代で、「角鞏膜《かくきょうまく》コンタクトレンズ」やアクリル樹脂を用いた「角膜コンタクトレンズ」が発明されて、急速に普及した。日本では一九四〇年代から研究が始まり、名古屋大学の水谷豊らの研究成果を受けて、五一年（昭和二十六）株式会社メニコンが角膜コンタクトレンズの実用化に成功した。現在はハードコンタクトレンズ、ソフトコンタクトレンズ、乱視用コンタクトレンズなど多様な機能に応じたコンタクトレンズが作られている。

参考文献　白山晰也『眼鏡の社会史』（一九九〇、ダイヤモンド社）、アストリッド・ヴィトルズ著、野崎三郎訳『メガネの事典』（一九九七、はる書房）

（木村　茂光）

木・藁・革――時代と身分で変わる履物

靴

本来「くつ」は履物《はきもの》の総称であったが、現在はその一種を指す。靴は主に洋風のものを指し、わが国在来のものは履・舄・鞋・沓などの字を宛てる。

日本におけるくつの早い例は、弥生時代後期の遺跡から発見された木履《きぐつ》で、底板の周囲を三センチほど高くし、その側面に孔を空けて紐を通し、甲に縛る構造であった。古墳時代の人物埴輪《はにわ》にも履をはいたものが確認できるから、相当古い時期からくつが利用されていたと考えられる。

律令の衣服令《いふくりょう》には儀式の際に参列者がはくくつの種類が服装に応じて指定されており、すでに数種のくつが存在したことがわかる。ちなみに、舄はつま先が高く三山形のくつで鼻高沓《びこうぐつ》ともいった。靴は深《ふか》靴《ぐつ》で後世「カノクツ」と呼ばれた。履も鞋も浅靴《あさぐつ》であるが、履は黒皮で作り、鞋は麻・稲藁《いねわら》などで作ったようである。また、一本の木をくり抜いて足先から踵《かかと》までを覆う木靴も使用された。

平安時代になると、用途に応じた種々のくつが作られた。長靴《ちょうか》形の毛履《けぐつ》は乗馬用として、検非違使《けびいし》や衛府《えふ》の官人など武士に利用され、短靴《たんか》形の綱貫《つなぬき》は無位の武士や庶民の履物であった。鎌倉・室町時代になると、履・鞋など甲を覆う形のくつの利用は宮廷や公家など一部の階層にとどまって廃れ、草鞋《わらじ》や草《ぞう》履《り》・下駄《げた》など鼻緒を用いた履物が広まった。

近代になると洋服の普及とともに洋靴が用いられるようになった。その製造は一八六九年(明治二)に軍隊用の靴から始まったといわれる。その後、服装の多様化と用途の多様化によって、短靴のほか、雨靴やブーツなどの深靴、パンプスやサンダルなどの浅靴、スケート靴や登山靴などの特殊な靴などが

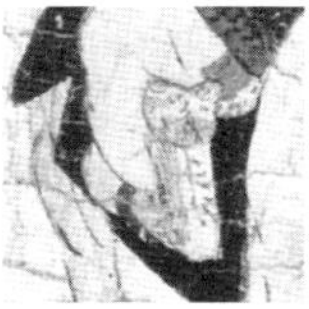

沓の拡大

図５　乗馬する検非違使の沓（『伴大納言絵詞』より）

図６　明治時代の流行型編上靴（『みつこしタイムス』1908年８月号より）

製造され利用されている。

靴とともに使用された靴下は、軍隊や警察で革靴が利用されるに伴って使用されたと考えられる。一八八七年（明治二十）には靴下の広告が確認できるという。冬には毛糸、夏には絹糸、春秋には木綿メリヤスなど、季節に応じて使い分けられた。大正末期には薄い絹製の婦人用長靴下が開発され、昭和二十年代にはゴム入りの靴下が登場し、一九五三年（昭和二十八）には東洋レーヨンがナイロン糸を使ったストッキングを開発し、婦人用靴下は絹製からナイロン製へと大きく変化した。ナイロン製は現在もさまざまな進化を遂げている。

参考文献　岸本孝著、市田京子監修『靴の事典』（二〇〇〇、文園社）、稲川實・山本芳美『靴づくりの文化史』（二〇一二、現代書館）

（木村　茂光）

昼間の服と寝る服は分かれていなかった

寝巻

「ねまき」という言葉は、江戸時代後期の国語辞書『俚言集覧《りげんしゅうらん》』に「寝纏の義なるべし、又カイマキと云物のまきの如し」とあることから、寝間着（ねまぎ）から変化したのではなく、寝具のカイマキなどのマキと寝の字が合わされて生じた、という説もある。

日本や海外でも古くから寝巻という独立した衣服は存在せず、昼間の衣服のまま、あるいは下着や肌着がそれに代用されていた。中世においても『春日《かすが》権現験記《ごんげんげんき》』など絵巻物にみられるように、貴族や武士は昼間の装束《しょうぞく》を脱ぎ、下の白絹の小袖《こそで》に夜着《よぎ》をかぶって寝ており、庶民も昼間着の小袖のまま寝たと考えられる。

「ねまき」という言葉は十六世紀の辞書『運歩色《うんぽいろ》葉集《はしゆう》』にみえ、江戸時代中期の有職故実《ゆうそくこじつ》書『貞丈《ていじょう》雑記《ざつき》』には「こねまき」のことが記されている。その後、じゅばんや長じゅばん・ゆかたなども用いられるようになったが、明治時代になっても大きな変化がなく、木綿の単《ひとえ》が多く用いられた。寝る前の防寒対策として丹前《たんぜん》（縕袍《どてら》）を上に羽織ったり、寝冷えを防ぐ腹巻きや、夜着である袖のついた掻巻《かいまき》が利用されることもあった。

一九一四年（大正三）の育児法によれば、絹は好まれず、白木綿の単の上にフランネルなどをつけたもの、冬の夜着には毛布が適していると考えられていたことがわかる。一九四二年（昭和十七）の調査によると、都市部では寝巻が普及していたが農村部では裸で寝る児童が少なからず存在した。

太平洋戦争後には各種合成繊維の開発と大量生産が進んだため、洋式の寝巻であるパジャマの利用が全国的に広がり、木綿の単や掻巻の利用は減少した。一九七〇年代後半からは寝巻代わりにジャージやTシャツを用いる若者が増えてきている。

参考文献　小川光暘『寝所と寝具』(雄山閣アーカイブス歴史篇、二〇一六)

(木村　茂光)

図7　小袖を身につけ、夜着を掛けた春日明神の化身(『春日権現験記』より)

図8　褞袍(左)と掻巻を着た少女(右)(喜田川守貞『守貞漫稿』〈1853年〉より)

かぶる〈かさ〉から差す〈かさ〉へ

雨具

笠・傘・蓑《みの》・合羽《かっぱ》・レインコートなどに代表される雨を防ぐ道具の総称。

笠は、傘と区別するため「かぶりかさ」などという。一般的に藺《いぐさ》や菅《すげ》・竹の葉などを用いて低い円錐形に編み、紐などによって頭に装着する。

中国や朝鮮、東南アジアでも広く使用されたが、日本においては『日本書紀』神代《じんだい》巻に素戔鳴尊《すさのおのみこと》が「青草を結束《ゆ》ひて笠みの」にしたとあるし、『万葉集』の歌には「王の御笠」が詠まれているから、相当古い時期から笠が用いられていたことがわかる。十世紀前半に著された『和名類聚抄《わみょうるいじゅしょう》』には「加佐」と記されているから「かさ」と読んだのであろう。

平安時代以降になると武士の旅行用や流鏑馬《やぶさめ》など武芸用に綾藺《あやい》笠が用いられ、女性の外出用には市女《いちめ》笠が用いられた。江戸時代になると、形や材質の違いや身分・職業・用途の違いによってさまざまな笠が作られた。製作上からは編笠・縫笠・組笠・網代《あじろ》笠・塗笠・張笠・綾藺笠などがある。

傘は笠と区別するため「さしかさ」「からかさ」と呼ばれる。日本では『日本書紀』欽明天皇十三年（五五二）条に百済《くだら》の聖明王《せいめいおう》によって「幡蓋《はたきぬがさ》」が献上されたとあるのが早い例である。この記事からも、傘と仏像の上にかざす天蓋《てんがい》や宮中や寺院の儀式などの際に用いられる「きぬかさ」との関連も指摘されている。

奈良・平安時代には布帛《ふはく》（麻や木綿などの布）を貼った長柄《ながえ》傘が、鎌倉・室町時代には紙を貼った朱塗りの長柄傘が上級貴族や武士・僧侶の間で用いられた。ロクロを使って自由に開閉できる傘は、一五九四年（文禄三）に堺の商人納屋助左衛門《なやすけざえもん》がルソン

（いまのフィリピン）から伝えたといわれている。

江戸時代になると長柄傘が禁止されたため、元禄のころから短い柄の傘が使用されるようになった。明治時代以降は洋傘が普及したため次第に衰退していった。現在は外国人旅行者用のおみやげなどとして販売されている。

ちなみに、洋傘（こうもり傘）は、一八五九年（安政六）にイギリスの商人がもたらしたといわれ、慶応年間（一八六五―六八）には外国人の商人が売り出すようになった。七二年（明治五）ごろには材料を輸入して国内生産が始まり、九〇年には受骨《うけぼね》が国産化し安価な製品が作られるようになって、一九三六（昭和十一）―三七年にはピークを迎えたという。第二次世界大戦中は激減したが、戦後、洋装が盛んになるにつれ需要が増大した。

蓑は風雪や陽光を防ぐために労働具や旅装用としても用いられた。稲藁《いねわら》・菅《すげ》製が一般的だが茅《かや》や枇榔《びろう》の葉なども使用された。文献としては「笠」のところで紹介した素戔鳴尊の「笠みの」などが古い例だが、『万葉集』などにも詠まれている。『信貴山縁起《しぎさんえんぎ》絵巻《えまき》』には尼公《あまぎみ》の従者が蓑をきて旅をする姿が描かれている。

江戸時代・近代になっても農村や漁村で労働具として広く用いられ、その用途に応じてさまざまな形態の蓑が作られた。大きく分類すると、背蓑・肩蓑・胴蓑・丸蓑・腰蓑、蓑帽子などになる。

一方合羽は、その語源がポルトガル語のcapaにあるように、室町時代後期・戦国時代に来航した外国人宣教師などが着用していた外套《がいとう》に起源がある。豪華な羅紗《らしゃ》製であったため将軍足利義昭《あしかがよしあき》や織田信長などが愛用したという。山形県米沢市の上杉神社には上杉謙信が着用したという洋式の合羽が伝存している。

江戸時代になると高価な羅紗に代わって和紙をつ

図９　市女笠の女性と綾藺笠の男性(『石山寺縁起』より)

図11　蓑　秋田県大館市のワラケラ

図10　上杉謙信所用の長合羽

なぎ合わせて桐油を塗った紙合羽《かみがっぱ》や布製の合羽が作られた。また木綿を用いた着物仕立ての袖合羽《そで》も作られ、茶人や俳人らの外出用として用いられた。明治時代以降、フードが付いたゴム引きの雨合羽が作られ、現在でもビニールやナイロンを素材にした雨具も合羽と呼ばれている。

レインコートは、十九世紀前半にスコットランドの化学者マッキントッシュがゴムを挟んだ防水布を発明し、それで作られたコート（マッキントッシュという）に始まるが、広がったのはイギリスのバーバリーが綾織《あやお》りの木綿に防水加工をしてレインコートを作り、一八九三年に特許をとった以後のことである。バーバリーはレインコートの代名詞となった。第一次世界大戦の時、バーバリーがトレンチコートを作り、これが軍隊用のコートとして使用されたことが契機となって普及した。

トレンチコートは実用性も高く、ショルダーストラップやウエスト位置のベルト、右肩のストームストラップなど外見的にも機能美に優れているため、日本でも一九三〇年代以降、男性の冬のファッションとして定着するとともに、女性用のトレンチコートも製作されるようになった。

図12　明治時代の蝙蝠傘（萩原乙彦著、三木光斎画『東京開化繁昌誌』〈1874年〉より）

参考文献　宮本馨太郎『かぶりもの・きもの・はきもの』（一九六八、岩崎美術社）

（木村　茂光）

胴乱にハンドバッグ――携行用具の進化

かばん

革、合成皮革、厚地の布などで作られることが多く、形態としては手提げ、抱え、肩掛けなどがある。かばんという名称は明治時代以前にはなく、オランダ語のkabas、中国語の挟《きょう》（夾）板《ばん》の日本語読み「きゃばん」などが転化して成立したというが諸説ある。「鞄」の語義は「かわつくり」「皮をなめす職人」の意味だが、かばんは、革製品が多いことからこの字が宛てられたのであろう。

携行用具としては縄文時代の遺跡から樹皮で編んだポシェットのような遺物が出土しているので（青森県三内丸山遺跡など）、古い時代から用いられていたことは間違いない。ヨーロッパ中世でもオモニエールというポシェットやハンドバッグの原型のような巾着袋《きんちゃくぶくろ》が使用されていた。十八世紀後半になるとシンプルで細身の服装が流行るようになり、それまで付いていたポケットなどが少なくなったため、身の回りの物や金銭を携行するバッグ＝かばんが必需品になったといわれる。

日本で本格的なかばんの製造が始まったのは明治初年で、一八七一年（明治四）政府の御用商人の山城屋和助がフランスから持ち帰ったかばんを森田直七に模倣させたのがその最初という。日本では胴乱《どうらん》と呼ばれる袋状の物入れが主に男性の間で使われていたが、高価であったため、西洋式のかばんが広まると形を変え、かばんと同様なものになった。また、女性の間では信玄袋《しんげんぶくろ》といわれる堅地の底をつけ紐で口を締める布製の袋が用いられたが、これは現在でも和服に合わせるファッションとして使用されている。

同じく女性の持ち物として普及したハンドバッグ

は、一九〇五年（明治三十八）に布製の手提げ袋がオペラバッグの名で発売されたのが日本での原型という。ハンドバッグという名称が一般的に普及したの

図13　胴乱の銭入れ

図14　信玄袋

図15　かばんを掛けた郵便配達夫（梅堂国政「開化幼早学門」〈1876年〉より）

は大正末年ごろからである。大正年間（一九一二—二六）後半になると洋服の普及に伴って、ボストン大学の学生が使用していたボストンバッグが流行し、またファスナーやレザークロスなどの開発によってリュックサックなどのスポーツかばんも製造された。しかし、一九三八年（昭和十三）に皮革使用制限規則が公布されてかばんの牛皮使用が禁止されると、エナメルレザーや防水布などの代用品が使用された。

戦後になって、ビニール・ナイロン・ポリエステルなどの新素材が開発されると、用途に応じた多様なかばんが製造されるようになった。現在、業界ではかばんの用途により、学生用、事務用、運動具用、小旅行用、長期旅行用、レジャー用、その他に区分しているが、ハンドバッグはこの中に入れられていない。

参考文献　遠藤武・石山彰『写真でみる日本洋装史』（二〇一四、日本図書センター）

（木村　茂光）

食べる・飲む

弥生時代にも〈おにぎり〉があった?

米　飯

米は縄文時代後期には食べられていたとされる。まず陸稲栽培が行われ、やがて水稲に変わったという説が一般的である。福岡県博多市板付《いたづけ》遺跡や佐賀県唐津市菜畑《なばたけ》遺跡では、縄文時代晩期の水田遺構が発掘され、ジャポニカ型の米や籾が発見されているが、これには慎重な意見もある。水田稲作が一般的に普及するのは弥生時代であった。弥生時代の遺跡である静岡市登呂《とろ》遺跡に付属する水田から収穫できる米と、住居跡から想定される人口から試算すると、米食だけでは生活を維持できなかったとされる。登呂遺跡では、ほかにクリ、オニグルミ、トチなどの木の実やヒエなどが出土しており、これらを補食としていたと考えられている。

米の調理法では、弥生時代からすでに、現在のように、炊き干し法が一般的に用いられたとされる。インディカ米を使用する東南アジアでは、水を多めに入れて、煮立ったところで水分を捨てて蒸す、湯取り法が行われているが、日本では早くから炊き干し法が使われていた。このほかに古墳時代には甑《こしき》で蒸す、強飯《こわいい》という調理法があったことが出土品でわかる。これは高坏《たかつき》に盛って食べたもので、古代貴族の饗応に用いられたが、蒸した米は硬くて食べにくかったので、一般には炊き干し法が普及した。

弥生時代の遺跡（静岡県登呂《とろ》遺跡など）からは、炭化したちまきや三角のおにぎり状のものが出土しているので、そうして食べることも行われていた。また餅も古くから行われたようで、甑で蒸して作るものに餅もあったとされる。これは臼に入れて搗くものであるが、東アジアでは米粉にして水を加えて練る、練り餅も広く行われた。

米飯は、上流階級の貴族・僧侶・武士では一般的になったとしても、庶民は日常的には混ぜ物をして食べるのが普通だった。一八八八年（明治二十一）の統計によると、全国平均で混食率は、米五一％、麦二七％、雑穀一三％、甘藷《かんしょ》五％などとなっている。

江戸時代には、米飯は、江戸では朝炊いて夜は冷や飯を食べた。一方、大坂では夜炊いた。冷や飯は、粥や湯漬けでも食べた。副食品が乏しく、その分、主食を多く食べていた。米だけなら一人一日だいたい四、五合食べたとされる。武士については、一人《いちにん》扶持《ぶち》が一日五合と計算されるのでこれに近い。米と雑穀の混合の割合は、江戸・大坂の大都市では米の比重が高いが、農村部の例として、一八四八年（嘉永元）の栗原信充《くりはらのぶみつ》『柳庵雑筆《りゅうあんざっぴつ》』では、米一・四合、麦四・九合となっており、麦の方が多かったことがわかる。

図16　石川県杉谷チャノバタケ遺跡出土のちまき状炭化米

参考文献　大豆生田稔『お米と食の近代史』（二〇〇七、吉川弘文館）、江原絢子他『日本食物史』（二〇〇九、吉川弘文館）

（白川部達夫）

日本で出会った小豆とパン

パン

パンは六〇〇〇年ほど前、小麦が最初に栽培されたメソポタミア地方で作られ始めたと考えているが、それが日本に入ってきたのは遙かに遅く、十六世紀中ごろのことである。天文年間（一五三二—五五）に来航したポルトガル人によってもたらされたと考えられている。それはパンがポルトガル語のPãoに由来することからも理解できる。

日本でパンの名が文献で確認できるのは十八世紀になってからで、『和漢三才図会《わかんさんさいずえ》』（一七一五年〈正徳五〉跋）には、オランダ人が餡《あん》なしのまんじゅうである「蒸餅《じょうへい》」を食事ごとに一個ずつ食べており、それを「波牟」＝パンと呼んでいると記している。このころのパンは中国式の饅頭《まんとう》という認識であったようである。

その作り方の詳細は不明だが、一七一八年（享保三）の年紀をもつ「御前菓子秘伝抄《ごぜんかしひでんしょう》」には発酵パンの製法が記されている。それによれば、小麦粉を甘酒で捏《こ》ねて発酵させたものにさらに小麦粉を入れて捏ね、数時間たってふくれたものを竈の余熱で焼く、という製法であり、ヨーロッパの製法と原理的には同じである。しかし、実際この製法でパンが作られた記録はないという。幕末の開港以後は硬質で保存性の高い乾パンが軍用食として用いられるようになり、一八六八年（明治元）にはすでに薩摩軍が軍用食として用いていたともいわれる。最近は常食として食べられることはないが、その性格から防災用の備蓄食料として広く利用されている。

一方、日本で考案されたパンとして有名なのが「あんパン」である。これはパンの中に小豆の餡を入れて作ったパンで、一八七四年、東京銀座の木村屋総本店の初代木村安兵衛《きむらやすべえ》が考案したものである。菓子パンの走りといえよう。これにはパンの膨張剤としてイーストを使わず、酒まんじゅう製造の際に使う酒麹《さけこうじ》を使用しているところに特徴がある。「御前菓子秘伝抄」の伝統を生かした製法ともいえる。

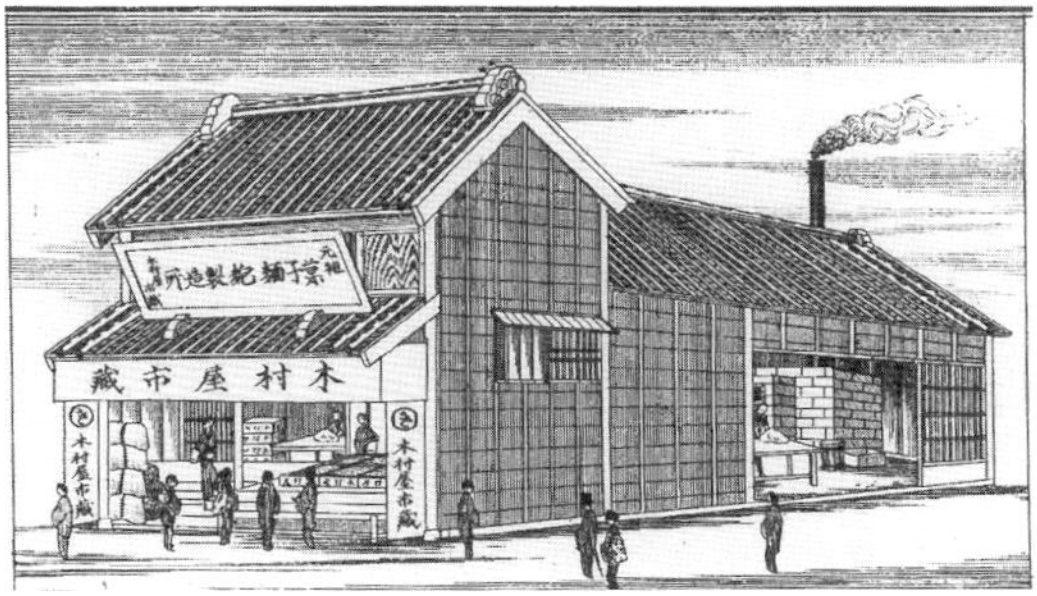

図17　木村屋パン店（吉田保次郎編『東京名家繁昌図録』〈1883年〉より）

図18　木村屋のあんパン

明治中期になると、パンが脚気《かっけ》の治療に効果があると評判になり、一八九〇年（明治二十三）には日本海軍がパン食を導入した。日露戦争・第一次世界大戦により軍用パン製造が盛んになり、パン業界は飛躍的に発展した。さらに、太平洋戦争後、学校給食が始まり、アメリカ合衆国からの「経済援助」の小麦や脱脂粉乳《だっしふんにゅう》を使用したパン食が導入されたため、一九五五年（昭和三十）以降、パンの普及がますます広がった。

参考文献　柴田米作編『日本のパン四百年史』（一九五六、日本のパン四百年史刊行会）、越後和義『パンの研究』（一九七六、柴田書店）、舟田詠子『パンの文化史』（講談社学術文庫、二〇一三）

（木村　茂光）

麺として登場するのは室町・戦国時代

そば・うどん

蕎麦は古くからあったが、記録として確認されるのは、『続日本紀《しょくにほんぎ》』七二二年（養老六）七月条に、飢饉に備えて植え付けさせた救荒作物としてあげられているのが初見とされる。他の穀物と混ぜて炊いて食べたり、粉にして、蕎麦がきや餅として食べたりした。粉を練って、伸ばして細く切り、ゆでて食する蕎麦切りは、十五世紀末に始まった。『山科家礼記《やましなけらいき》』の一四八〇年（文明十二）七月二十三日条に「そば」を贈られた記事があり、これが蕎麦切りだったと考えられている。その後、信濃木曽の定勝寺《じょうしょうじ》における一五七四年（天正二）の仏殿などの竣工祝いで「振舞ソバキリ」とあるのが、明確な初見記事だとされている。

一六四五年（正保二）に出版された諸国の名産を書き上げた『毛吹草《けふきぐさ》』では、「蕎切」として武蔵・信濃があげられている。江戸では、蕎麦切りは屋台を使った振り売り、町角に葦簀《よしず》を巡らした辻売り、店《たな》売りで売られた。振り売りや辻売りの場合、あらかじめ蕎麦をゆでておいて、客から注文があると温めて出したので、つなぎの小麦粉を八、蕎麦粉を二ほどにした。店売りでは、小麦粉二、蕎麦粉八の二八蕎麦であった。つけ汁は、元禄ごろは溜り醤油であったが十八世紀中ごろに、濃口醤油と酒、水、みりんと鰹節を煮た出汁をあわせたものが用いられた。江戸のものは醤油が塩辛かったこともあり、辛い出汁で、蕎麦の先に少しつけてすするのが、粋とされた。

うどんは、饂飩と書いて、古くは小麦粉をこねて、刻んだ肉をくるんで煮たもので、起源は中国から伝来したものであった。饂飩の記事は十四世紀にはみられるが、どういうものだったかはわからない。一方、奈良時代には麦を原料にした「麦縄《むぎなわ》」が食されていたが、これは「藁《わら》」を単位に数えられているから、うどん状の食物であったと考えられる。

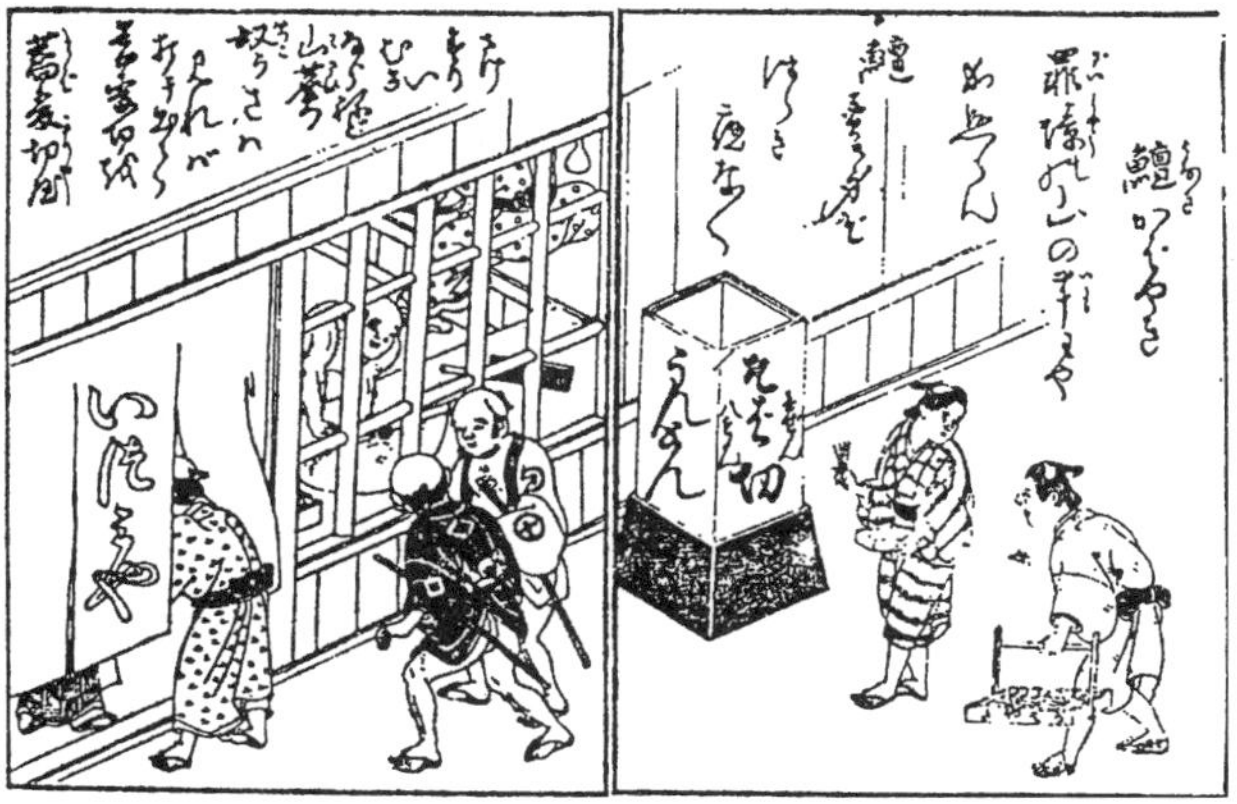

図19　蕎麦切・うんとん屋（長谷川光信画『絵本御伽品鏡』〈1739年〉より）

やがて細長く切るようになり、『日葡辞書《にっぽじしょ》』では、小麦粉をこねて非常に細く薄く作り、煮たものとしているので、このころには、完成していたことがわかる。一七〇二年（元禄十五）の『羹学要道記』によれば、うどんができあがったら、飯つぎ（飯櫃）に湯を入れてその中にうどんを入れ、客にはうどんを盛って湯つぎで差し湯して出す。客はこれに汁を加えて食して、残った汁は汁コボシに捨てたという。

参考文献　新島繁『蕎麦史考』（一九七五、錦正社）、石毛直道『麺の文化史』（講談社学術文庫、二〇〇六）、川上行蔵著、小出昌洋編『日本料理事物起源』（二〇〇六、岩波書店）、同『食生活語彙五種便覧』（同前）、奥村彪生『日本めん食文化の一三〇〇年（増補版）』（二〇一四、農山漁村文化協会）、同『日本料理とは何か』（二〇一六、農山漁村文化協会）

（白川部達夫）

最初に食べた日本人は光圀か禅僧か

ラーメン

ラーメンという名称は中国の柳麺・拉麺・老麺などがなまったものという諸説があるが、現在のラーメンブーム以前は中華ソバの代名詞のように使用された。

　これまで日本人で最初に中華麺を食べたのは徳川《とくがわ》光圀《みつくに》（水戸黄門）であるといわれてきたが、最近、『蔭涼軒日録《いんりょうけんにちろく》』の一四八八年（長享二）の記事に、中国の『居家必要事類《きょかひつようじるい》』という書物に書かれていた料理法を参考にして「経帯麺」という料理を来客に振る舞ったとあることがわかった。この麺は小麦粉と鹹水《かんすい》を使って作ると記されており、その形状は不明ながらも日本初の中華麺の可能性が指摘されている。

　明治初年横浜の中国人居留地で、生地を包丁で切り豚骨ベースのスープを入れた柳麺が食されていたが、一八九九年（明治三十二）の内地雑居令以後、中国料理人が日本各地に住むようになるに伴い日本社会に定着し「ラーメン」に転化したという理解もあ

図20　江戸川乱歩直筆の屋台ラーメン屋

る。

一八九五年（明治二十八）以降、製麺機の全国普及と日清・日露戦争後の都市人口の急増により外食として普及した。一九一〇年、元横浜税関の役人尾崎貫一が退職後、横浜中華街から招いた中国人料理人一二名を雇って東京市浅草区に日本人向けのはじめての中華料理店来々軒《らいらいけん》を開店し、醤油味の麺を出して人気を博したという。戦後になると中国大陸からの引揚者によるラーメン屋台やラーメン店が出現した。

図21　1958年(昭和33)発売のチキンラーメン

日本だけでなく世界中で食されるようになったインスタントラーメンは、一九五二年（昭和二十七）末に都一《みやこいち》製麺が販売した中華麺、その後五八年に大和通商が販売した麺を油で揚げた「鶏糸麺《けいしめん》」（味付け油揚麺）がそのはじまりといわれるが、それが本格化したのは同年八月に日清食品（安藤百福《あんどうももふく》が設立）が鶏糸麺を改良した麺を「チキンラーメン」の名で販売したのがきっかけであった。以後、食品会社が続々と参入し、現在を迎えている。

それまで味付け麺に湯を注ぐものが主流であったが、一九六二年に明星食品からスープ別添の即席麺が、さらに七一年には日清食品からカップ容器入りの即席麺が「カップヌードル」の名で発売され、世界中で販売されるようになった。

参考文献　小菅桂子『にっぽんラーメン物語』（講談社α文庫、一九九八）、石毛直道『麺の文化史』（講談社学術文庫、二〇〇六）

（木村　茂光）

古代のなれ鮨から江戸の握り鮨へ

鮨

スシは鮨、鮓、寿司などと書き、東南アジアなどでつくられたなれ鮨が起源とされる。

なれ鮨は、米を蒸して塩などを加えたものに、魚を漬け込んで一定期間熟成することで、うま味を引き出して食したものである。日本では養老令の賦役《ぶやく》令《りよう》にあわび鮓、イガイ鮓などの記述がある。現在残るものでは、琵琶湖の鮒鮨《ふなずし》が知られている。なれ鮨は数年漬けていたが、やがて室町時代ごろには生成《なまなり》、半馴《はんなれ》といって発酵が十分でないまま漬けた米と一緒に食べるようになった。このころ、魚を開いて漬けるようにもなった。また四角型の浅い箱に、塩味を付けた飯を入れて、上に塩魚やなす、みょうが、竹の子などをのせて、重石を置いて、発酵させて切って食べるこけらずしが生まれた。このタイプは、飯が酢飯になって押し鮨として各地に伝わっている。

江戸時代になって、早鮨という酢と塩や酒などで飯に味を付けて食べる鮨が始まった。一六六八年（寛文八）刊行の『料理塩梅集《りようりあんばいしゆう》』に、調理法の記事がある。また、元禄ごろに江戸で、酢締めした魚を握った酢飯の上に置いて、笹の葉で巻いた笹鮨が始まった。さらに一八二四（文政七）、二五年ごろ江戸で握り鮨が考案され、たちまち流行した。一八二七年（文政十）に刊行された『誹風柳多留《はいふうやなぎだる》』一〇八篇に、握り鮨の握りのあざやかさを「妖術」のようだと詠んだ川柳が採録され、これが初見とされている。考案者は鮨職人の花屋《はなや》（華屋）与兵衛《よへえ》とされている。当時の握り鮨は、冷蔵設備がないので、ネタを酢で締めたり、醤油で漬けたり、煮たりしたものを酢飯にのせた。また形もおにぎりのような大きさで、切って食べることもあったようで、二つに切ると二貫といった。現在も鮨店で一貫、二貫と数えている。鮨は屋台で握りながら販売し、客は立ち食いだった。握り鮨が生まれてまもなく、鮨の酢は米酢から粕酢へ転換した。味がまろやかだった粕酢のほうが、

図22　すし屋台（喜多川歌麿画『絵本江戸爵』〈1786年〉より）

酢飯にはあっていたためである。ちょうど尾張半田の酒屋中野《なかの》又左《またざ》衛門《えもん》が粕酢の醸造を行い、江戸の握り鮨ブームと結んで成功した。また、濃口醤油でイカや貝などを煮た汁を、さらに煮詰めた「つめ」をつくり、これをネタに塗って食べた。

　江戸前の鮨が全国に普及したのはアジア・太平洋戦争後のことで、鮮魚の生すしが主流になるのは、冷蔵庫の普及や流通機構の革新が進んでからであり、海外への進出と逆輸入などで急激に変化している。

参考文献　篠田統『（新装復刻版）すしの本』（一九九三、柴田書店）、奥村彪生『日本料理とは何か』（二〇一六、農山漁村文化協会）

（白川部達夫）

平城京の市でも携行用の飯を販売

弁　当

弁当の起源というとむずかしい。携帯食料といえば、それこそ原始時代からあった。言葉の起源なら、弁当は便当と書いて、中国では便利だという意味の言葉だった。『日葡辞書《にっぽじしょ》』には、便当・弁当として十分な、豊富なという意味だとあるので、多少意味がずれてもこのころまで、使われていた。また携帯食料の容器としての弁当は日本で室町時代に使われるようになった。

奈良時代に聖武天皇の左大臣であった長屋王《ながやおう》は平城京の東西の市で商店を開き、檜《ひのき》の曲げ物である笥《け》という容器に飯を入れて、売っていたという。買った人は別のところで副食品を買って食べたろうから、弁当といえる。『常陸国風土記《ひたちのくにふどき》』には「握飯《にぎりいい》　筑波《つくば》の国」とあり、握り飯があったことがわかる。縄文クッキーというものがあるくらいだから、その延長で握り飯も早くからあったのであろう。古代には、長期の旅行には糧袋《りょうふくろ》や乾飯笥《かれいいけ》に乾飯を入れて行った。また紀貫之の『土佐日記』には、「わりご」の言葉が出てくる。わりごは破子・破籠と書き、仕切りのある折り箱のことである。室町時代になると、中国から食籠《じきろう》という竹ひごで編んだ容器で、中が二段、三段重ねになっている提重《さげじゅう》が伝わった。戦国時代が終わると、物見遊山が盛んになり、山行《やまゆき》提重が使われるようになり、遊楽図にも描かれる。『日葡辞書』に「文箱に似た一種の箱であって、抽斗《ひきだし》がついており、これに食物を入れて携行するもの」とあるのがこれに当たる。重箱が仕込まれていて、別に酒を入れる容器などが一セットになっている豪華な容器である。また『日葡辞書』では茶弁当という、茶道具を入れて携行する容器も紹介している。

江戸時代になって、弁当は多様になり豊かになっていった。芝居の幕間の食事のために考案されたのが幕の内弁当で、『守貞漫稿《もりさだまんこう》』では、江戸芳町の料理屋万久で作って、幕の内と名付けて売ったとされる。芝居小茶屋《こぢやや》でこれを仕入れて、見物客に出した。焼きおにぎり一〇個に、卵焼き、かまぼこ、こんにゃく、焼き豆腐、かんぴょうを入れたものだったという。数人分なのであろう。大坂ではこれより早く、宝暦年間（一七五一—六四）に道頓堀の和国屋が割籠《わりご》弁当を始めて、観劇に使われ、さらに広まったという。旅では、道中弁当として、籠《かご》弁当が使われるようになる。これは二つの籠をひもで吊り下げるようにして、肩から前後にかけて歩いたもので、二食分のおにぎりなどが入っていた。

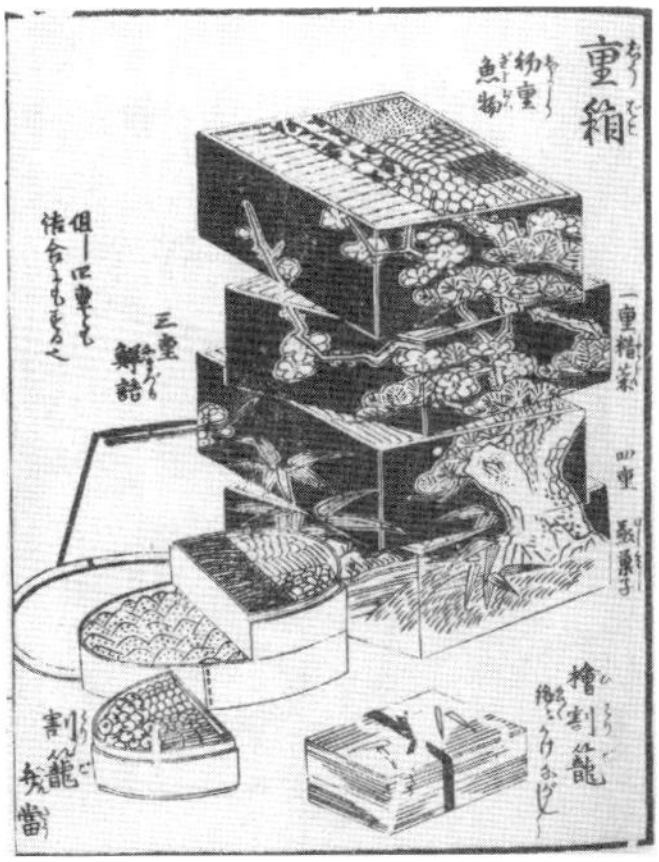

図23　重箱・割籠（醍醐山人『料理早指南大全』〈1801-04年〉より）

明治時代になると、鉄道の営業が始まり、駅弁ができた。一八八五年（明治十八）に宇都宮駅でおにぎりと沢庵《たくあん》漬けを竹の皮で包んで売ったのがはじまりとされるが諸説ある。また昭和になって、大規模な茶会が流行した時に、大阪吉兆の主人が茶会用の食事として四角の容器を田の字状に区切った松花堂《しょうかどう》弁当を考案した。これは寛永の三筆とされた能書家松花堂昭乗《しょうじょう》の絵の具入れを見て発想したため、松花堂の名を付けて売り出したものである。

参考文献　小林祥次郎『くいもの—食の語源と博物誌—』（二〇一一、勉誠出版）、奥村彪生『日本料理とは何か』（二〇一六、農山漁村文化協会）

（白川部達夫）

時代とともに変化する列車の旅の必需品

駅弁

鉄道の駅で販売されている弁当の総称。古くは「汽車弁」とも称された。近年では、駅弁に対し、空港で販売されている弁当は「空弁」、「道の駅」で販売されている弁当は「道弁」と呼ばれている。

諸外国では、主要ターミナル駅でサンドイッチなどの食事が売店で販売されたり、列車内で軽食が提供されることはあるが、それぞれの駅や列車内で地元の特産品などを調理した固有の弁当を、列車内での食事用に販売する伝統的な習慣はなく、駅弁は、日本独自の食文化であり鉄道文化でもある。近年では、日本の駅弁の影響を受けた台湾でも、台湾鉄路局（台鉄）をはじめとする複数の駅で駅弁が販売されるようになった。

日本で最初に販売された駅弁については、一八七七年（明治十）の神戸駅説・大阪（梅田）駅説、一八八三年の上野駅説・熊谷駅説、一八八四年の高崎駅説・敦賀駅説、一八八五年の小山駅説・横川駅説など、さまざまな文献に諸説が紹介されているのが現状である。現在、最も多く採用されているのは、一八八五年に宇都宮駅で五銭で販売されていた、黒胡麻をまぶした握り飯二個とたくあんを竹の皮に包んだ弁当であるという説であるが、本説に関しても、検証すると一八八七年のことであった可能性が高いという見解もある。現状では、上記諸説のほとんどが伝聞などによるものであるなか、一八八三年の上野駅説・熊谷駅説は、同年十二月に日本鉄道株式会社から発行された『改正日本鉄道規則及び諸賃金明細独案内』に載せられた記述が根拠となっており、注目される。上野駅に関しては「上野停車場構内弁当料理ふぢのや　浜井啓次郎」、熊谷駅の弁当に関しては「駅前」とあり、今後はこの記述を裏付ける資料の発見が急務と思われる。いずれにしても、日本で最初の駅弁の販売は明治十年代（一八七七―八六）ごろのことであり、前掲の宇都宮駅の弁当のような簡易なものであったとみてよいであろう（ホームページ「駅弁の小窓〈全国駅弁ガイド・駅弁テーマパーク〉」ekibento.jp、二〇一九年四月一日確認）。

この後の鉄道網の整備と利用者の増加は、全国各地の駅に駅弁を誕生させ、旅客による駅弁の購入も拡大の一途をたどった。小説家夏目漱石が一九〇八年（明治四十一）に『朝日新聞』紙上に連載した小説『三四郎』には、「三四郎は鮎の煮浸の頭を啣《くわ》へた儘《まま》女の後ろ姿を見送つてゐた。（中略）三四郎の弁当はもう仕舞掛。下を向いて一生懸命に箸を突込んで二口三口頬張つたが、女は、どうもまだ元の席へ帰らないらしい」と、主人公が駅弁と思われる弁当を食べる場面が登場している。二〇一一年（平成二十三）には、静岡県浜松市の老舗弁当店自笑亭《じしょうてい》が、この記述を元にした駅弁「三四郎御弁当」を発売して好評を博している（二〇一四年、販売終了）。なお、小説中ではこの後、三四郎は食べ終わった弁当の空き箱を列車の窓から投げ捨てて、女性の顔に当ててしまうが、このような習慣は昭和初期まで続いていたようであり、昭和初期の駅弁の掛け紙には、食後の容器を窓から投げ捨てないよう記したものが少なくない。

これ以後、太平洋戦争の前後を通じて全国各地の国鉄・私鉄の駅において地元の特産食材を用いたさまざまな駅弁が販売されたが、一九六四年（昭和三十九）の東海道新幹線の開通に象徴される高度経済成長期の各種の急行・特別急行列車の増加に伴って目的地への到着時間が大幅に短縮されると、列車内で食事をする機会も減少し食堂車の廃止や駅弁の販売数の減少が顕著となった。また、このような列車の高速化は列車構造の変化をもたらし、現在では急行列車を中心に窓の開閉ができない車両が主流となり、かつてのようにホームでの停車中に車内から窓越しに立ち売りの駅弁を購入する風景は、ほとんど見られなくなった。さらに駅構内へのコンビニの進出などに伴って列車に乗る前の駅弁購入が主流となった今、少子化に伴う販売員の確保も困難となり、JR東日本は、二〇一九年（平成三十一）三月十五日

図24　戦時中の駅弁の掛け紙(1938年)　平和の象徴であるオリーブの葉をくわえて飛ぶ鳩に、1937年(昭和12)の日独伊防共協定を表す日本・ドイツ・イタリアの国旗が描かれている。

図25　上野駅ホームの駅弁の売り子(1949年)

をもって新幹線における駅弁の車内販売を一部を除いて終了した。

このような時代の趨勢とともに、各駅や列車内での駅弁の販売数は減少したものの、駅弁の製造・販売会社の営業努力（加熱容器の導入や相つぐ新製品の開発など）や、航空機による空輸や高速道路を利用したトラック輸送の発展、そしてご当地グルメブームなどによって、駅弁は姿を消すことなく人々に親しまれ続けている。現在では、駅や列車内で販売される駅弁よりも、全国各地の駅弁を揃えたデパートやスーパーマーケットにおける「駅弁大会」などの催事や、「道の駅」などでの販売数が増加しており、二〇〇八年（平成二十）発表の統計によれば、全国の駅弁製造業界の年間売り上げ額は、推定で二〇〇億円とされている。

各駅や列車内での駅弁の販売数が減少するなか、従来、それぞれの駅では、当地で営業許可を取得した駅弁の製造・販売会社の商品だけが販売されていたが、今日、全国各地の主要ターミナル駅では、全国各地の駅弁を多種取り揃えた店舗も登場して人気を集めている。これは、好評を博している前掲のデパートなどでの「駅弁大会」に倣ったものと思われるが、これによって旅客は、当該駅で販売されている駅弁のみならず、より広範な地域の駅弁を楽しむことができるようになっている。

参考文献　雪廼家閑人『汽車弁文化史』（一九七八、信濃路）、瓜生忠夫『駅弁物語』（一九七九、家の光協会）、金融財政事情研究会編『第一一次業種別審査事典』第七巻（二〇〇八）

（宮瀧　交二）

農具を使った焼き肉料理

すき焼き

すき焼きは、農具の鋤《すき》を用いて、魚・肉を焼いて食べたことからできた名称である。

一八〇三年（享和三）に出版された『素人庖丁《しろうとほうちょう》』では、ハマチを三枚に下ろして、切り分け、唐鋤を火にかけて、よく焼けたころ、油で拭いて、その上で焼くと書いており、このころにはすき焼きがあったことがわかる。もちろん洗練された料理として、料理書に現れたのがこのころということで、実際にはもっと遡るのであろう。ほかの料理書では、雁・鴨の肉を溜りに漬けておいて、鋤で焼いて食べることが紹介されている。当時は、肉食を忌諱《きき》していたが、まったくなかった訳ではなく、滋養のつく料理として猪・鹿や馬などを食べることは行われていた。

図26　鋤焼き（浅野高造『素人庖丁』〈1803-20年〉より）

別に鍬《くわ》焼きという料理もあった。これは鍬を用いるためである。鋤はシャベルのように使うもので、鍬と刃先の部分が似ていた。

幕末に開港が行われて、欧米人が入ってきて、明治時代になると牛肉を食べることが伝えられていった。一八七一年（明治四）に出版された仮名垣魯文《かながきろぶん》の『安愚楽鍋《あぐらなべ》』では、牛鍋を食べないものは開けないやつだという文句がある。文明開化しない者という意味である。『安愚楽鍋』ではウシナベと読みを入れているが、やがてギュウナベというようになった。当時は、牛肉を薄く切ることができなかったので、塊に切った。また保存設備も十分ではなかったので臭みがあり、これを消すためにネギやタマネギを入れて、味噌仕立てや醬油にみりんを加えた割り下で煮て食べた。しかし関西では、肉を焼いて味を付けて食べてから、残りの脂などで野菜を煮て食べた。こちらは焼くので、すき焼きといった。大正時代になって、関西のスキヤキと関東のギュウナベが統一されて、すき焼きというようになったといわれる。

図27　牛鍋屋（仮名垣魯文『安愚楽鍋』〈1871年〉より）

牛鍋屋のはじまりは、横浜が早く、幕末には開始されていた。

参考文献　江原絢子他『日本食物史』（二〇〇九、吉川弘文館）、小林祥次郎『くいもの—食の語源と博物誌—』（二〇一一、勉誠出版）

（白川部達夫）

鰻・醤油・みりん――三位一体の江戸の食

蒲焼き

鰻は、古くから食されており、『万葉集』に大伴《おおとも》家持《やかもち》が、夏痩せに鰻を獲って食べるようにという戯れの歌を贈ったことが記録されているほどである。ただ鰻は、脂が強いせいか上品なものとは、見られていなかったようである。

室町時代から戦国時代の『大草家料理書』には、「一、宇治丸かばやき事。丸にあぶりて後に切也。醤油と酒と交て付る也。又山椒味噌付て出しても吉也」と紹介されている。鰻は、宇治が名産で宇治丸と別称された。このころは、丸ごと火であぶって、できてからぶつ切りにして、醤油と酒で味付けをしたり、山椒味噌を付けたりして食べるとおいしいとしている。口から尾まで丸ごと串に刺したところが、蒲《がま》の穂に似ているので、蒲焼きといったという。また十七世紀末の『雍州府志《ようしゅうふし》』では、焼いた鰻の色合いが、樺《かば》の皮に似ているので、樺焼きといったことから出たと述べている。

現在のような蒲焼きが完成したのは、十九世紀に入ってからで、江戸では溜り醤油やみりんが普及してからである。みりんは酒の一種として飲まれていたが、一八一四年（文化十一）に下総流山の相模屋《さがみや》堀切紋二郎《ほりきりもんじろう》が甘みの強い白みりんの醸造に成功し、これが江戸で調味料として使われるようになった。関西では醤油と清酒で味付けをした。このころになると、鰻を開いて焼くようになった。関西では腹から開き、関東では背から開いた。江戸では、武士が多く、腹を切ることを嫌ったからだという説もある。関東では、鰻は開いて蒸してから、タレを付けながら焼き、蒸しと串を打つ関係で、背開きがよかったとされる。関西では、蒸しの工程がなく、開いて頭をつけたまま金串を三～五本打って焼いたので、串は打ちやすかった。関東では、あらかじめ二～三に切り分けた鰻に竹串二本を打って焼く店が現れ、それが人気を呼んで普及した。

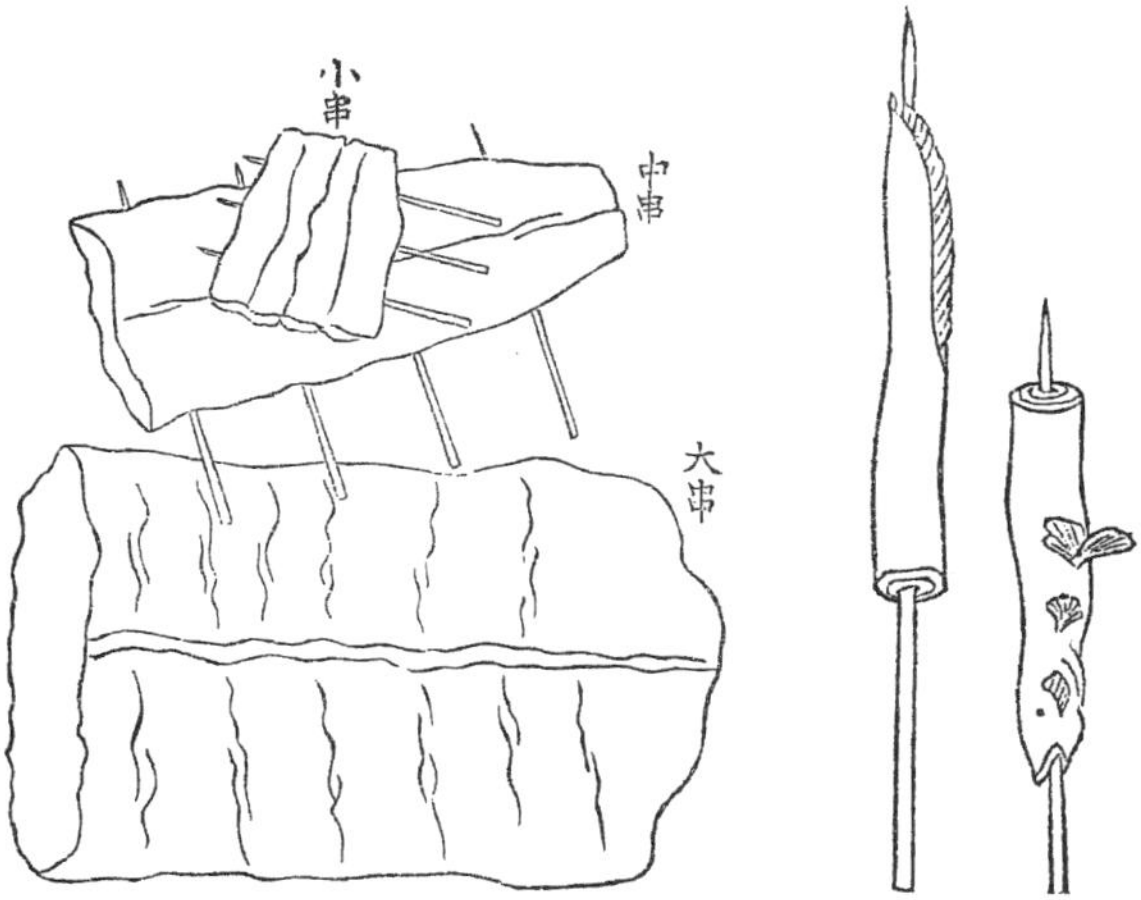

図28　当世の蒲焼き（左）といにしえの蒲焼き（右）（斎藤彦麿『神代余波』〈1847年〉より）

土用の丑の日に鰻を食べるという風習は、平賀源内が知り合いの鰻屋に頼まれて、冬が旬の鰻を売り上げの落ちる夏場に売るために、この日に鰻を食べると健康によいというキャッチフレーズで売り出したのが当たったとされる。これについては大田《おおた》蜀《しょく》山人《さんじん》とする説もある。

参考文献　川上行蔵著、小出昌洋編『食生活語彙五種便覧』（二〇〇六、岩波書店）、同『（完本）日本料理事物起源』（同前）、奥村彪生『日本料理とは何か』（二〇一六、農山漁村文化協会）

（白川部達夫）

朝鮮通信使をもてなした料理

天ぷら

天ぷらの記事は、確実なものは、一六八二年（天和二）朝鮮通信使を美濃大垣でもてなした時の記録に、「てん婦ら」とあるものだという。また尾張徳川家の家臣朝日重章《あさひしげあき》の日記『鸚鵡籠中記《おうむろうちゅうき》』の一六九二年（元禄六）正月二十九日条に「てんぷら」とある。これより早いとされるものもあるが、いずれも本の成立が確実ではない。

それより前には、テンプラリといわれたものがあり、テンピラ煎りがなまったものだとされる。語源は、諸説あるがポルトガル語のTempora（精進日）とするのがよく知られている。精進日に肉のかわりに魚の切り身に小麦粉・卵で衣を付けて、揚げたものを食べたことからきたというのである。

しかし実際にポルトガル人たちが日本にいた時期には天ぷらの言葉は現れず、十七世紀後半になって、はじめて出現する。このことからポルトガル語説は疑わしいとされる。徳川家康が、これを食べ過ぎて、体調を崩して亡くなったといわれるが、これは俗説で、『徳川実紀』には、鯛を油で揚げて食べたとあるだけで、天ぷらのように衣を付けて揚げたという記述はない。『鸚鵡籠中記』の記事も、天ぷらを食べたとあるだけで、これがどんな料理かは明確ではない。

天ぷらを「天麩羅」と書いたのは、山東京伝が大坂から江戸へ出てきた料理人のために洒落《しゃれ》で付けたものという説があるが、一七八三年（天明三）刊の黄表紙『能時花舛《よくききます》』の挿絵にあるのが初見といわれる。

幕末期の著述である『守貞漫稿《もりさだまんこう》』では、京坂では半平《はんぺん》を油で揚げたものをテンプラといい、江戸では、

図29　天ぷらの屋台（山東京伝『江戸春一夜千両』〈1786年〉より）

あなご・芝エビ・こはだ・貝の柱・するめなどに小麦粉をゆるくといて、衣として油で揚げたものをテンプラといったとある。また蔬菜の油揚げはテンプラとはいわず、揚げ物といったという。現在でも九州・四国などでは、魚肉を練って揚げた薩摩揚げを天ぷらという地域もある。現在、天ぷらとして知られているのは、江戸ではやったものをいっているのである。

参考文献　喜田川守貞著、宇佐美英機校訂『近世風俗志　守貞謾稿』五（二〇〇二、岩波書店）、川上行蔵著、小出昌洋編『日本料理事物起源』（二〇〇六、岩波書店）、奥村彪生『日本料理とは何か』（二〇一六、農山漁村文化協会）

（白川部達夫）

脚気を救った海軍の麦飯カレー

カレーライス

肉や野菜、または魚介類を煮込み、これにブレンドした香辛料（カレー粉）と、小麦粉をバターで炒めたルウを加えてさらに煮込んでとろみを付けたカレールウを、米飯の上に掛けた料理。curry and riceが訛ってカレーライスと呼ばれるようになった。ライスカレーともいう。

一八七二年（明治五）に敬学堂主人が著した料理書である『西洋料理指南』には、カレー粉を用いた調理法が記されており、元来、インド発祥のカレー粉を用いた料理ではあったが、日本には西洋料理として明治期に入り紹介された。これは、当初、輸入されたイギリス製のカレー粉がカレールウに用いられていたことに由来するものである。

明治初期、カレーライスは西洋料理店で味わう洋食の一つであったが、一九〇五年に、今日のハチ食品株式会社の前身であった大和屋が、はじめて国産のカレー粉を発売したことが契機となり、家庭でも簡単に調理できる料理として、また軍隊や学校寄宿舎の給食に適した一括・大量調理に向く料理として、カレーライスは急速に市民の食生活に定着していった。いうまでもなくカレールウの主な具材は牛肉・豚肉・鶏肉といった肉であるが、江戸時代まで仏教思想を背景に建前として禁じられていた肉食が、牛鍋に象徴されるように明治維新とともに解禁されたことも、カレーライス普及の一因となった。

こうしたカレーライスの普及により大きな恩恵を受けたのは、日本海軍であった。明治初期以来、日本海軍では脚気《かっけ》に罹患《りかん》する兵士が続出し病死者も多かったが、海軍軍医であった高木兼寛《たかぎかねひろ》は、海軍医務局副長に就任後、これを改善するために兵食の改革に取り組んだ。その結果、兵食を従来までの白米を中心とした和食から、麦飯とカレーシチューなどの洋食に転じることによって、脚気の発症率・死亡率を、一八八三年（明治十六）以降、激減させるに至った。その後、カレーライスも兵食に採用され、日本海軍を象徴する食事として広く知られるようになった。現在でも海上自衛隊が、毎週金曜日には必ずカレーライスを食していることは、知る人ぞ知るところである。

図30　1908年（明治41）の海軍割烹術参考書をもとに復原した「よこすか海軍カレー」

このように、明治期に日本に定着したカレーライスは、イギリス製のカレー粉を用いたイギリス仕込みの欧風料理であったが、一九一五年（大正四）に日本に亡命したインド独立運動家のラス・ビハリ・ボースは、一九二七年（昭和二）、東京新宿の中村屋に新設された喫茶部に祖国インドのカレーを「純印度式カリー」として伝え、これ以後、インド風のカレーライスも徐々に人気を集めるようになった。その後は、洋食店やカレーライス専門店のみならず、市街の日本蕎麦店や中華料理店のメニューにもカレーライスは欠かすことのできない存在になり広く親しまれている。こうして外食の定番となったカレーライスであるが、カレー粉と小麦粉を用いて作る旧来のカレーライスは、子どもたちの間で人気になったこともあって、大正期から昭和初期にかけて、広

図31　中村屋新宿本店（1909年）

く一般の家庭料理としても普及していった。

一九〇七年（明治四十）生まれの小説家井上靖は、大正初期、両親と離れて静岡県の伊豆湯ヶ島に暮らしていた祖母のもとに預けられて尋常小学校時代を過ごす。後年、井上は、この当時の暮らしを自伝的小説『しろばんば』として発表するが、作中に「おぬい婆さんの作ったライスカレーは美味かった。人参や大根や馬鈴薯を賽の目に刻んで、それにメリケン粉とカレー粉を混ぜて、牛缶の肉を少量入れて煮たものだが、独特の味があった」と記しており、すでに大正期には東京から遠く離れた静岡県の田舎でも、夕食に牛肉のカレーライスが食べられていたこと、また、人参やジャガイモといった現在カレールウに一般的な野菜がすでに用いられていたことが判明する。

戦後の高度経済成長期になると、カレー粉とルウを予め混合した固形カレールウ（インスタント・カレールウ）が発売され、炒めた肉に野菜を加えて水で煮込んだスープに、これを加えるだけで簡単にカレールウを作ることができるようになった。現在、固形カレールウの市場は、大手三社（ハウス食品株式会社、エスビー食品株式会社、江崎グリコ株式会社）の商品による寡占市場となっている。

さらに、一九六八年（昭和四十三）には、大塚食品工業株式会社が、完成したカレールウを袋詰めした世界初の市販レトルト食品である「ボンカレー」を発売し、消費者は米飯さえあれば、レトルトカレーを湯煎するだけで、いつでもカレーライスを食べることができるようになった。七三年から放送されたこのボンカレーのコマーシャルの中で、湯煎時間を示した落語家笑福亭仁鶴《しょうふくていにかく》の「三分間まつのだぞ」という台詞は、流行語にもなった。近年では、全国各地の特産品を具材に使用した「ご当地カレー（ルウ）」がレトルト食品化され、全国各地の土産物店に欠かせない食品として親しまれている。

なお、カレーライスに添えられることの多い福神漬は、一八八五年（明治十八）に食品製造販売店「酒悦《しゅえつ》」の野田清右衛門《のだせいえもん》が考案したものであり、カレーライス専用に商品化されたものではないが、カレーライスに合う甘みの強い漬け物として、発売後間もなく、カレーライスと一緒に食べられるようになり、今日に至っている。

最近では、アジア各国で日常的に食されている多種多様なカレーが、日本国内各地で開業した各国料理専門店で提供されたり、レトルト食品として各所で販売されるなど、日本人が食べるカレーライスは、ますます多様化の一途をたどっている。

参考文献　エスビー食品株式会社監修『S&B社員のとっておき赤缶カレー粉レシピ』（二〇一三、池田書店）、森枝卓士『カレーライスと日本人』（講談社学術文庫、二〇一五）

（宮瀧　交二）

銀座の煉瓦亭が豚肉のカツレツを考案

豚カツ

豚のロースやヒレの肉に小麦粉・溶き卵・パン粉をまぶして油で揚げた料理。

元来、子牛肉や羊肉の骨付きの切身に塩・コショウを振り、小麦粉・卵黄・パン粉を着せてバターで両面をキツネ色に焼き上げたものは「カットレット(cutlet)」であるが、これが明治初期の日本では「カツレツ」と呼ばれていた。

そのようななか、一八九五年(明治二十八)、銀座の洋食屋煉瓦亭《れんがてい》が豚肉でカツレツを作って売り出し、人気を博した。このカツレツは、新たに豚肉を材料に用いただけではなく、従来までのフライパンでソテーする手法に代わって、天ぷらのように油で揚げて作るという点において画期的であった。また、この当時、カツレツは温野菜を添えて皿に盛り付けるのが一般的であったが、煉瓦亭の豚肉のカツレツには刻み生キャベツが添えられており、これもまた人気を博して、以後広く普及した。大人気となった牛肉や豚肉のカツレツは、コロッケ、カレーライスとともに、大正期には「三大洋食」の一つに数えられるようになった。なお、関西圏では、今なお牛肉のカツレツ、すなわち「牛カツ」が好まれており、カツといえば「牛カツ」を指すことが多い。

一九一八年(大正七)には、東京浅草の洋食屋河金《かわきん》が、その豚のカツレツとカレーライスを合体させた河金丼を発売して人気となり、これ以後、カレーライスに豚のカツレツを載せたカツカレーはたちまち全国に普及していった。また、二一年には、東京の早稲田高等学院の学生であった中西敬二郎《なかにしけいじろう》が、早稲田大学近くの蕎麦屋三朝庵《さんちょうあん》に豚のカツレツを卵で閉じた丼(カツ丼)を頼み、これが瞬く間に広く

図32 カ ツ 丼

普及した（カツ丼の誕生にはこの他にも諸説ある。また、三朝庵は、二〇一八年〈平成三十〉に閉店）。

昭和に入り、一九二九年（昭和四）ごろには、上野御徒町《おかちまち》の洋食屋ポンチ軒が豚肉を厚切りにしたカツレツを考案し、これを「豚カツ」として提供してからは「豚カツ」の呼び名が一般化した。

なお、映画やテレビドラマの中で、警察が犯人を取り調べる際に、店屋物のカツ丼を容疑者に食べさせ、これを食べた容疑者が感激して自白するという場面が登場する。これは、戦後、各家庭が最寄りの蕎麦屋から蕎麦の出前を取ることが一般的になった際に、蕎麦屋の品書（メニュー）の中に蕎麦よりも高価なカツ丼が存在していたので、カツ丼が高級な店屋物の代名詞として広く認知されていたことによるものである。

参考文献 岡田哲『とんかつの誕生』（講談社選書メチエ、二〇〇〇）

（宮瀧 交二）

しっぽに餡は入る？　入らない？

鯛焼き

小麦粉・砂糖・卵・水飴・膨張剤を水で溶いた皮の生地を鉄製の焼型に流し込み、中に小豆餡を入れて鯛の姿に焼いた菓子。

江戸時代中期、神田今川橋あたりで売られていた今川焼をもとに、一九〇九年（明治四十二）創業の浪花屋総本店が鯛の姿にして販売したと伝えられている。以来、庶民の菓子として徐々に人気が高まり、その十余年後の一九二三年（大正十二）には、雑誌『改造』九月号に、小説家宇野浩二《うのこうじ》が鯛焼き屋の夫婦を主人公とした小説『鯛焼屋騒動』を発表している。また、一九四九年（昭和二十四）に刊行されてベストセラーとなった小説家林芙美子《はやしふみこ》の小説『放浪記　第三部』では、大正時代末のこととして、空腹感に苛《さいな》まれた私（芙美子）が、「あんこの鯛焼き飛んで来い」と記しており、すでに大正時代末には、鯛焼きが庶民の好む菓子の定番となっていたことがうかがわれる。

アジア太平洋戦争後は、巷の物資不足にもかかわらず鯛焼きは再びヤミ市に登場し、庶民の菓子として復権していった。鯛焼き専門店も増加し、一九五三年には、演劇評論家安藤鶴夫《あんどうつるお》が尻尾まで小豆餡を入れて販売していた東京四谷の鯛焼き店「わかば」の主人の心意気に感動し、これを新聞のコラムで紹介したが、これを契機に尻尾に小豆餡を入れることの可否（餡が多いほどよいとする見解と、最後に食べる尻尾は甘い餡の口直しであり餡は不要とする見解）をめぐって「尻尾の餡」論争も生じた。

高度経済成長期以降は、寺社の祭礼・縁日における屋台のみならず、各地のスーパーマーケットの店内や、デパートの地下食料品売り場に小規模店が出店されたり、軽トラックに必要な器材を装備しての移動販売なども盛行し、鯛焼きの人気は最高潮に達した。そのようななか、一九七六年（昭和五十一）には歌手子門真人《しもんまさと》が歌うテレビ番組挿入歌「およげ！たいやきくん」が四〇〇万枚を超える大ヒットを記録するなど、国民的鯛焼きブームが到来した。

図33 「わかば」の鯛焼き

今日では、一個ずつ焼き上げたものは「天然物」、複数個を同型で一度に焼き上げたものは「養殖物」と呼ばれて、皮の焼き加減による味の違いが楽しまれたり、また、小豆餡のみならずクリームなどさまざまな餡も楽しまれたりしている。その一方で、国民的健康ブームの到来とともに、甘い菓子が好まれなくなる傾向も生じているが、鯛焼きの人気には根強いものがあるようである。

参考文献　安藤鶴夫「味なもの」（『読売新聞』一九五三年三月二十九日朝刊）

（宮瀧　交二）

コーヒーにカレー——二十世紀の食料改革

インスタント食品

簡単な調理で飲食できるように加工され、保存性も備えた食品。即席食品ともいう。日本では明治以前から凍り豆腐や乾麺などの即席食品があったが、一九一〇年代には東京銀座の大橋がカレールウを発売し、すぐ調理できるという意味で「即席カレー」と名付けた前例があった（なお、この商品の英文表記は、PRONPT CURRIEであり、INSTANTではない）。

戦後、一九五八年（昭和三十三）に日清食品が湯を注ぐだけでよい「即席チキンラーメン」という商品を発売し、爆発的な人気を呼んだ。その後、五九年にはエースコックが「エースラーメン」「ワンタンメン」、六〇年に明星食品が、スープ別添の「明星味付ラーメン」を発売するなど、相ついで各社が即席麺市場に参入することにより、消費が急速に拡大した。また七一年には、日清食品が「カップヌードル」を発売した。それは、保温性のあるカップに味付ヌードルとフリーズドライした肉、卵、エビ、野菜をパックした商品であり、いつでもどこでも、鍋もどんぶりもなしに、湯さえあれば三分間で調理できる食品であった。それ以来、袋めんとカップめんは、インスタント・ラーメン市場で激しく競争して発展することになる。

水口健次の表現によれば、「それは、受験生の夜を支配し、共働きの日曜日の朝食を支配し、独身者の休日を支配した」ということになる。

もう一方のインスタント食品の雄は、いうまでもなくインスタント・コーヒーである。この商品は日本人の発明という説もあるようだが、最初の生産は、一九〇九年のアメリカであったという。それは軍人用のコーヒーとして愛用され、アジア・太平洋戦争

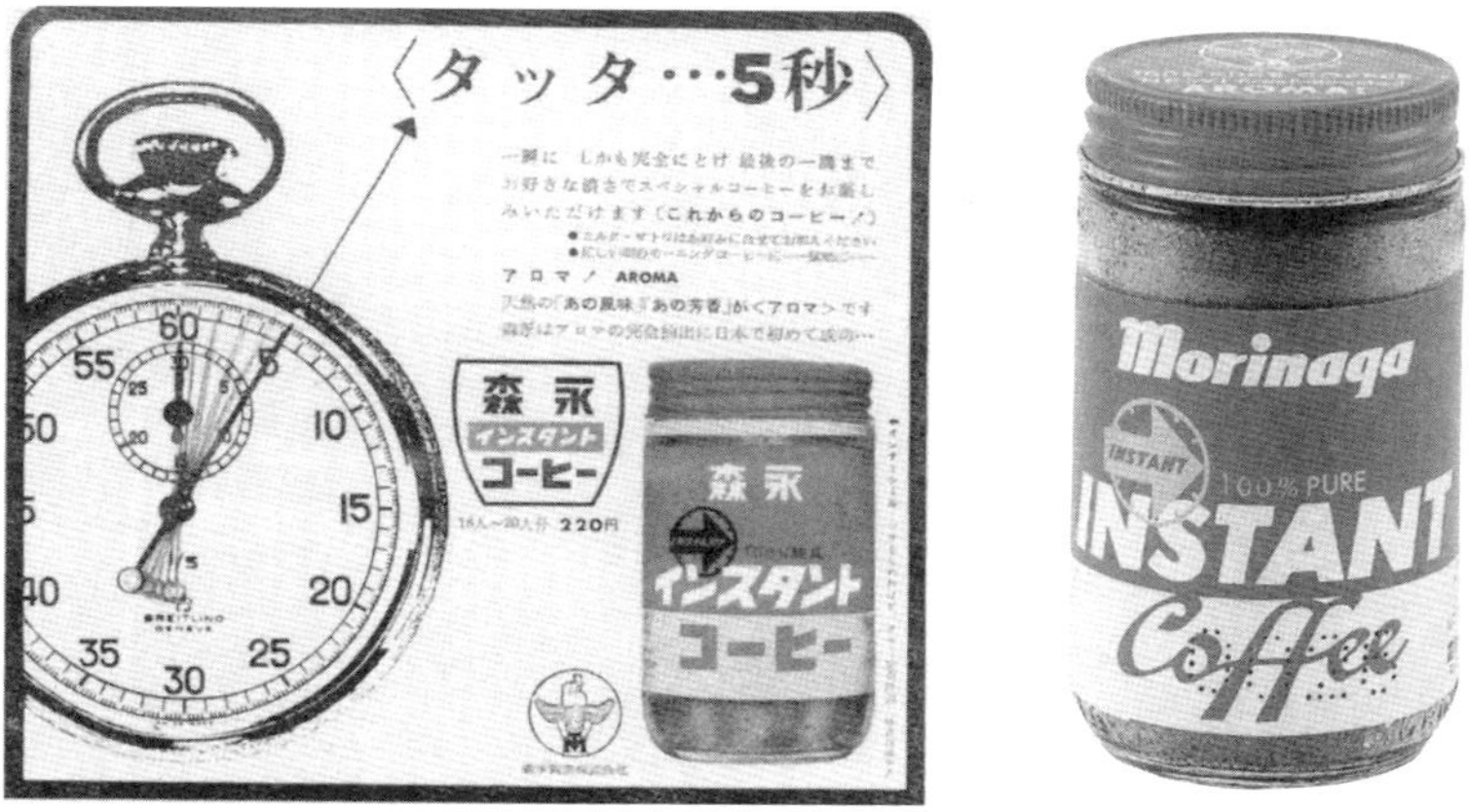

図34　1960年(昭和35)発売の森永インスタントコーヒーと初期の広告

の間に急成長した。その期間の生産量は、八〇％が軍用であった。その意味で、戦争が冷凍食品やファスト・フードを作り、インスタント・コーヒーを生み出したのである。それらは除隊した軍人の愛用品として拡大し、いわば星条旗を背負って世界を駆けめぐることになった。

日本でインスタント・コーヒーの輸入がはじめて許可されたのは、一九五六年（昭和三十一）であり、六一年に自由化された。輸入品（リプトンとネッスル、後者は九四年〈平成六〉ネスレに呼称変更）は、喫茶店のコーヒーに比べて割高であったが、輸入品に対抗して、森永製菓（デンマークから技術輸入）とゼネラルフーズ（米国企業）が六〇年から日本国内で製造を開始し、低価格の商品を市場に供給した。両者の積極的な宣伝によって、爆発的なインスタント・コーヒーブームが起きた。鈴木邦夫によれば、その際、森永製菓が「森永インスタントコーヒー」、ゼネラルフーズが「マックスウェルインスタントコーヒー」と名付けて発売したため、六〇年に「インスタント」という言葉が流行語となり、これ以降、即席麺の販売にも多用されるようになったという。鈴木によれば、やや細かい検証だが、すでに六〇年以前からネッスルがNESCAFE（商標）にINSTANT COFFEEと並記して宣伝、また協同乳業が五七年発売のスキムミルクに、雪印乳業が五八年発売のスキムミルクに、エスビー食品が五九年発売の「モナカカレー」に「インスタント」という言葉を使用していたという。

図35　1968年(昭和43)発売のボンカレー

専門的分類によれば、一般的にインスタント食品には、「高温殺菌調理済み食品」（缶詰、ビン詰、レトルト食品など）、「冷凍調理済み食品」（釜めし、赤飯などの米飯、中華そばなどのめん類、シューマイ、餃子など）、「半乾燥または濃縮食品」や「乾燥食品」があり、このうち「乾燥食品」がインスタント食品の中心である。

また一九六八年（昭和四十三）に大塚食品工業が「ボンカレー」という世界初の市販用レトルト食品を販売したことを契機に、さまざまなレトルト商品が出回っていった。

またインスタント食品は、戦後文化史からみれば、テレビ・コマーシャルの宝庫であり、初期のチキンラーメンやカップヌードルが有名だが、日清食品の長期CMである「どん兵衛」、ネッスルの「ちがいがわかる男」や東洋水産の「赤いきつねと緑のたぬき」、サンヨー食品の「サッポロ一番」、ハウス食品の「わたしつくる人、あなた食べる人」（このCMは、フェミニズム系団体から抗議を受けた）などが、同時代のライフスタイルを象徴させた。

こうしたインスタント食品の爆発的拡大は、一九八〇年代ころより、一段落し始め、新しい動きが起こっている。たとえばインスタント・コーヒーに対するレギュラー・コーヒーの反攻が起こり、インスタント・ラーメンの世界でも高級本格めんの開発が盛んになっている。

インスタント・コーヒーを飲む習慣はパン食とともに普及して、日本茶を飲む機会と米の消費量を減少させたといわれ、また、湯を注げば食べられるインスタント・ラーメンは独身男性だけでなく主婦層にも受け容れられ、専業主婦の減少傾向はさらにインスタント食品の普及に拍車をかけることになった。

このように調理の簡単なさまざまな商品が市場に出回ることで日本の食生活が変わり、また家事の時間が節約されてきたのである。

参考文献　『日本コーヒー史』下（一九六〇、全日本コーヒー商工組合連合会）、水口健次「インスタント食品」（石川弘義他監修『アメリカンカルチャー』2、一九八一、三省堂）、安藤百福『魔法のラーメン発明物語』（二〇〇二、日本経済新聞社）、鈴木邦夫「インスタント食品」（『日本生活史辞典』二〇一六、吉川弘文館）
（安田　常雄）

儀式に、商業に——日本史上の酒の役割

酒

酒は古くから飲まれていたが、記録のあるのは『魏志』倭人伝からで、その風俗を述べたところに葬儀で喪主は泣き叫び、他人は歌舞・「飲酒」すると記載されている。律令制が整備されると、宮内省に造酒司《ぞうしゅし》が設けられ、宮中の饗宴などに使用する酒が大規模に造られた。また神社などでも神に捧げるために酒造が行われた。平安時代初期の『延喜式』には、酒の種類や造り方が記載されているが、大筋では現代の日本酒の醸造方法と同じだとされる。このころには、日本酒の形はできていたようである。

鎌倉・室町時代になると、京で造り酒屋が成長するようになる。京は荘園の年貢米が運ばれて売られるため米が入手しやすく、水も良質で、酒造りに向いていた。また人口も多かったので、その需要に応えて、酒造りが行われたのである。商品としての酒造の開始であった。鎌倉幕府は最初、酒の売買を禁じたが、やがて酒屋に臨時の出銭を課すようになり、室町時代にはこれが恒常的な酒屋役として、幕府の重要財源となった。一四三五(応永三二)、三六年の北野神社の記録では、京には三四三軒の造り酒屋があったことがわかる。その大半は土倉(質屋)を兼業しており、酒屋土倉は京のもっとも富裕な商人たちであった。なかでも五条坊門西洞院にあった柳酒屋が著名で、別格の高値で販売された。また北野神社の周辺には酒麹《さけこうじ》の製造業者が集まり、座を結成して神社の保護を得て、京中の酒屋に酒麹を独占的に販売していた。

戦国時代末から江戸時代になると、酒造の技術も進んで、清酒が醸造されるようになった。酒は米を麹で糖化してこれを発酵させて酒精を造る。この糖

化にあたって温度が高い方がよかったので、夏に仕込んだが、これだと酢酸菌なども活発となり、酸味が強くなる。これを中和させるために醪《もろみ》が成熟した

図36　伊丹酒造（木村孔恭著、蔀関月画『日本山海名産図会』〈1799年〉より）

段階で、灰汁《あく》を加えるという方法がとられた。これがもとで灰を仕込んで、濁り酒を清酒とする技法が開発された。大坂で酒造から財をなした鴻池家の家伝では、使用人が主人と喧嘩して出ていくときに腹いせで、酒桶に火鉢の灰を投げ込んでいったところ、酒が澄んでおいしくなったので、これを売って富豪になったという。一方、極寒の時期に仕込む寒造りも行われていて、こちらは発酵が遅く時間がかかるが、酢酸菌などの繁殖も遅く、おいしい酒となった。この技術を進めたのが西宮や灘の清酒で、江戸時代にはこちらが主流となった。寒造りでは、年一回しか仕込まないが、その分、灘地方で発達した水車による精米や大規模な仕込みで生産を合理化したことが灘酒造を発達させた要因であった。

　焼酎は、十六世紀ごろから記録がみられる。一五四六年（天文十五）にポルトガルの商人が薩摩半島南端の状況をフランシスコ・ザビエルに伝えた報告

の中に米から作る「オーカラ」(焼酎)が説明されている。また鹿児島県伊佐市の郡山八幡《こおりやまはちまん》神社の木片の落書きに、一五五九年(永禄二)の神社改修で座主がケチなので一度も「焼酎」を振る舞ってもらえなかったと記載されており、焼酎という名称が当時から使われていたことがわかる。

ワインは新石器時代には造られたといわれており、中央アジアを経由して中国にも伝わったから、遣唐使の時代にはもたらされていた可能性がある。正倉院御物にペルシャの酒盃があるので、ワインが伝えられても不思議ではない。しかしこれはごく限られたもので、ある程度広がるのは、ポルトガル人の来航後、キリスト教が伝えられてからである。ポルトガル人やスペイン人が飲んだり、時の権力者に献上したりした。またキリスト教のミサに使われたので、知られるようになった。しかし鎖国になるとオランダから輸入される程度で途絶えていった。江戸時代初期に、小倉藩主だった細川忠利《ほそかわただとし》がヤマブドウから醸造させて飲んでいたことが近年明らかにされているが、商業的に日本でワインが作られるようになるのは開港後のことであった。

明治維新後、山梨県令となった藤村紫朗《ふじむらしろう》は、殖産興業に力を入れ、一八七六年(明治九)に甲府に勧業試験場を設置し、翌年、アメリカで果樹栽培と酒造を学んだ内務省勧業局の大藤松五郎を招いて、同試験場内に葡萄酒製造所を創設した。山梨県勝沼地方は江戸時代初めから薬用でブドウを栽培しており、名産として知られていたので、この加工で産業振興を図ろうとしたのである。同年、大藤はニューヨーク製の大蒸留釜を設置して、ブドウ酒からブランデーを造り、第一回勧業博覧会に出品して好評を得た。さらに同年、民間で大日本山梨葡萄酒会社が設立され、フランスへ技師を派遣して、製法を学ばせた。これがもとで勝沼ワインの基礎が築かれた。

ビールは、ポルトガル人が来航して、南蛮貿易が始まったころに伝えられていたとされるが、詳細は不明である。一七二四年（享保九）にオランダ商館長の江戸参府にあたって、将軍徳川吉宗に献上されたのが最初の確かな記録といわれる。オランダ通詞の今村市兵衛《いまむらいちべえ》の『和蘭問答《オランダもんどう》』では、この時、オランダ使節の江戸での宿所で応接を受け、ブドウ酒とともに麦酒を出されたが、ことのほか悪しく、何の味わいもない、名前を「ヒイル」というとしている。

図37　初期の国内産ビールのラベル　シブタニ・ビール(左)　ジャパン・ヨコハマ・ブルワリー(右)

日本でビールが本格的に造られたのは、開港後であった。日本人では一八五三年（嘉永六）に蘭学者の川本幸民《かわもとこうみん》が最初に造ったといわれるが、これは実験的なものであった。一八六九年（明治二）に横浜にジャパン・ヨコハマ・ブルワリーというビール醸造所が造られたが、成功せずまもなく廃業したといわれる。その直後、アメリカ人ウィリアム・コープランドがスプリング・バレー・ブルワリーという醸造所を横浜山手の天沼に設置して本格的にビールを醸造し、七〇年から販売された。これは天沼ビールといわれて、上海などにも輸出された。七二年、大阪で渋谷庄三郎《しぶたにしょうざぶろう》がシブタニ・ビールを製造し、日本人の商業的なビール製造が行われるようになる。また天沼ビールも吸収・合併を経て、日本の会社に

図38　1907年（明治40）発売の赤玉ポートワイン

図39　東京銀座のビヤホール

図40　1929年（昭和４）発売のサントリーウイスキー白札の広告

なっていった。これとともに政府の殖産工業政策で官営ビール工場が札幌などに設けられ、やがて払い下げて民間のビール会社として発展した。

ウイスキーは、ペリー艦隊が持ち込んだといわれ、幕府の役人の応接に使われた。また一八五八年（安政五）の日米修好通商条約締結の時、幕府へウイスキー一樽が献上された。七一年、横浜のイギリス商館が「猫印ウイスキー」を輸入した。また同年、東京市京橋区の薬種商が、リキュールを製作・販売した。ただしこれはアルコールに砂糖・香料を混ぜただけのもので、まがいものであった。一九一八年（大正七）、大阪の摂津酒造から、竹鶴政孝《たけつるまさたか》がスコットランドに留学に派遣され、帰国して、寿屋に入社、京都の山崎に工場を建設し、一九二九年（昭和四）に、最初の国産ウイスキー「サントリーウイスキー白札」の販売に成功した。その後、竹鶴は大日本果汁株式会社の設立を進め、北海道でリンゴジュースの製造・販売に乗りだし、ウイスキーも醸造した。これが四〇年ニッカウイスキーとして販売された。

参考文献　今村明恒『蘭学の祖今村英生』（一九四二、朝日新聞社）、サッポロビール株式会社広報部社史編纂室編『サッポロビール一二〇年史』（一九九六）、湯本豪一『図説明治事物起源事典』（一九九六、柏書房）、柚木学『酒造りの歴史（新装版）』（二〇〇五、雄山閣）、八〇年史編纂委員会編『ニッカウヰスキー八〇年史』（二〇一五）、高峯和則「本格焼酎の歴史と製造技術」（『発酵と醸造のいろは』二〇一七、エス・ティー・エス）

（白川部達夫）

留学僧が唐から持ち帰った喫茶文化

茶

茶は、中国の長江流域の山地の少数民族が飲料としていたものが、漢民族に伝わり、やがては全世界に普及したものであった。チャノキについては、日本にも自生していたとする説があるが、茶の製法や喫茶の習慣は、中国から伝来したものとされる。

茶の記事は、正倉院文書の中に「茶《だ》」とあるものが茶だとされるが、その使用法は不明である。茶を飲んだことが確実な記事は、『日本後紀』八一五年(弘仁六)四月条に嵯峨天皇が近江滋賀韓崎《からさき》の崇福寺《すうふくじ》を通ったとき、大僧都《だいそうず》永忠《えいちゅう》が茶を煎じて奉ったというものである。ほかに最澄・空海などが中国から伝来したという記録もあるが、確実なものではない。ただ永忠も含めて、このころ、中国へ渡った僧侶が、唐で盛んだった喫茶に触れて、茶の種子を伝来したことは一般的にあったと考えられる。この点で遣唐使が盛んだった天平時代には、伝来されていた可能性はある。唐の茶は、茶の芽を蒸して突き固めた団茶というもので、これを薬研《やげん》で砕いて煎じて飲んだ。当時は高価なもので、宮中の儀礼、仏の供物、医薬品、貴族の飲料として飲まれた。また僧侶が伝え、仏教との関わりで飲まれたことが特徴であった。

平安後期には、喫茶の風習は廃れたが、鎌倉時代になって再興した。宋に渡って禅宗を伝えた僧侶たちや、宋から渡来した僧侶が伝えたことが、契機になっている。座禅の時の眠気覚ましに効用があったため愛好された。なかでも臨済宗を伝えた栄西は、源実朝が二日酔いで苦しんでいるのを聞いて、『喫《きっ》茶養生記《さようじようき》』を著して喫茶を勧めたことで知られている。『喫茶養生記』は、茶の種類、製法、抹茶やその効用を説いたものである。栄西は茶の種も伝来

図41　製茶の様子

した。栄西から種を分けて貰った栂尾高山寺《とがのおこうざんじ》の僧明恵《みょうえ》により植えられて、栂尾は茶の名産地として知られるようになった。その後、喫茶は定着していった。

室町時代には、闘茶が盛んに行われた。これは茶を数種類飲んで、その産地を当てるもので、賞品が出て、闘茶の後、盛大な宴会が行われる当時の社交の一つであった。一方、禅僧の喫茶の流れを汲む茶の湯も将軍足利義政の同朋衆であった能阿弥《のうあみ》により始められ、村田珠光《むらたじゅこう》からやがて千利休によって完成され佗茶《わびちゃ》となった。佗茶は抹茶であったが、並行して煎茶も行われており、江戸時代になって黄檗宗《おうばくしゅう》の僧高遊外《こうゆうがい》によって広められ、文人が好んで煎茶道として広まった。

参考文献　農山漁村文化協会編『茶大百科』I（二〇〇八）、松崎芳郎編『年表茶の世界史（新装版）』（二〇一二、八坂書房）

（白川部達夫）

夏目漱石・宮沢賢治も好んだ炭酸水

清涼飲料水

乳及び乳酸菌飲料を除く、アルコール分を含まない（アルコール分一％未満）の飲料水の総称。一九〇〇年（明治三十三）に施行された清涼飲料水営業取締規則以降、この名称が普及した。

当初は、明治初年にその製造が始まっていたラムネがその代名詞となり、明治初期に蔓延することが多かったコレラ菌に侵されない飲料として大評判となったこともあった。今日、『食品衛生法質疑応答ハンドブック』（第一法規）には、「トマトジュース、濃縮ジュース、凍結ジュース、ソーダ水、タンサン水、コーラ類、ジンジャーエール、ミネラルウォーター、豆乳、ガラナ飲料等々およそ飲料は、すべて清涼飲料水に該当する」と例示されている。顧みれば有史以来、日本酒（清酒・どぶろく）と酒粕から作る甘酒を除けば、水と茶しか飲んでこなかった日本人であるが、明治維新期以降、西洋文明に接してから、清涼飲料水という新たな飲料に出会い、わずか一世紀の間にここまで広く普及したのである。以下、その代表的な清涼飲料水の誕生から普及を概観したい。

ラムネは、レモネード（lemonade）が訛ったもので、日本独自に発達した清涼飲料水である。明治初期に神戸の外国人居留地でシム商会がはじめて製造・販売したとされている。その成分はサイダーとほぼ同一であり、水に砂糖やブドウ糖果糖溶液糖といった糖類を加え、これにライムやレモンの香りを付けた炭酸飲料である。特徴的なガラス瓶（玉詰瓶）に入れて販売されることが多く、今なお広く市民に親しまれている。ガラス瓶は、中に入れられたガラス玉が、炭酸ガスによって押し上げられて瓶の口を密閉する構造になっている。これを飲む際には瓶の外側から口を密閉しているガラス玉を、凸字形の用具で押し落とす必要がある。この作業に熟練していないと、溢れ出るラムネを瓶からこぼしてしまうことは周知の通りである。

図42 「やぶ屋」の天ぷら蕎麦とサイダーのセット　宮沢賢治が通っていた蕎麦屋のメニュー。今もこのセットが人気である。

サイダー（cider）は、イギリスではシードルと呼ばれているリンゴ酒を指すものである。日本では一般に砂糖、酒石酸、香料などを炭酸水に溶いた飲料である。日本初のサイダーは、一八六八年（明治元）に横浜の外国人居留地で設立された薬種問屋であるノース&レー商会が製造販売した「シャンペンサイダー」とされているが、これは在留外国人向けの商品であった。さらに、七五年、横浜扇町の秋元《あきもと》巳之《みの》助《すけ》が、ノース&レー商会の関係者の助言を得て製造販売した「金線サイダー」が、国内で本格的に流通したサイダー第一号となった。

また、八四年から兵庫県川辺郡多田村平野で採水された天然炭酸水を瓶詰めにした「平野水」を製造販売していた三菱商会は、その翌年に「平野水」の採取権を、明治屋社長の磯野《いその》長蔵《ちょうぞう》に譲渡している。明治屋は、八五年に「一本矢鉱泉」を発売し、八九

図43　1919年（大正８）発売のカルピス

図44　「初恋の味」をキャッチフレーズにしたカルピスの広告（1924年、オットー・デュンケル作）

年には「三ツ矢印平野水」と改称している。ちなみに小説家夏目漱石は、この「三ツ矢印平野水」を愛飲しており、自宅に常備していたという。一九〇五年（明治三十八）、明治屋は社名を三ツ矢平野鉱泉合資会社に改め、〇七年には会社を帝国鉱泉株式会社に改組し、商品名も「三ツ矢平野シャンペンサイダー」に改めている。その後、一九二一年（大正十）に会社は日本麦酒鉱泉となり、商品名も「三ツ矢シャンペンサイダー」に改められた。一九三三年（昭和八）、会社は大日本麦酒となっている。児童文学者宮沢賢治は、二一年十二月から二六年三月まで、岩手県立花巻農学校に勤務したが、その際、花巻市内の蕎麦屋「やぶ屋」を訪れて、サイダーを飲み、天ぷら蕎麦を食べることを好んだといわれている。この時、賢治が飲んだのは、時期的にみれば前掲の「三ツ矢シャンペンサイダー」であったとみてよいであろう。

また、前述のように現在は清涼飲料水の範疇に乳酸菌飲料は含めないようであるが、戦前から広く親しまれてきた清涼飲料水に「カルピス」がある。一九一六年に創立された醍醐味合資会社は、翌年、社名をラクトー株式会社とし、一九年に日本最初の乳酸菌飲料である「カルピス」を製造・販売した。脱脂乳を乳酸発酵させ、これに砂糖や香料を加えた原液を水で稀釈して飲む飲料である。二三年には社名も「カルピス」に変更した。

さらに、アジア・太平洋戦争後を象徴する清涼飲料水といえば、一九五六年（昭和三十一）に政府が国内販売先を外国人が多く利用するホテル、ゴルフ場、外国公館に限るとの条件を付けて原液の輸入を認可したコーラ飲料を忘れることができない。翌年には、アメリカのザ・コカ・コーラが一〇〇%を出資した原液供給会社である日本コカ・コーラ社が設立され、六一年にはついにコーラ飲料の完全自由化が実現し、コカ・コーラ、ペプシ・コーラが、フランチャイズ方式での全国展開を開始した。その後のコーラ飲料の隆盛は、周知の通りである。

今日、コンビニエンス・ストアや、街頭の自動販売機には、多種多様な清涼飲料水のペットボトルや缶が並び、日常生活に欠かせない飲料となっているが、多飲による糖類の摂取過多が糖尿病などの生活習慣病を誘発しているとの指摘もあり、社会問題となっている。

参考文献　立石勝規『なぜ三ツ矢サイダーは生き残れたのか』（二〇〇九、講談社）

（宮瀧　交二）

図45　コカ・コーラ

塩と酒から分岐していった日本の味

調味料

調味料とは、料理に味付けをするもので、塩・砂糖・香辛料など、味噌・醤油などの発酵食品、これらを組み合わせたドレッシングなど、またうま味成分を抽出・合成したうま味調味料など多岐にわたる。

塩は、人間の体内では生成できない栄養素なので、太古から必要とされた。日本では、岩塩が産出されなかったので、海塩が中心となった。縄文時代後期からは、製塩土器を使って海水を煮詰めて、塩をつくることが始まった。煮詰める塩は、できるだけ塩分濃度を上げるため、藻塩を焼いて灰にしたものを海水につけたりして煮詰めた。その後、平安時代末期に塩田が生まれ、海水を天日で乾燥させて濃縮して、これを煮詰めて塩をつくるようになった。以後、日本では塩田による製塩が中心となり、明治時代以降は輸入なども行われて現代に至っている。

古代から塩は必需品だったので、各国に調物として課されており、都に運ばれ、貴族・官人の供給物として配分され、人足賃などの一部として与えられた。平安時代後期の儀式書によると、古代の饗宴料理では、飯と匙・箸が置かれた台に塩・酢・酒・醬《ひしお》が小皿に盛られていた。その周辺には、さまざまな食べ物が配置されており、座についたものは、食品を自分の好みの調味料で食べたものと考えられている。このため料理にはあまり味付けがなかったとされる。

味噌は、『延喜式』『和名類聚抄《わみょうるいじゅしょう》』などに、未醬・美蘇（みそ）とあるもので、『延喜式』では、醤大豆・米・小麦・酒・塩で醸造するとある。奈良時代には、平城京の東西の市で売られ、平安時代には「河内味曽」が名産としてあげられている。鎌倉時代になると味噌汁の記録が現れ、飯に汁をかけて食べた。室町時代には、飯に具を添えて煮て、味噌で味付けしたものが醤水《みそうず》・増水《ぞうすい》といわれて流行して、江戸時代には雑水（雑炊）となった。また練り味噌や焼き味噌、ゆず味噌、鯛味噌など、味噌を副食として食べることも行われた。戦国時代には、軍隊の

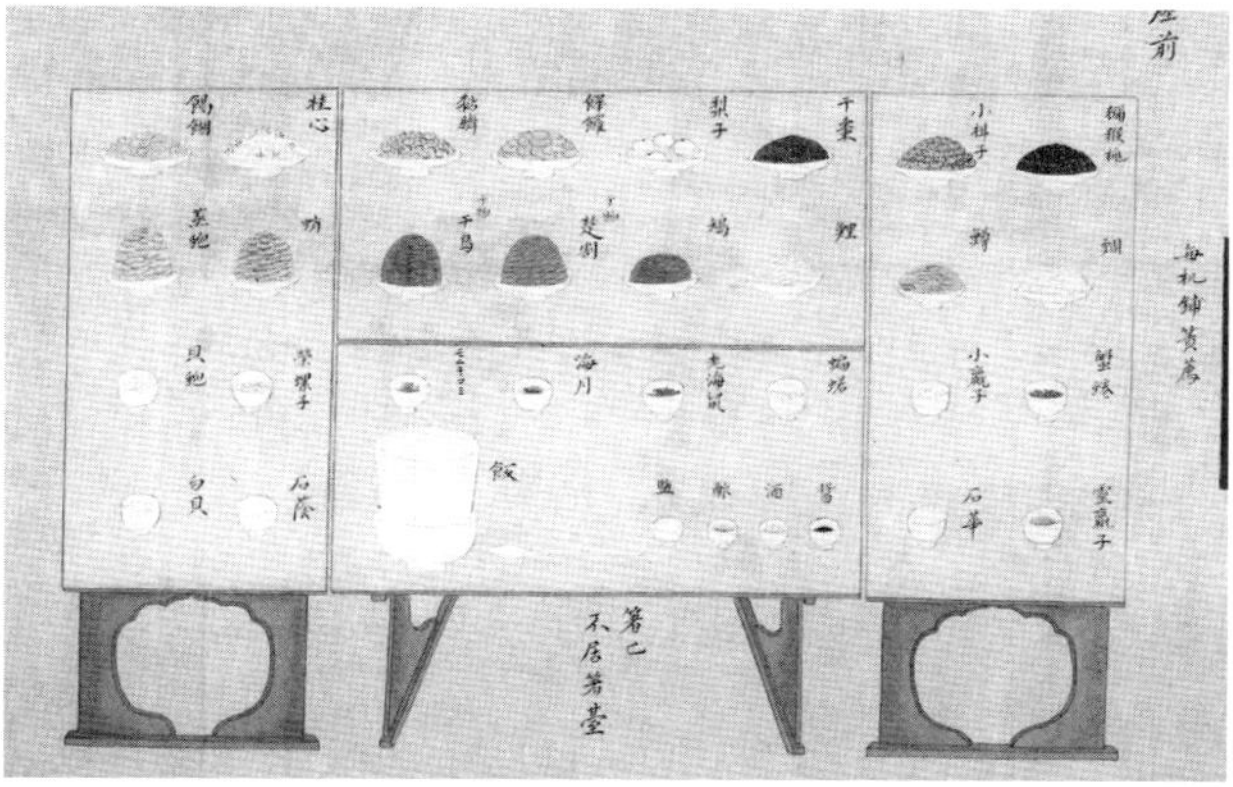

図46　平安時代の大饗に出された調味料（『類聚雑要抄』より）　中央手前の卓に、左から塩、酢、酒、醤が並ぶ。

図47　塩焼き（渓斎英泉編『女大学教草』〈1843年〉より）

食料として重宝され、乾燥して持ち歩けるように工夫された。伊達政宗は、仙台城に御塩噌蔵《おえんそぐら》を建造し、仙台味噌を造らせた。これが仙台藩の江戸屋敷でも造られ、剰余分が払い下げられ、好評を得たので有名になった。

味噌は、醸造が簡単なので、一般的には各家で造られたが、大都市では販売もされた。各地・各家で好みの味があり、手前味噌の言葉の起こりとなっている。東日本では赤味噌が、西日本では白味噌が造られたが、その一番大きな違いは、醸造期間で、長くなると赤くなる。

醤油は、醤が原型で、原料は味噌とほぼ同じである。醤は、広い意味では食品の塩漬けをいい、肉《しし》醤《びしお》・魚《うお》醤・穀《こく》醤などがあった。平安時代には、醤滓などと書かれたものがあり、搾られて汁として利用されたことがわかる。醤油の名称は室町時代に現れたもので、味噌の溜りがもととなったといわれる。『日葡辞書《にっぽじしょ》』では、溜りについて、「味噌（misò）から取る、非常においしい液体で、食物の調理に用いられるもの」としている。室町時代に、紀州由良《ゆら》の興国寺《こうこくじ》の僧覚心《かくしん》が、留学した宋の径山寺《きんざんじ》（金山寺）で造られていたネギを漬けた味噌の製法を隣接する湯浅のものなどに伝えているうちに、溜りの利用を発見したとされる。これは伝承であるが紀州湯浅は、その後、溜り醤油の産地として知られるようになった。江戸時代になって、江戸が発展すると、銚子・野田・土浦など各地で江戸向けの醤油生産が行われるようになり、濃口醤油が江戸の人々の嗜好にあって発展した。一方、関西では播磨の竜野で戦国時代末期に醤油業が始まり、淡口《うすくち》醤油が生産されるようになった。これが十八世紀中葉に京都に出荷されるようになり、関西に広まった。醤油は、江戸時代に各地でその地域の好みを受けて、それぞれに発展していった。

酢は、酒造りの過程で、エチルアルコールが酢酸菌の作用で発酵してできるものなので、酒とともに生まれたといってよいぐらい古くに造られた。また

図48　下総国醬油製造之図（歌川広重画『大日本物産図会』〈1881年〉より）

さまざまな酒から造られるので、各地に独特のものが生まれた。日本では、七三七年（天平九）「豊後国《ぶんごのくに》正税帳《しょうぜいちょう》」の中に「酢漆」と出てくるのが早い記録といわれる。奈良時代には、米酢・酒酢などの記録がある。米酢は酢を造る目的で、作成した酢であると考えられ、酢の醸造が行われたことがわかる。室町時代には酢の産地として和泉国が知られるようになった。江戸時代に入ると、一八〇四年（文化元）に尾張半田の中野又左衛門《なかのまたざえもん》が酒屋を営むかたわら、酒粕から粕酢を醸造することに成功した。酒屋は酢酸菌の繁殖を嫌ったが、あえてこれに挑んだのである。酒粕からできるので安価で済んだのと、味がまろやかだったため、当時江戸ではやり始めた握り鮨に使われて、好評を得て発展していった。

　砂糖は、サトウキビ（甘蔗）の搾り汁を固めた甘味料で、インドないし南太平洋諸島原産といわれる。日本では、甘味料として、古くは甘葛《あまずら》というツタの

根を煮詰める甘味料があった。また蜂蜜、水飴などが使われた。砂糖は、日本では奈良時代に唐から伝えられたといわれる。室町時代には和菓子にも使われるようになり、ポルトガル人来航後は、輸入が増加したが、輸入品で貴重なため薬品扱いが長く続いた。江戸時代でも長崎に輸入されたものは大坂の薬種問屋仲間が扱って全国に流通させた。国内産では、江戸時代になって、琉球王国で作られるようになり、薩摩藩は奄美諸島で黒砂糖の専売制を敷いて、藩財政の支えとした。江戸後期に高松藩で和三盆の開発が成功して、四国各地で白砂糖生産が拡大した。

図49　1925年(大正14)発売のキユーピーマヨネーズの広告

ソースは料理にかけたり、混ぜたりして、味を引き立たせる調合調味料であるので、マヨネーズ、醤油なども広く含まれる。しかし日本でソースといえば、ウスターソースが代表的なものである。これはイギリスのウスターで造られたのでこの名がついた。江戸時代末期に日本にも伝わったとされるが確かなことはわからない。開港後、イギリス商人が輸入したといわれる。日本では、ヤマサ醤油の七代目浜口《はまぐち》儀《ぎ》兵《へ》衛《え》がアメリカで注目し、その随行員だった高島小金治《たかしまこきんじ》が製造法を学んで帰国し、一八八五年(明治十八)、ヤマサからミカドソースとして売り出したが日本人には味のなじみがなくて失敗した。その後、一八九〇年代からつぎつぎとソース会社ができて発展していった。

マヨネーズは、スペインのバルセロナの沖にあるマオン島で造られたソースが、パリに伝わったのがはじまりとする説がある。日本では、開港後西洋料理店で造られたが、中島董一郎《なかじまとういちろう》が留学でアメリカに渡ったときに知り、一九二五年(大正一四)にキユーピーマヨネーズの製造販売を行なったことがはじまりである。

うま味調味料の「味の素」は一九〇七年(明治四十)ころ東京帝国大学理学部の池田菊苗《いけだきくなえ》がコンブだしのうま味の本体がグルタミン酸であることを突き止め、この製造法を特許申請して、〇八年に認められたことに始まる。当時、鈴木製薬所を営業していた鈴木三郎助《すずきさぶろうすけ》がこれに着目して、味の素と命名、同年に逗子に工場を建設して製造を開始し、翌年これを売り出して成功した。

参考文献　岡光夫「砂糖」(永原慶二他編『講座・日本技術の社会史』一(一九八三、日本評論社)、油井宏子「醬油」(同前)、福場博保・小林彰夫編『調味料・香辛料の事典』(一九九一、朝倉書店)、太田静行『うま味調味料の知識』(一九九二、幸書房)、小泉武夫『醬油・味噌・酢はすごい』(中公新書、二〇一六)

(白川部達夫)

かつて食卓には必ず〈味の素〉があった

うま味調味料

二〇一三年（平成二十五）、ユネスコ無形文化遺産に「和食　日本人の伝統的な食文化」が登録されたが、この和食を特徴付けているのが「出汁《だし》」の存在である。一般に出汁は、昆布・鰹節・椎茸・煮干しなどから取るが、昆布のうま味成分であるグルタミン酸、鰹節のイノシン酸、椎茸のグアニル酸などに水酸化ナトリウムを加えて、単独もしくは混合した調味料が、うま味調味料である。これを調理に用いることにより、料理にうま味が付与され、素材の持ち味がより一層引き立てられることが指摘されている。

　昆布から取った出汁の主要成分がグルタミン酸であり、出汁から得られる味覚が、甘味、酸味、塩味、苦味と並ぶ「うま味」という味覚に由来することは、一九〇八年（明治四十一）に東京帝国大学（現東京大学）理学部化学科教授の池田《いけだ》菊苗《きくなえ》が発見した。池田は、同年四月、「グルタミン酸塩を主要成分とせる調味料製造法」に関する特許を出願し、七月にはこれが認められた。池田から事業経営を任された鈴木製薬所代表の鈴木《すずき》三郎助《さぶろうすけ》は、翌年、これを精製して「味の素」の名で商品化することに成功した。その後、味の素株式会社からは「味の素」の他にも「ハイミー」「ほんだし」といった関連商品が発売され、武田薬品工業（現三菱商事ライフサイエンス株式会社）

図50　1908年（明治41）発売当時の「味の素」

の「いの一番」などの商品とともに、高度経済成長期には化学調味料と総称されて各家庭の台所・食卓の必需品となった。

一九九〇年代以降、化学調味料の名は、うま味調

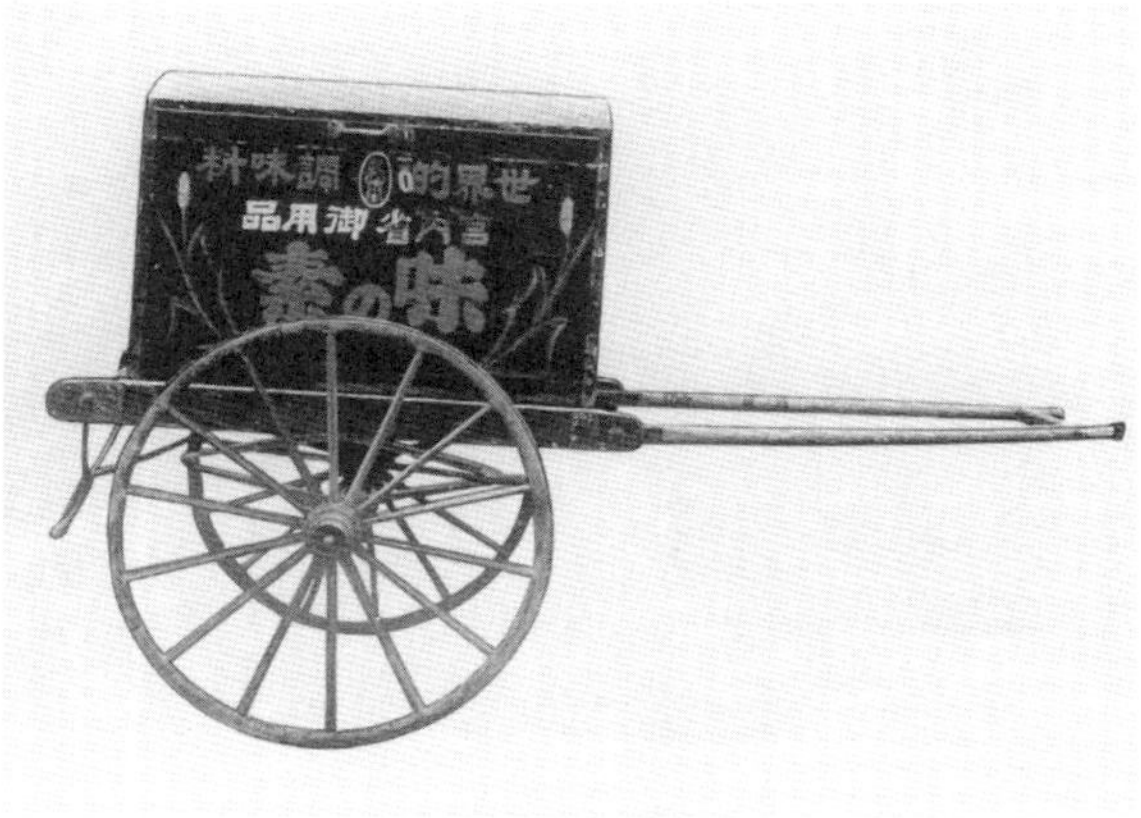

図51 「味の素」の運搬用の箱車

味料へと変更され、他の豊富な調味料の市販化に伴って家庭での使用は減少していったが、今なお、加工食品の生産や、飲食店での調理に際しては広く使用されている。なお、現在のうま味調味料は、サトウキビの糖蜜などを原料とした発酵法で生産されている。東南アジア諸国をはじめとする諸外国におけるうま味調味料の人気は今なお高く、一〇〇ヵ国以上の国や地域で愛用されている。

なお、イノシン酸も一九一三年（大正二）に池田菊苗の弟子であった小玉《こだま》新《しん》太郎《たろう》が、また、グアニル酸も一九五七年（昭和三十二）にヤマサ醤油の研究所に勤務していた国中《くになか》明《あきら》がそれぞれ発見した。これらの成分は、共存することでうま味が飛躍的に強くなることが知られており（相乗効果）、昆布と鰹節の混合出汁などが調理の過程で利用されてきた。

参考文献 河野一世『だしの秘密』（二〇〇九、建帛社）

（宮瀧 交二）

江戸時代に始まった移動式外食店

屋台

屋根の付いた移動式の店舗のこと。「屋台」は、元来は祭礼において引き回される山車《だし》、山《やま》、鉾《ほこ》、歌舞伎引き舞台などの総称であったが、十八世紀以降、露天商や行商者が台車の付いた移動式の飲食店を持つことになり、こうした店舗もまた「屋台」と呼ばれるようになった。

江戸時代に入ると、江戸をはじめとする都市部では、後述のように寿司や天ぷらに代表される飲食店を中心に、屋台による商売が確立していったが、日本史全体を概観してみると、最も多くの屋台が登場したのは、アジア・太平洋戦争後に全国各地の繁華街に営まれたヤミ市であった。高度経済成長期を過ぎて、現在屋台はその数を減じているが、その背景には、屋台における食品販売に伴う感染症の発症を念頭に置いての食品衛生法の強化や、屋台の設置場所をめぐるトラブルを規制するための道路交通法の強化などがあり、こうした法整備の推進が大きく影響している。

屋台の発達が確認されるのは、大方が思い描くように近世の江戸の町であった。世界史上未曽有の人口密集都市となっていた江戸の町に、徳川幕府は江戸城を核として、上野に寛永寺、浅草に浅草寺、神田に神田明神、芝に増上寺といった寺社を置いてこれを保護していたが、これらの寺社では、年に何度もの縁日や祭礼が行われ、その都度、大勢の参詣客・見物客を集めていた。こうした縁日や祭礼、さらには隅田川の花火見物といった場には、大勢の人々が集まったため、必ずといってよいほど、寿司、天ぷら、そばをはじめとする外食のための屋台が出店されていたようである。また、こうした外食店の

図52　屋台の外食店（鍬形蕙斎『近世職人尽絵詞』〈19世紀〉より）　左から天麩羅屋、いか焼き屋、四文屋。

ほかにも、季節によっては、餅や団子などの菓子を売る屋台、そして西瓜《すいか》や鈴虫といった季節の果物や生き物を売る屋台も出店されていたようである。

一八〇四年（文化元）に浮世絵師鍬形蕙斎《くわがたけいさい》が著した『近世職人尽絵詞《きんせいしょくにんづくしえことば》』には、天ぷら、いか焼き、四文屋《しもんや》といった屋台が描かれており、実際に江戸の町で屋台が繁盛していたことがうかがわれる。四文屋とは、おでんの具を串に刺して四文均一で販売する屋台であり、一八一〇年に柴村盛方《しばむらもりかた》が記した随筆『飛鳥川《あすかがわ》』には、このころ、両国一帯から柳原・芝に至るまで、四文均一で販売する四文屋の屋台が店を出して繁盛していたことが記されている。

もちろん、こうした江戸の屋台には、前掲のように祭礼の山車の系譜を引く台車を備えたものから、簡単な組み立て式の屋台、あるいは組み上げられた夜鳴蕎麦屋の屋台のようなものを天秤棒を担ぐ棒手《ぼて》振《ふ》りのように担いで移動させる型式のものまで、さまざまな構造があった。

このような祭礼の場に軒を連ねる屋台の姿は、今なお全国各地の神社仏閣の祭礼・縁日などに健在である。現在、商売人が台車付きの屋台を押して移動したり、屋台を肩で担いで移動させるような姿はすでに姿を消しており、今日、こうした屋台での商売を生業とする「テキヤ」と称される人々は、その組み立て式の屋台を、軽自動車のトラックやワゴン車で運搬することが一般的である。

また、今日、屋台といえば、全国各地の神社仏閣の祭礼・縁日のみならず、各地の観光地でその姿を見ることができる。福岡県福岡市の中洲地区や天神地区、長浜地区にある博多ラーメン他の屋台はその代表的なものであり、全国各地からこれらの屋台での飲食を目的とした観光客が大勢訪れている。この福岡市内の屋台もまた、アジア・太平洋戦争後のヤミ市の時代までその起源をさかのぼらせることが可能であり、各地区の屋台は、その伝統を継承して今日に至っている。昭和四十年代、福岡市内の屋台は約四〇〇軒を数えるようになり最盛期を迎えたが、その後、歩道の不法占拠や、汚水の垂れ流し、さらには安価な使用料に対して近隣の商店街から苦情が出るなど、その存在が社会問題化した。

そのようななか、一九九五年（平成七）には、福岡県議会において福岡県警が屋台営業者の新規参入は原則として認められないと発言し、二〇〇〇年の福岡市屋台指導要領の制定・施行によって、道路や公園の管理者である福岡市が、屋台業者による道路などの使用を認可することになり、管理基準が明確化されることになった。またこの時、九五年に福岡県警から提案された「原則一代限り」を承認することにもなった。その結果、二〇一〇年には福岡市内の屋台数は、一気に約一五〇軒にまで減少したが、こうした事態を迎え、その翌年には福岡市長が「屋台を残したい」と発言し、福岡市政は屋台を残す方向に舵を切った。その後、「屋台との共生のあり方研究会」が設置され、①屋台が地域と共生し、住民

図53　福岡市中洲のラーメン屋台

の理解を得ることが重要、②衛生面で問題を感じた市民が八割、③名義貸し屋台があることは問題、④地域との共生の条件を議論（福岡の町の財産としての効用とルール遵守）といった検討課題を確認し、さまざまな議論を経て一三年（平成二十五）には、新たに福岡市屋台基本条例が制定・施行され、将来的になくしてしまうはずであった屋台を維持していく（公募制度の創設）ことが確定した。このような経緯を経て、一七年には二〇軒を超える公募屋台が新たに誕生し、今日に至っている。

また、かつてはチャルメラの音色とともに各地でよく見かけた移動販売（リヤカーや軽トラックを利用）のラーメン屋台も、インスタントラーメンの普及などにより、姿を消しつつある。

参考文献　大久保洋子『江戸の食空間』（講談社学術文庫、二〇一二）

（宮瀧　交二）

欠食児童、体位向上の課題を解決

学校給食

日本における学校給食は、貧困児童の就学対策として一八八九年（明治二十二）に山形県鶴岡町（鶴岡市）の仏教各宗派連合による私立忠愛尋常小学校に始まる。同校は開校と同時に、貧しくて弁当を持参できない児童などに昼の給食を実施した。その後、関東大震災の際、罹災地域の児童に給食が実施され、これを契機に平時の学校給食を続ける学校も増えた。

昭和初期の経済恐慌の際には、全国的に昼食を欠食する児童が多く、社会問題化した。文部省がはじめて経費を国庫から支出する学校給食の実施にふみきったのは、一九三四年（昭和九）七月の「学校給食実施ノ趣旨徹底方並ニ学校給食臨時施設方法」に関する訓令であり、さらに四〇年には体位向上を緊急の課題とする国策的見地から学校給食奨励規定が公布され、四四年には閣議決定によって「決戦非常措置要綱ニ依ル大都市国民学校児童学校給食ニ関スル件」の次官通達が発せられ、政府は六大都市の児童に対して、一人一日当たり一〇〇グラムの米と味噌一五グラムを特別配給することになった。しかし間もなく始まった空襲などによりほとんど機能しなかった。

戦後の学校給食の契機になったのは、一九四六年における元米国大統領でUNRA（国際連合救済復興機関）の代表であったフーバーのマッカーサーへの進言であったという。他方で日本側の要請もあり、GHQの指示で、四七年一月、寄贈されたララ（アジア救援公認団体）物資を活用した学校給食が始まった。その数は、全国の都市部の小学校を中心に約三六〇〇校、二九〇万人にのぼった。各地の小学校では、軍政部の軍人を招いて、子どもたちの歌や踊りなどで感謝の意を表す集いが盛んに開催された。マーク・ゲインはそれを「食糧は高等政策の一手段」と批評している。このとき以来の学校給食で提供された食品のシンボルが脱脂粉乳であり、この給食世代には飲みにくいミルクを我慢して飲んだり、そっと隠れて洗面所に流したりした記憶が残っているが、それでも子どもたちの体位向上には役立った。また

図54　昭和30年代の学校給食の食事風景

学校給食が日本人に与えた影響としては、パン食の拡大、牛乳ないし乳製品への需要の拡大などが挙げられている。五〇年（昭和二十五）にはパン・ミルク・おかずの揃う給食が実施され、五二年には全国の小学校に普及した。

こうした実績の上で五四年に学校給食法が制定された。同法第一条では給食が「食に関する正しい理解と適切な判断力を養う上で重要な役割を果たすものである」としている。その後六〇年代末から旧来の自校方式に対して、給食センターによる給食が始まるが、その経済的効率性と子どもの健康や衛生との関係について議論が浮上し、また義務教育無償の原則と給食費徴収問題などの課題も残されている。

参考文献　森彰英「学校給食」（石川弘義他監修『アメリカンカルチャー』1、一九八一、三省堂）、山田浩子『学校給食への地場食材供給』（二〇一四、農林統計出版）

（安田　常雄）

調理する・食事をする

もとは料理人を意味する言葉

包　丁

食品を刻むためには原始時代では石器が用いられた。しかしこれを包丁というには無理がある。奈良時代の文献には包丁という言葉は見当たらない。しかし刀子を厨房用に使うとした記録はあり、何種類か用意されていた。『延喜式』にも内膳司《ないぜんし》において使用する刀子の用法が記載されており、鉄製の刀子で調理が行われたことがわかる。中世前期までは通常、男性が差していた腰刀が用いられたとされ、『春日権現験記《かすがごんげんげんき》』にはその様子が描かれている。

包丁という言葉は、『荘子』養生主《ようせいしゅ》に文恵君のために包丁が牛を絶妙な手さばきで解体し、感動した文恵君に、自分の技は道を極めたものだといった故事が伝えられていることによる。そこから包丁は人物の名前が転じたとする説もあるが、本来、庖丁が正しく、庖はクリヤと読んで調理場を意味し、丁は役目に従事する人のことであるので、料理人をいうとされる。日本でも、料理人をさして庖丁人・包丁者と称した。これが刀子をさすようになったのは平安時代末期で、『今昔物語集』には「包丁刀」、『宇《う》治拾遺物語《じしゅういものがたり》』に「いと大なるまな板に、ながやかなるはうちゃうかたなを具して置きたる」とあるこ

図55　包丁(『酒飯論』〈写本〉より)

とが早い例である。

一方、十五世紀後半に書かれた『酒飯論《しゅはんろん》』には、現代使われているような幅広の包丁が描かれており、このころには、刀子から料理専用の道具として包丁が分かれていったことがわかる。考古学上も十五世紀の出土品の中に、幅広の包丁と考えられるものがある。文献では一五二〇年（永正一七）の『蜷川文書《にながわもんじょ》』に「包丁」「菜刀」とあり、魚肉などを切るものと野菜を切るものが分かれて記載されている。十八世紀末に出版された『日本山海名物図会』巻之三には、和泉国堺の包丁鍛冶の店先で八種類の包丁が売られている様子が描かれている。江戸時代になって包丁の用途別の分化が進んだことがわかる。しかし農村では、名主家など有力な家では江戸時代中期に包丁を三丁もっていた例があるが、一般の家では、幕末・明治期の調査でも一丁ということがあり、庶民の間では、一丁で済ましていることも少なくなかった。

図56　堺の包丁を売る店（平瀬徹斎著、長谷川光信画『日本山海名物図会』〈1754年〉より）

参考文献　三浦純夫「まな板と包丁」（日本民具学会編『食生活と民具』一九三、雄山閣出版）　（白川部達夫）

前近代には脚つき、かまぼこ形もあった

俎

俎とは調理の時に、材料をのせて包丁で切るための板や台である。食物を切るということが始まるとともに古くから使われたと考えられるが、はっきりしたものは、古墳時代の四世紀後半のものが遡れる上限である。弥生時代には、木製で俎と見なせるものは、現在見当たらないという。古墳時代のものは、板に下駄状の脚が付けられている。

文献では、奈良時代の七七〇年（宝亀元）『奉一切経所雑物請帳』に「切机」と記載されたものが、俎にあたるとみられる。平安時代の『延喜式』には内《ない》膳司《ぜんし》の必要とするものに「切案」とあり、野菜・魚肉など用途に合わせて数が書き上げられている。十世紀前半に編纂された『和名類聚抄《わみょうるいじゅしょう》』では、「俎」とあり、和名として「末那以太」としている。『延喜式』では、切案は長さ三尺、広さ一尺七寸、高さ八寸とあるので、曲尺だと長さ約九〇㌢、広さ約五一㌢、高さ約二四㌢という大きなものであった。

十二世紀後半に成立した『地獄草子』では『延喜式』に記載されたような大きな俎が描かれ、十三世紀初頭の『粉河寺縁起《こかわでらえんぎ》』でも同様であった。さらに

図57　四脚の俎で調理をする包丁師（『七十一番職人歌合』〈1500年ごろ〉より）

十四世紀の『松崎天神縁起』では、中央が盛り上がったかまぼこ形の俎が描かれている。かまぼこ形の俎は、その後も多く描かれている。江戸時代になると、俎も比較的小さいものが描かれるようになる。

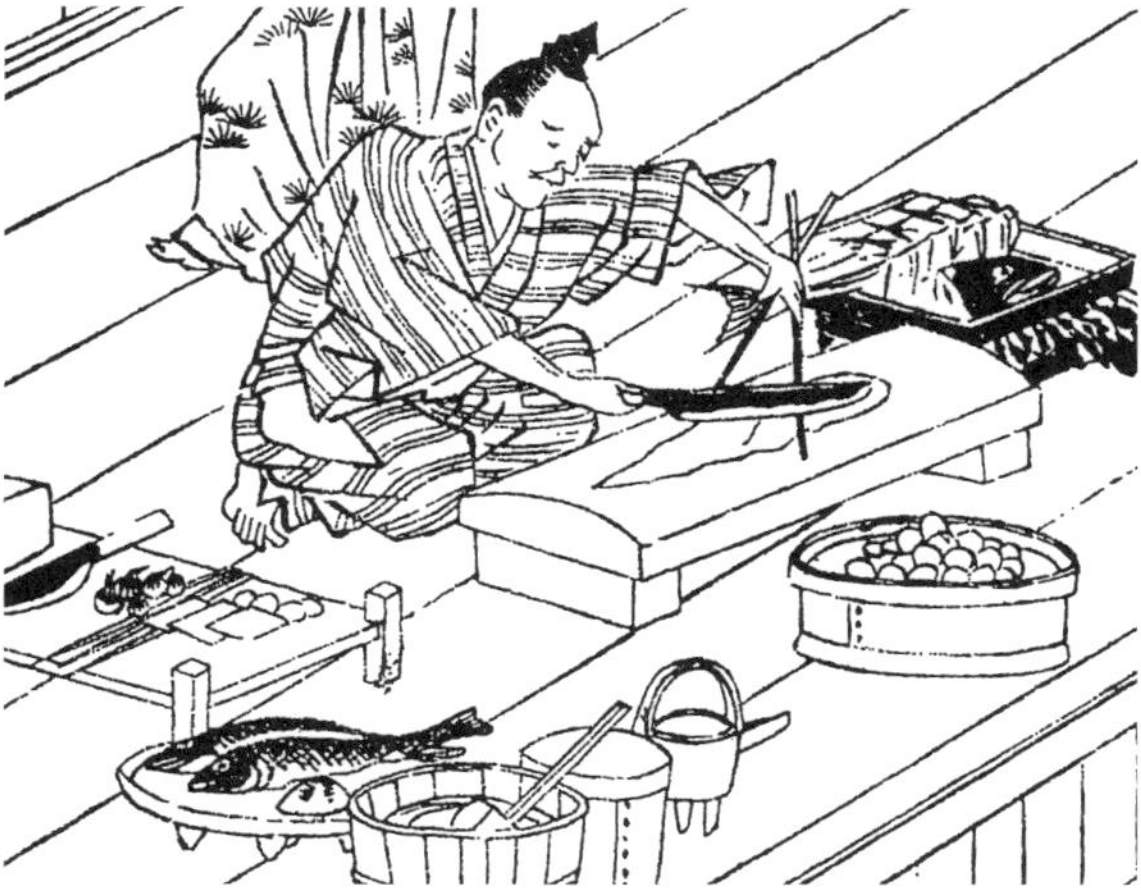

図58　かまぼこ形の俎(『新流料理いろは庖丁』〈1903年〉より)

絵画に表されるのは、貴族、武家、寺社の大規模な厨房などが多いので、俎も大きなものが使用された様子が描かれているが、江戸時代になって庶民の生活が描かれるようになると、それに相応しい小さいものも描かれるようになったものとみられる。

俎の脚は、十七世紀末ごろまで四脚が一般的で、十八世紀になると二脚のものが現れる。昭和三十年代までこれが続き、その後、脚がない形式のものが普通となった。また魚・肉用と野菜用の使い分けも意識されていたようで、四脚の脚が板の上下についているものや、板の両側にはみでるような大きさの板をつけて脚とし、ひっくり返して魚・肉と野菜の裁断に使用するようになっていたものもあった。しかし二つの俎を使い分けるほうが簡単なので普及はしなかった。

参考文献　三浦純夫「まな板と包丁」(日本民具学会編『食生活と民具』一九九三、雄山閣出版)

(白川部達夫)

渡来人がもたらした鋳物の調理器具

鍋

鍋は、食物を煮炊きする容器である。煮炊きする容器には、釜と鍋の二系統があるとされる。釜は竈の普及とともに、これに設置して使われるものをいい、鍋は囲炉裏に掛けたり、据えたりして使われた。

縄文時代には煮炊きする容器として深鉢型の土器が造られ、囲炉裏の中に置かれて煮炊きした。これらは、広義の鍋ということができる。弥生時代になると大陸から金属性の容器として、鍋・釜が伝来した。

十世紀の『延喜式』には、畿内輸雑物として平鍋五〇口が、また大和二〇二口、河内二〇〇口の鍋が調として納められることが記載されており、大和と河内の鋳物《いもの》業が中心だったことがわかる。ことに河内は古代以来渡来人が移り住んで鉄製品の鋳造を行なった伝統があった。河内丹南《たんなん》郡を中心とした鋳物《いも》師《じ》は平安時代には、蔵人所《くろうどどころ》の灯籠供御人《とうろうくごにん》となって、諸役免除・諸国往来の自由を認められ、諸国を巡って鋳造を行なった。このため下野の佐野天明や武蔵川口など各地に丹南鋳物師の子孫と称する鋳物師集団が展開した。丹南鋳物師はやがて、堺に移り住むようになり、江戸時代を通じて堺は鋳物業が発展した。

『延喜式』には、鉄製の鍋・釜のほかに「堝」と書いて土鍋も記録されていた。新嘗祭に伴う供料《くりよう》として「堝各十口」とあり、多くは神事に用いられた。土鍋は宮中では古式の行事に使われたと考えられるが、金属器が貴重であった時代は長く、庶民には土鍋が使われた。

鍋には、大鍋と弦付《つるつき》鍋の二種類がある。大鍋は竈に据え置いて使う大型のもので、外周に縁《ふち》が付いているが、耳や弦はない。竈に据え付けることは釜と同じであるので、混同されることがある。家庭用の煮炊きにも使われるが、塩焼き・精糖・紙漉き・藺煮や佃煮《つくだに》など営業用として使われた。弦付鍋は囲炉裏で使うもので、自在鉤《じざいかぎ》に吊すための弦掛けが付いている。また鍋底に三足がある場合もある。これは本来は、鼎《かなえ》のように一定の長さがあり、火を下や周りに置いて煮炊きするためのものであるが、やがて短くなり置くときに安定させる機能に限られた。囲炉裏では、吊さないで五徳の上にのせて使う場合もあった。

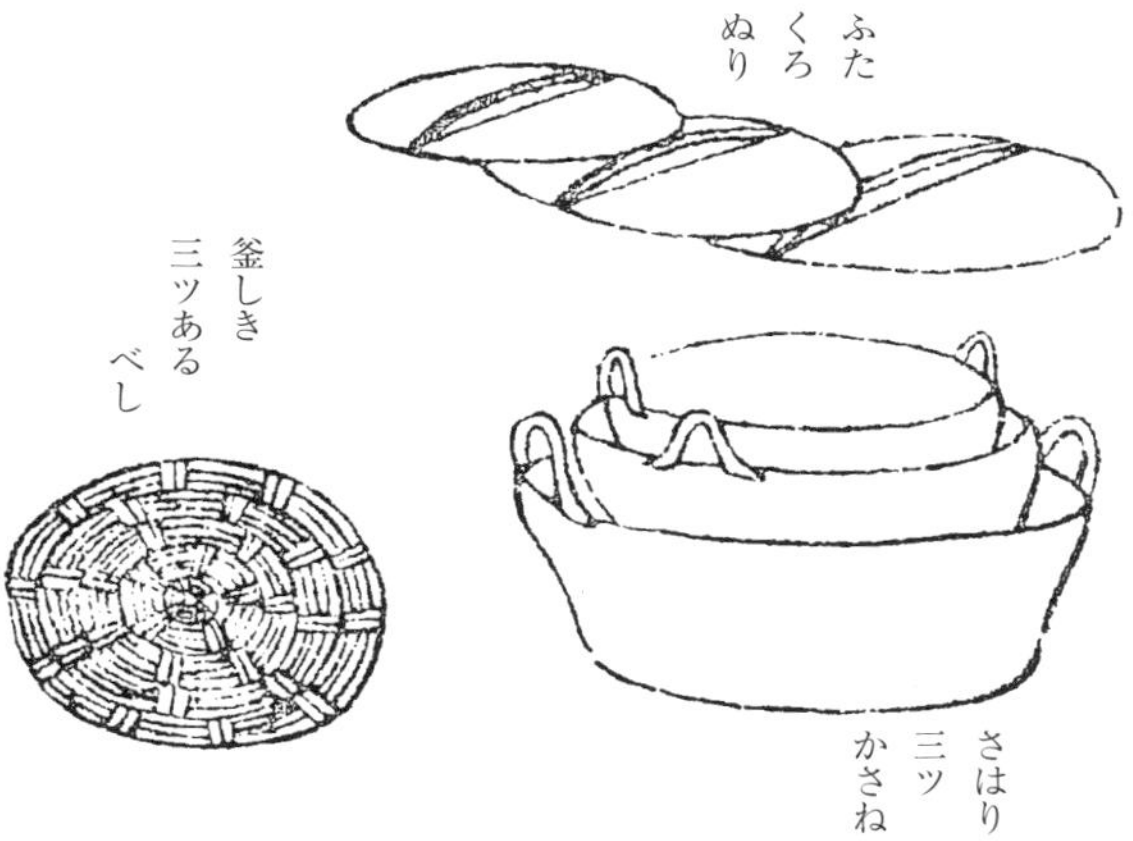

図59　鍋・鍋ぶた・釜しき（浅野高造『素人庖丁』〈1803-20年〉より）

この二種類のほかに、後になると、雪平《ゆきひら》鍋というとっての付いた片手鍋など用途に応じてさまざまな鍋が現れた。また近代になると、欧米の寸胴《ずんどう》鍋・フライパン、中国の中華鍋などが伝えられた。

参考文献　朝岡康二『鍋・釜』(ものと人間の文化史、一九九三、法政大学出版局)

（白川部達夫）

葉・土器・陶磁器――色々なうつわの歴史

食　器

もっとも古くはカシワやシイやホオの葉を用いていたと考えられる。土器が作られるようになると鉢、碗、皿、急須《きゆうす》型の土器が使用されたが、遺跡からは木製の坏《つき》や高坏も多く出土しているから、重量の軽さから木製の容器も使用されたようである。

奈良時代の平城宮跡からの出土遺物によると、土師器《はじき》の高坏のほか、平底の碗、坏、皿など四、五点が一組の食器として用いられたと推定される。平安時代には土師器に代わって須恵器《すえき》が普及するが、貴族層の間では漆器《しつき》や金属器、中国・朝鮮から舶来した陶磁器なども使用された。

中世の一般的な食器は皿、椀、鉢が中心で、材質としては土器、瓦器《がき》、磁器、木器などが使われたが、木製品が多かったと考えられる。木製品には白木と漆塗りがあった。

江戸時代に入ると、尾張の瀬戸（愛知県）や美濃地方（岐阜県）で陶製の食器が作られるようになるが、一般に使用されたのは漆器の椀類で、飯椀、汁椀、手椀、壺椀のほか台の付いた腰高《こしだか》の五種が基本形であり、農民層では飯椀、汁椀、手椀の組合せが基本であったという。「食卓」の項でも記すように、江戸時代には個人用の小型の箱膳《はこぜん》が用いられたため食器も小型のものが多かった。

近現代の食器の一般的な組合せである陶磁器の飯碗、魚菜用の中小皿鉢、漆器の汁椀が成立したのは江戸時代後期のことと考えられている。明治期に入ると洋食の影響で洋皿やスプーン、ナイフ、フォークなども使用されるようになったが、庶民まで普及し始めるのは明治時代末期のことである。ガラス製の食器もあまり普及せず、近代になってもビールのコップに使用された程度であった。大正時代になると陶磁器の食器が普及し始め、漆器は味噌汁椀、吸物椀に使用されるくらいであった。昭和になると、家庭で使用する食器の多くは大手食器会社の大量生産品になり一九七〇年代のバブル期に生産のピークを迎えるが、それ以後は少なくなりつつある。

図60 古代の貴族の食卓と食器

食物を挟んだりすくったりする道具である箸《はし》や匙《さじ》もその使用は早い。弥生時代の遺跡から出土するのは木製の匙が中心で箸はほとんど出土しないが、七世紀後半以降になると飛鳥板葺宮《あすかいたぶきのみや》跡や藤原宮跡、平城宮跡などから檜《ひのき》製の二本箸が出土しているから、箸は都城周辺から普及し始めたようである。庶民層では遅くとも十二世紀ころまでには竹製・木製の箸が使用されたと考えられている。

一方、匙は正倉院の宝物に金属製の匙が残されており、平安時代の宮中の宴席では匙と箸が用いられたという。その後、匙は薬匙、茶匙、香匙など特殊な用途で使用された。明治時代以降、洋食の普及によりスプーンが広く用いられるようになった。

参考文献 神崎宣武『図説日本のうつわ』(一九九八、河出書房新社)、同『「うつわ」を食らう』(読みなおす日本史、二〇一七、吉川弘文館)

(木村 茂光)

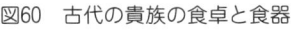

ピンセット状は儀礼用、二本箸は日常用

箸

調理や食事などの際に、食物を挟む一対の細い棒。日本における箸食の起源を特定することは難しいが、全国の縄文時代後・晩期の遺跡からは、さまざまな形態の杓子《しやくし》状の木製品・土製品が出土しており、これが弥生時代にも引き継がれていく。箸の出土はなく、三世紀後半に成立したいわゆる『魏志』倭人伝にも「籩豆《へんとう》を用いて手食す」とあることから、このころまでの食事は基本的には素手であり、わずかに杓子が用いられるに過ぎなかったとみてよいであろう。

続く古墳時代には、渡来人の移住に伴い、さまざまな大陸・朝鮮半島の生活様式が日本にもたらされたが、箸もまたこの時期に使用され始めたとみられる。人々の食膳形態の面からみても、銘々器《めいめいき》である土師器《はじき》・須恵器《すえき》の坏《つき》や皿が普及するのは古墳時代以降であり、食物をそれぞれの器《うつわ》に「取り分ける」習慣とともに箸は一般の人々に普及していったようである。

実際に箸の存在が確認されるのは、発掘調査の成果による。七世紀後半の飛鳥板葺宮《あすかいたぶきのみや》（奈良県明日香村）・藤原宮跡（同橿原市）や八世紀の平城宮跡（同奈良市）などからは、檜《ひのき》製の二本箸が出土している。八世紀に編纂された『日本書紀』の崇神《すじん》紀に大物《おおもの》主神《ぬしのかみ》の妻として登場する倭迹迹日百襲姫命《やまとととひももそひめのみこと》は、箸で陰部を撞《つ》いて絶命したと記されている。続く平安時代に入ると、すでに庶民層には竹・木製の箸が普及していたようで、十二世紀後半の成立とみられている『信貴山縁起絵巻《しぎさんえんぎえまき》』尼公《あまぎみ》の巻をはじめ、平安時代の絵巻には、人々が二本箸を使用する場面がたびたび描かれている。一方、貴族の間では高級な箸が

用いられていたようで、十世紀後半の成立とみられている『宇津保物語《うつぼものがたり》』蔵開の巻などでは、宮中における「祝事」に供される食事に「銀の箸」が添えられている。なお、古代の箸はピンセット状の折箸であったとする説があったが、今日では、折箸は主に神饌《しんせん》用・料理の取り分け用であり、一般の食事には古くから二本箸が使用されていたとみる説が有力である。

図61　平城宮跡出土の箸

江戸時代に入ると、諸国では特産品の生産・販売が盛んになり、会津塗（現福島県）や若狭塗（現福井県）といった漆塗の箸が人気を集め、全国に広く普及した。また、近代以降、外食が盛んになると、飲食店では使い捨ての割り箸が用いられるようになったが、現在では木材資源保護の立場から割り箸の使用を避けるため「マイ箸」を携帯して、外食時に使用する習慣も広がりつつある。

参考文献　宮本馨太郎『めし・みそ・はし・わん』（民俗民芸双書、一九七三、岩崎美術社）、向井由紀子・橋本慶子『箸』（ものと人間の文化史、二〇〇一、法政大学出版局）

（宮瀧　交二）

台所の〈台〉とは食卓のこと

食卓

最初はカシワやホオノキなど幅の広い植物の葉などが用いられたと考えられるが、道具として最初に確認されるのは折敷《おしき》である。折敷はスギやヒノキの剥木板《へぎいた》で作った縁《ふち》付きの盆状の容器で、すでに平城京跡から出土している。本来は簡素な薄板が用いられたが、のちに四隅を切った角切《すみきり》、脚のない平《ひら》折敷、脚のついた脚打、円形の折敷などが作られるようになった。

一方、僧侶などが食事をするときに用いた几《き》という台もあった。几は日本語の机のことだが、「つくえ」は本来「坏居《つきう》え」の意味で、元来は坏（食物を入れる器）をのせる脚付きの台を意味した。現在でも東大寺の修二月会《しゆにがつえ》のときに僧たちが食事をするために几形の食卓が置いてあり、二月堂机と呼ばれているという。また、平安時代の宮中の殿上には、台《だい》盤《ばん》という節会《せちえ》などで用いられた座卓形式の食卓もあった。食物を盛った盤をのせ台盤を囲んで会食をした。この台盤を備えてあったのが台盤所《だいばんどころ》で、これが台所の語源となった。

江戸時代以降になると折敷から発達した膳が広まった。その代表が個人用の箱膳《はこぜん》で、一人分の飯椀、

図62　箱　　膳

汁椀、小皿、箸を入れる木箱型の膳で、取り外しのできる蓋が付いていた。普段は箱の中に上記の食器を入れておき、食事になると蓋をはずして裏返しにし、その上に食器を並べて用いた。食器が個人別であったため食後に食器を洗う習慣はなく、食後の茶ですすいだり、ちり紙などで拭いて仕舞うのが普通であった。箱膳は昭和初期まで用いられた。

図63　ちゃぶ台

明治末期から大正期になると、都市のサラリーマン家庭を中心に低い四本の脚が付いたちゃぶ台が使用されるようになった。これによって、家族全員が一つの食卓（ちゃぶ台）を囲んで食事をとるようになり、食事様式が一変した。ちゃぶ台は全体的に小型で、脚は折りたたむことができ、使用しないときはたたんで部屋の隅に片付けておくことができたので、広くない住空間のアパートなどで部屋を有効に活用することができた。

アジア・太平洋戦争後、椅子式のダイニングテーブルが使用されるようになり、食事の場所が台所に移って食寝分離の生活が採用されるようになった。

参考文献　石毛直道『食卓の文化誌』（岩波現代文庫、二〇〇四）、橋本直樹『食卓の日本史』（二〇一五、勉誠出版）

（木村　茂光）

住まう

憧れの家電を備えた集合住宅

団地

その名称は、一九一九年（大正八）制定の都市計画法施行令第二一条に規定された一団地住宅経営に語源を持つものといわれるが、諸説があり定まっていない。しかし一般的には、鳩山一郎内閣の住宅建設一〇ヵ年計画を背景として、一九五五年（昭和三十）に日本住宅公団が建設・供給した金岡《かなおか》団地（大阪府堺市）、牟礼《むれ》団地（東京都三鷹市）などが口火となった。それらは、鉄筋耐火建築の集合住宅で、ダイニング・キッチンをはじめとする近代的内装が人気を呼び、「団地」の名称を普及させた。そしてこれら公団団地のほか、各都道府県の住宅供給公社や地方自治体の供給した公営住宅、民間企業の社宅、民間企業による集合住宅も、鉄筋耐火建築による集合住宅であれば「団地」の名称で呼ばれることが一般化した。また、このような団地が集積した地域はベッドタウンとも呼ばれ、広義の団地には、住宅団地のほかに農業団地や工業団地なども含まれている。

こうした戦後の集合住宅の広がりには、敗戦後日本の多様な要因が含まれていた。それは、戦後直後から続いていた大都市の住宅不足、「神武景気」以後の大都市への労働力集中による住宅不足の一層の深刻化、特に多くの勤労者は、四畳半ないし六畳の木造賃貸アパートに住むという劣悪な居住環境におかれており、鉄筋コンクリート造りの不燃アパートに住む夢を膨らませていたなどの要因があった。

団地には高度経済成長期に世帯を形成した都市通勤型の新中間層核家族が入居することが多く、その住民は「団地族」と呼ばれる社会階層を形成した。一九六〇年度版『国民生活白書』は、公団住宅を「小家族で、大企業や官庁に務めるインテリ・サラリーマンが多い新中間階級の住み家」と定義しており、「団地族」という言葉の起源は、『週刊朝日』（一九五八年七月二十日付）の「新しき庶民『ダンチ族』」にあるといわれる。団地族の具体的な生活スタイルは、当時主婦たちの憧れであった「三種の神器」とよばれた家庭電化製品を備えており、『国民生活白書』（一九六〇年版）によれば、団地族の耐久消費財所有率は、電気洗濯機七六%、電気冷蔵庫二〇・五%、電気釜五六%であり、それは、同年の東京都の一般勤労者世帯のそれぞれ四九・二%、一三・七%、二五・一%と比較するとかなり高い数字を示していた。また団地にはベランダがあり、そこに真新しい電気洗濯機を置けばいやでも近所に目立ち、各戸ごとに立てていたテレビのアンテナも遠くから見えた。

図64　金岡団地（大阪府堺市）

　公団住宅の一般的間取りとなった四畳半、六畳、ダイニング・キッチンの２ＤＫは、核家族が日常生活を送るための必要最低限の設備を、限られた空間に機能的に配置するために考え出されたものであり、その設計思想を満たすためにステンレス流し台、ホーロー製浴槽、扉のシリンダー錠などの規格品が開発された。

同時代の団地生活の最もすぐれた記録の一つに「アパートずまい―ある日本人の暮し6―」(『暮しの手帖』二八号、一九五五年〈昭和三十〉二月)がある。この記録は一四人の女性と東京都建築局の協力によって作成されたもので、五五年時点では「団地」の名は一般的でなく「新しいアパート」とも記述されていた。また写真資料によれば、この時点ではまだ多くの家庭で家庭電化製品は備え付けられていない。

まず入居の資格は、最低月収が家賃の六倍以上、最高三万二〇〇〇円までの人で、いま住む家に困っている人、独身はダメで、同居人は六親等以内の者に限ると規定されている。その「団地」のシンボルは階段と鍵に象徴され、扉によって家の中と世の中が完全に断ち切られるという意味での「カギのかかる暮し」は、これまでの日本人の生活にはない画期的なものであった。またその家の中は、タタミと板の間の多様な組み合わせでできている。部屋数は二間(六畳と八畳か、一〇畳と三畳)で、これでは狭いので二段ベッドを取り付けている家庭も多い。また「台所」は狭く「設計の一番の欠点」が現れており、せめて壁を工夫して棚などを取り付ける工夫が必要だとアドバイスしている。

さらに大きな問題は洗濯と「干し物」であり、この段階では屋上に共用の洗濯場がある場合や、小さなバルコニーに洗濯槽がついた例があるが、冬の寒さや階段の上り下りはむずかしく、ホースでたらいに水を引いて洗濯するなどの工夫がされている。「干し物」については、「晴れた日は、どの家の窓も、干し物で、建物全体が満艦飾の壮観を呈する」と書いている。そして、かつて日本の家には比較的人目につかない「裏」があり、そこに干したのだが、その「裏」がなくなり、「表」だけになってしまったのである。

そこに住む人びとの暮しについては、高層の「団地」では子どもの転落防止に柵が付けられる一方、遊びの機会は多くなる、悪いことも流行しやすくなるという。また団地の電柱の広告は、大部分が質屋と産婦人科であり、主婦の内職が盛んで、昼時には「てんやもの」の出前が縦横に飛び回るという。さらに大抵の家の窓には植木鉢がならび、小鳥を飼い、犬や猫を飼う家も多い。団地の下の広場には小さな庭が割り振られているが、「てのひらに一握りの土をすくってはこぼしている老人の背中には、さみしいあきらめがみえる」。しかし、いま住んでいる人たちは「口をそろえて、もう、この暮しはやめられない」という。編集部は「この暮し方には、これまでの日本に、まといついて離れなかった、あの見せかけ主義、表面だけを飾るウソの暮し方、あのイヤらしさがない。そんなことを、してはいられないのである」と性急で爪先立った近代化への自己肯定を批評していた。

それから約十年、こうした「団地」生活における、不幸もないが幸福もない索漠たる日常をリアリスティックに描いたのが、羽仁進監督の「彼女と彼」（脚本：清水邦夫・羽仁進、主演：左幸子・岡田英次、岩波映画製作、ATG配給、一九六三年〈昭和三十八〉）であった。その後、八〇年代には、大友克洋のコミック『童夢』（双葉社、一九八三年）が、都市の団地に内在する不気味な破壊力を描き出すことになる。

参考文献　「アパートずまい―ある日本人の暮し6―」（『暮しの手帖』二八、一九五五）、『アートシアター―彼女と彼―』一六（一九六三、日本アート・シアター・ギルド）、渡辺精一『ニュータウン』（日経新書、一九七三）、『日本住宅公団二〇年史』（一九七五、日本住宅公団）、「『夢の縦割り長屋』の住人たち」（講談社編『昭和―二万日の全記録―』一一、一九九〇）

（安田　常雄）

〈○DK〉という住宅のスタンダード
ダイニング・キッチン

ダイニング・キッチン（DK）とは、ダイニングルーム（食事室）とキッチン（台所）とを合成した和製英語で、食卓と椅子を備えた食事室と合体した台所を指す。

一九五五年（昭和三十）に日本住宅公団が採用し、民間の集合住宅や一般の住宅にも急速に普及した。そこでは「三種の神器」の一つである電気冷蔵庫とステンレスの流し台を中心に、食品の貯蔵、調理、その後のゴミ処理などを機能的に組み合わせることが目指され、同時に食事室と寝室を別にする食寝分離と、夫婦と子どもの寝室を別にする分離就寝とを実現することが構想された。その意味で人びとのあこがれを表現していた。

同時代にこの動向をいち早く取り上げた『暮しの手帖』は「リビング・キッチン、ダイニング・キッチン―居間や食堂が一つになった台所―」（『暮しの手帖』三四号、一九五六年五月）という特集を組んでいる。そこでは、もともと日本の農家では、調理の場所と食事の場所はぴったり一体化していて、炉で煮たものをその炉を囲んで食べていた。それは生活の簡素化のためであり、主婦の立ち働きを少なくし、また家族のものが楽に家事を手伝えるようにとの知恵が働いていたという。その意味ではダイニング・キッチンも「農家と同じ行き方」なのだが、問題はそれに「現代の都市生活的なものをどんな風に盛込んだらよいのか、又、そういう台所をもつすまいでは、暮し方をどんな風に変えてゆかなければならないか、などの新しい問題がおこって来ます」と課題を設定していた。

そして具体的にはその「よいところ」と「困ると

ころ」を分析していた。まず「よいところ」では主婦の労力がはぶけること、家の面積が小さくて済むこと、家族が台所や食事に関心をもち、気軽に主婦を手伝うようになることなどを挙げている。同時に「困るところ」では、ダイニング・キッチンといっても要するに台所なので楽しい雰囲気に欠けがちになること、換気を十分にしないと煙や臭気がこもることなどを挙げている。

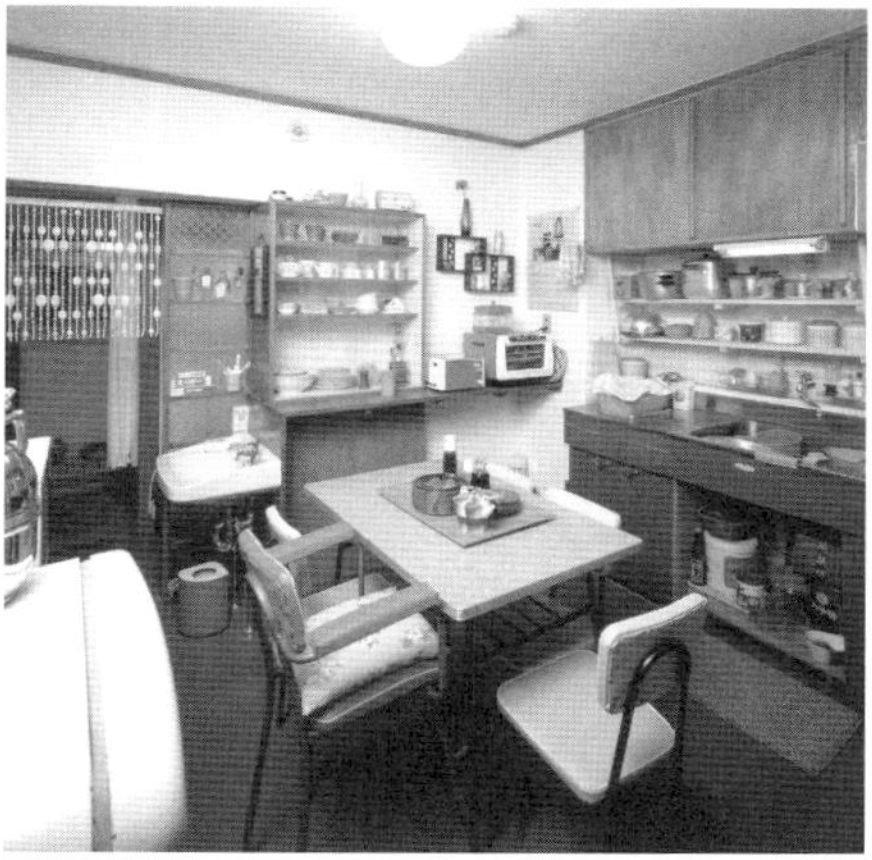
図65　常盤平団地(千葉県松戸市)のダイニング・キッチン

その後、ダイニング・キッチンは、2DKという言葉とともに、戦後住宅のスタンダードとして位置づけられ、さらに一九六〇年代以降は、ソファやステレオ、テレビなどの家具・家電製品の一般家庭への烈しい流入があり、それらの器具がDK内に納まらず、DKに隣接する寝室を居間的に使用することが一般化する状況もあり、居間を加えたLDKが普及していった。しかしこうした生活器具の増大による機能的充実が、そこに住む一人ひとりの個人にとって、また家族という共同性や、社会という公共性にとって、どのような影響をもたらしたかという問題は残されている。

（安田　常雄）

参考文献　青木俊也『再現・昭和三〇年代　団地2DKの暮らし』(らんぷの本、二〇〇一、河出書房新社)、上野千鶴子『家族を容れるハコ　家族を超えるハコ』(二〇〇二、平凡社)

歴史的にも連結しているトイレと下水道

水洗トイレ

人間の排泄物を水の圧力で流し処理するという意味での水洗トイレの起源は、古代ローマや古代日本にもさかのぼる。しかし近代以降においては、伝染病対策と衛生観念の普及によって、人間の排泄物は不衛生な汚物と位置付けられ、水洗トイレはそれを簡単に処理してくれる装置として、下水道の普及と連動して一般家庭にも普及していった。

欧米では十九世紀後半に広がり、日本では明治中期から横浜の外国人居留地や東京のホテルなどで、輸入された水洗式便器が設置され始めたといわれる。しかし東京の下水道の建設は遅々として進まなかった。これは当時の日本人が、水洗トイレの設置にせよ、汲み取りの手数料にせよ、自らの排泄物の処理に対価を支払う感覚が稀薄であり、衛生設備は給水サイドを優先し、排水サイドは後回しになる傾向が強かったからだといわれている（前田裕子）。

水洗トイレの戦後史は、連合国軍の占領政策から始まる。占領軍は総司令部や士官の宿舎などの施設に衛生設備を備えることを要求し、その細目には「浴室および便所」が必要と明記された。トイレは腰掛水洗式であった。こうした占領軍ディペンデント住宅は、戦後日本の住宅政策にも、一つのモデルとして大きな影響を与えた。日本住宅公団が最初の洋式（洋風腰掛式）プランを採用したのは一九五八年（昭和三十三）であり、翌年に全国採用を決定、六〇年より洋式が標準仕様とされることになった。

周知のように、水洗式便器には、和式便器と洋式便器があるが、次第に洋式便器が主流になった。使用する水は、水道水（一部では、中水）であり、下水道および水道水使用料がかかる。いずれも、便器の下部構造として水を溜めるS字に曲がった封水トラップを持ち、下水道や排泄物の臭気を遮断している。下水道と配管で直結した水洗トイレは、糞便の貯留槽から解放された二階以上の居住空間にも容易に設置が可能となった。同時に、狭い一般住宅を有効活用するため、家屋内のトイレ空間から小便器が姿を消していくといわれている。

一九七〇年代は、水洗トイレの多様化が進展した。東陶（現TOTO）が一般消費者向けのショールームを次々に開設するのは七〇年代であった。それはメーカーが消費者の関心を惹くさまざまな付加価値をもった商品を開発することを意味し、トイレそのものが、単に生理・衛生上必要な設備から、それ以上の意味や価値をもつと主張し始めたことを意味していた。その象徴の一つが、温水洗浄便座（ウォシュレット、八〇年〈昭和五十五〉）であり、「トイレ空間」の快適さがキーワードになっていった。

図66　旧岩崎邸の水洗式トイレ（1896年竣工当時のもの、イギリスのドルトン社製）

参考文献　岡並木『舗装と下水道の文化』（一九八五、論創社）、日本トイレ協会編『トイレの研究』（一九八七、地域交流出版）、前田裕子『水洗トイレの産業史』（二〇〇八、名古屋大学出版会）

（安田　常雄）

奈良時代の僧が使った〈サウナ〉

風　呂

入浴方法には蒸気浴と温湯浴《おんゆ》がある。蒸気浴には蒸気を満たした穴蔵などで蒸気を浴びる方法と部屋などに湯槽《ゆぶね》を設えて蒸気を浴びる二形態がある。一方、温湯浴は湯槽に湯を満たしてそこに入る入浴法である。この温湯浴を風呂というようになったのは温湯浴が一般化した江戸時代後期からで、それ以前は蒸気浴（蒸し風呂）が用いられた。

ふろは、壁に囲まれた空間を意味するムロ（室）がなまったという説があるが、穴蔵や岩穴などに蒸気を立ちこめさせたムロに入って発汗させ、汗や垢をぬぐい取るという蒸し風呂がふろの本来の形態であると考えられているから、あながち見当外れでもないであろう。それに対して温湯浴は湯屋ないし湯殿が用いられる点に特徴があるから、昔から風呂と湯は明確に区別されていた。

風呂がいつから利用されていたかは不明だが、壬《じん》申《しん》の乱の際（六七二年）大海人皇子《おおあまのおうじ》が風呂に入って矢瘡《やそう》を治したという記事があり、天然の岩屋などを利用した穴風呂・釜風呂などは簡単に蒸気浴が可能なので、民間では広く使用されていたと考えられる。

奈良時代になると大寺院に温室院、温室、湯屋などの施設が設置されていたことが知られる。そこでは鉄製ないし木製の湯槽を中央に据え、釜で沸かしてその蒸気を利用したと考えられる。貴族の邸宅ではそのような施設は設置されず、部屋を区切って湯槽を据え、釜で沸かした湯を入れて蒸気浴をしたと考えられる。

中世の大規模な寺院では、湯を沸かして蒸気を立て、床に簀の子《すのこ》を敷いた密室に導く蒸し風呂形式の風呂が用いられた。これは僧侶の入浴だけでなく、

図67　東大寺大湯屋の鉄湯船

乞食や病人の皮膚病などの治療のために活用された。東大寺を再建した重源《ちようげん》や貧民の救済事業に取り組んだ律宗《りつしゆう》の叡尊《えいそん》や忍性《にんしよう》が風呂を利用したことは有名である。

風呂は大量の水を利用しなければならず、かつ燃料費も厖大だったため、個人の家に設置するのは無理であったから、一般の庶民は行水《ぎようずい》か銭湯を利用した。料金をとって入浴させる銭湯は室町時代以前から奈良や京都に存在したと考えられているが、『太平記』巻三五に、一三六〇年（延文五）のこととして京都の「湯屋風呂の女童部《めわらべ》」が記されているのが早い例であろう。このことからも京都では早くから風呂屋があったと考えられる。一五六三年（永禄六）に来日した宣教師ルイス・フロイスは日本では「男も女も坊主も公衆浴場」で入浴していることに驚いているし、女性が洗髪する特別の場所があったことも記している（『ヨーロッパ文化と日本文化』岩波文庫）。

江戸では湯屋と呼び、一五九一年（天正十九）に伊勢国の与一という者が銭瓶橋《ぜにがめばし》（東京都千代田区丸の内）辺りで、入浴料永楽銭《えいらくせん》一文を取って営業を始めたと伝えられている。慶長年間（一五九六—一六一五）末には町ごとに湯屋が建てられたという。これらの湯屋では売春を兼ねた湯女《ゆな》が客の世話をすることもあったため、一六五七年（明暦三）に厳禁され、公衆浴場としての湯屋だけが許可された。幕末の一八〇八年（文化五）三月に江戸の湯屋十組仲間《とくみなかま》が成立したが、その時に湯屋の数は男女両風呂三七一株、男風呂一四一株、女風呂一一株、合計五二三株を数えた。男と女が別の風呂もあったが多くは混浴であったことがわかる。

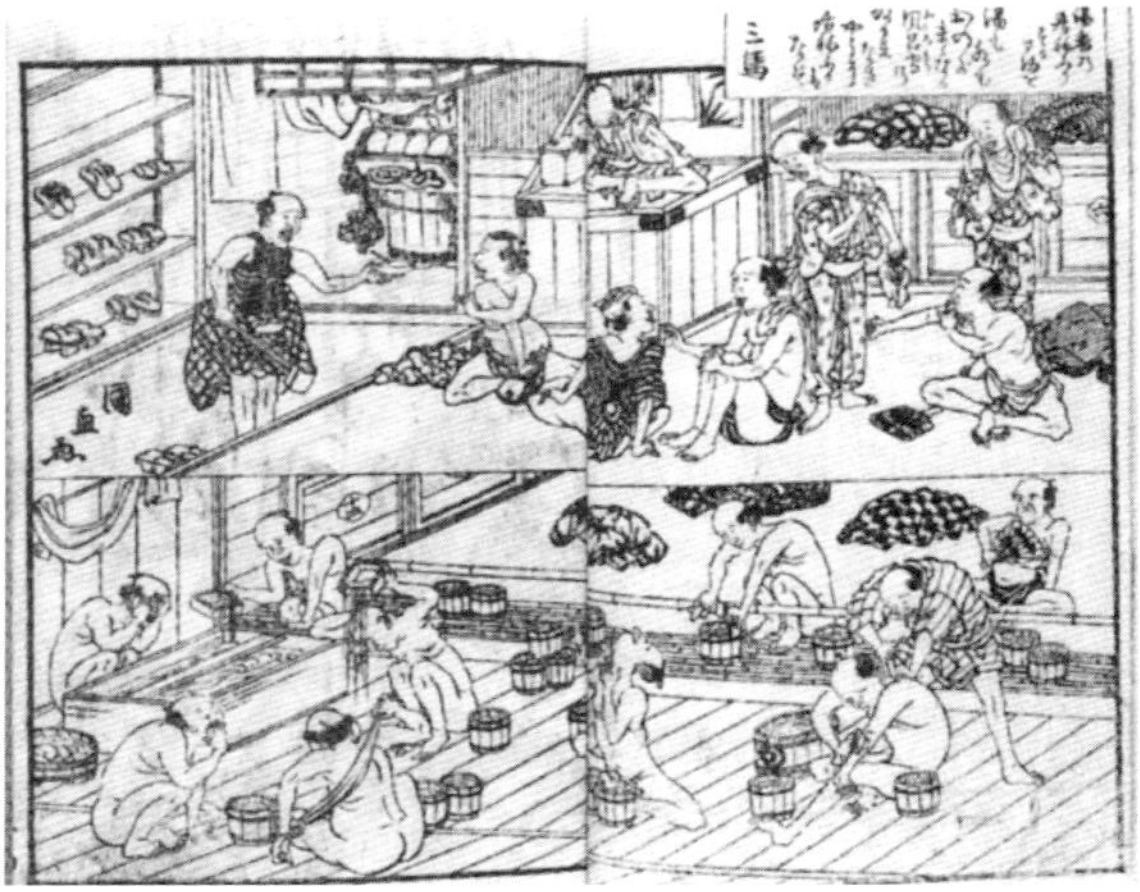

図68　江戸時代の銭湯（式亭三馬『浮世風呂』〈1809-13年〉より）

このような状況を反映して、「銭湯」という言葉が使用されるのは十八世紀後半からであったと考えられる。『（里俗教談《りぞくきょうだん》）銭湯新話』は一七五四年（宝暦四）の刊行であり、一八〇九年に発刊された式亭《しきてい》三馬《さんば》の代表的な滑稽本『浮世風呂《うきよぶろ》』は銭湯を舞台に日本橋界隈の人間模様が活写されている。

江戸時代後期になると湯槽に結桶《ゆいおけ》が利用されるようになり、徐々に家庭風呂が普及した。関東では桶の下部に筒型の焚き口と通風孔を設け上部に煙突を出した「鉄砲風呂」が、関西では土竈の上部に鉄釜を付け、その上に円筒形の桶を載せ、釜とのつなぎめを漆喰《しっくい》で固めた「五右衛門《ごえもん》風呂」が用いられた。これは織豊時代の盗賊石川五右衛門の「釜煎りの刑」にちなむといわれ、底が鉄だったので木製の底板を浮かせておき、入るときにそれを沈めて入った。

図69　五右衛門風呂（仮名垣魯文著、歌川芳幾画『東海道中栗毛野次馬』〈1860年〉より）

底板があったため熱効率が良かったという。

この後、各地でさまざまな形式の風呂が作られるが、専用の浴室をもてたのはごく一部で、農家などでは土間の一角に桶を置いただけの簡単な場合が多かった。浴室が庶民の住宅にまで普及するのは昭和三十年代以降のことであった。現在風呂の主流を占めるユニットバスは、一九六四年（昭和三十九）の東京オリンピックを控えて建設中だったホテルニューオータニで、内装工事を省力化するために考案されたものだが、家庭用ユニットバスの元祖は六三年に北海酸素（現エア・ウォーター）から発売された「ほくさんバスオール」だという。

参考文献　中野栄三『入浴・銭湯の歴史』（一九七〇、文生書院）、ドミニック・ラティ著、高遠弘美訳『お風呂の歴史』（文庫クセジュ、二〇〇六、白水社）、筒井功『風呂と日本人』（文春新書、二〇〇八）

（木村　茂光）

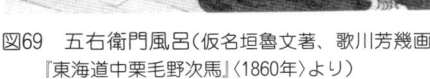

暮らしの中で使う

ペリーが将軍に献上していた

ミシン

布・皮などを縫製する際に用いる機械。sewing machine が訛ってミシンと呼ばれるようになった。

日本にミシンがもたらされたのは江戸時代末であり、一八五四年（嘉永七）に二度目の来航を果たしたアメリカのペリーが将軍徳川家定にミシンを献上した記録がある。また、一八六〇年（万延元）には、日米修好通商条約の批准書を交換するため、遣米使節団の一員として渡米した中浜万次郎《なかはままんじろう》が、帰国に際してミシンを持ち帰っている。

明治期に入ってからも洋服が普及するまでは、ミシンは一部の上流家庭だけが所持するものであった。大正期に入り、都市部で人々の洋装化が進むと、市民の間にも洋裁が普及し始め、足踏み式のミシンが嫁入り道具の一つに数えられるようになった。昭和に入りアジア・太平洋戦争に敗れた後では、手持ちの和服から洋服を作ったり、手持ちの洋服を仕立直したりする必要性が高まり、家庭に残されていた足踏み式のミシンが大いに活用されることとなった。また、ミシンを使用した洋裁は、戦後、女性が自立することができる数少ない仕事の一つとなり、内職

図70　ミシンで裁縫をする女性（楊洲周延画「女官洋服裁縫之図」〈1887年〉より）

として家計を助けたばかりか、戦争未亡人の中には洋裁で子どもを育てた者も多かった。ミシンメーカーは、月賦による家庭用ミシンの販売を促進し、ミシンは瞬く間に各家庭に普及していった。一方で、洋服の生産工場では、大型の工業用ミシンも大量に導入された。

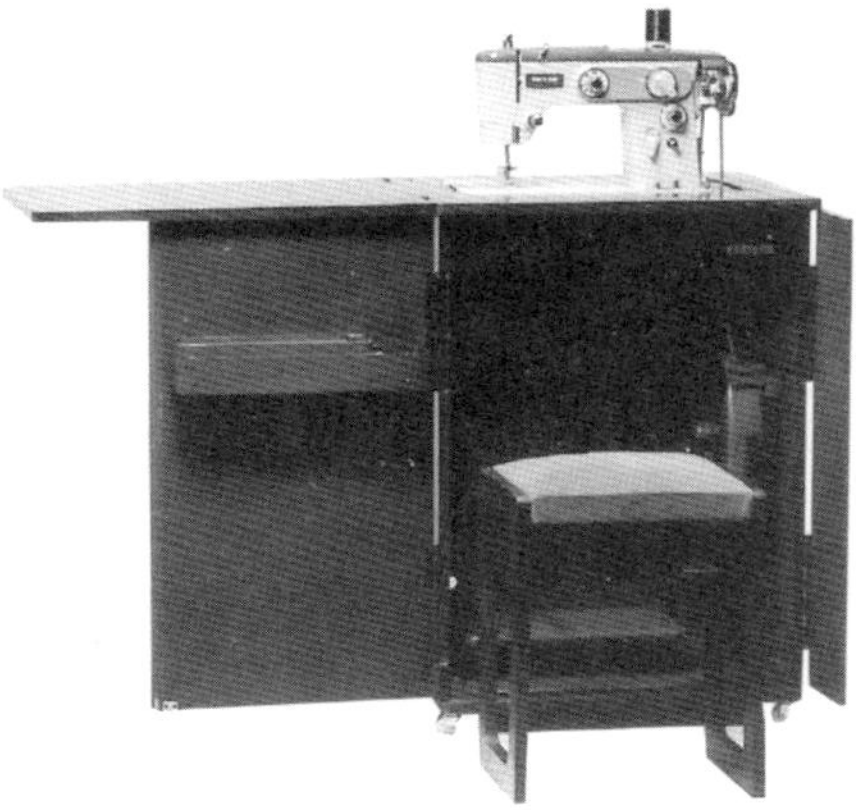
図71　足踏み式ミシン

高度経済成長期、市民が洋裁を楽しむ余裕を持つと、ミシンは一般家庭の必需品となり、従来の足踏み式のミシンに代わって、卓上型の電動ミシンも発売され普及した。一九七〇年（昭和四十五）前後のミシンの国内生産台数は、最大で年間四四〇万台を数えたが、昭和五十年代以降は、量販店でアジア諸国で縫製された安価な洋服が大量に販売されるようになり、各家庭でミシンを用いて洋服を縫製する必要が薄れ、現在、ミシンは各家庭における必需品ではなくなっている。国内生産台数も減少の一途をたどり、現在ではアジア諸国で生産された製品の輸入がこれを上回っている。日本繊維機械工業会の統計によれば、二〇一七年（平成二十九）の国産家庭用ミシンの年間販売台数はわずかに五万四九五八台であり、一方で輸入した家庭用ミシンは八〇万九六一〇台となっている。

（宮瀧　交二）

参考文献　小泉和子『昭和すぐれもの図鑑』（らんぷの本、二〇〇七、河出書房新社）

朝鮮半島から伝来した火熨斗がルーツ?

アイロン

衣服の皺を伸ばし、形態を整える道具。iron が訛ってアイロンと呼ばれるようになった。

西洋からアイロンがもたらされるまで、日本では古代から火熨斗《ひのし》が用いられていた。火熨斗は、片手鍋に似た、柄の付いた底の滑らかな皿状の金属容器に熱した炭を入れ、その熱と重みで布や衣服の皺を伸ばす道具であり、古墳時代後期以降、朝鮮半島から伝えられたとみられている。武蔵国新羅《しらぎ》郡にあたる埼玉県和光市の花の木遺跡（平安時代）をはじめ、全国各地の渡来人の居住地とみられる古代遺跡からの出土が多いことから、朝鮮半島の民族衣装（絹織物）を着用することのあった渡来人には必需品であったと思われる。縄文時代以来、日本列島に暮らしてきた人々は麻の衣服を着ていたとみられており、火熨斗は不要であった。その後、火熨斗は広く和服の皺伸ばしや和裁に際して用いられ、日本社会に広く普及したが、昭和三十年代以降、電気アイロンの普及に伴って急速に姿を消した。一般家庭内で炭が用いられなくなったことも、その要因であった。

図72　火熨斗(『(嘉永訂正)女大学操鑑　全』〈1851年〉より)

さて、日本に西洋のアイロンがもたらされたのは、洋装が普及した明治期であった。明治中期にイギリスから輸入された船底型のアイロンは、火熨斗と同様、熱した炭を用いる製品であった。国産の電気アイロンは、一九一五年（大正四）に発売されたものの高価で、また、家庭に電源となるコンセントが存在していなかったこともあって、各家庭に普及するまでには至らなかったが、昭和初期には都市部の家庭に普及し始めていたようである。一九二九年（昭和四）生まれの小説家向田《むこうだ》邦子《くにこ》は、四二年、高松から東京都目黒区に転居し東京市立目黒高等女学校に編入するが、そのころの思い出として、随筆「襞」（『夜中の薔薇』所収）の中でスカートのアイロン掛けについて「戦争が烈しくなり、節電が叫ばれ、家庭でアイロンを使うのがはばかられる時代があった」と記しており、この当時、すでに各家庭で電気アイロンを使用していたことがうかがわれる。

図73　電気アイロン（1923年、芝浦製作所）

アジア・太平洋戦争後の高度経済成長期に入ると、一般家庭にも電化製品が普及し始め、国内の電気メーカーがこぞって電気冷蔵庫や電気洗濯機などの家庭電化製品を製造・販売するようになっていった。そのようななか、国産の電気アイロンも一気に普及し、その後の改良に伴って、スチーム付きアイロンや、コードレスアイロンといった製品もつぎつぎに登場した。

（宮瀧　交二）

参考文献　『埼玉県埋蔵文化財調査事業団調査報告書第一二三四集　花ノ木・向原・柿ノ木坂・水久保・丸山台』（一九九四）

主婦を〈洗多苦〉から解放

洗濯機

電力を利用し、槽内に水流を起こすなどの方法により衣類を洗濯する機械。

一九二〇年代から外国製品が輸入されていたが、三〇年（昭和五）に芝浦製作所が、攪拌《かくはん》式と呼ばれる国産洗濯機の発売を開始した。それは攪拌翼で衣類を攪拌して洗濯する方式であった。だが戦後直後の時代にも非常に高価でありほとんど普及しなかった。

当時東京芝浦電気株式会社の消費者部長の山田正吾は、有名な象と丸ビルのたとえを使って、街頭での実演販売で呼びかけたという。「一日に奥様がたが洗濯される量は、どのくらいかご存じですか。一人当たり一〇〇匁（三七五グラム）、五人家族で五〇〇匁、月にすれば一五貫。一年で一八〇貫、ところで一八〇貫といえば、どの位の量でしょうか。これは、東京、上野動物園の象の花子さんの体重ですよ。言うなれば、五人家族の奥様は一年に象一頭を丸洗いしているというわけです。いかがですか、ゾーッ（象）となさいませんか」（山田正吾『家電今昔物語』一九八三年）。また山田は、一〇〇匁をシングルのシーツに換算すると五人家族で五枚・二坪半、一年で九一五坪、二〇年で一万八三〇〇坪、これは旧丸ビルの地下室から屋上までの広さになる。結婚二〇年後の主婦は丸ビルを洗ってしまったとも呼びかける。

洗濯は「洗多苦」と呼ばれるほど苦労の多い労働であり、一九四六年生まれの女性の記憶にも次のように残っている。「洗濯というと思い出すのはしゃがんだ母の後ろ姿です。つまり母は、風呂場の流しにたらいを置き、洗濯板と固い洗濯石鹸を使って、一枚ずつごしごし手洗いをしていたので、子どもの私には後ろ姿しか見えなかったのです」。

戦後の洗濯機は占領軍需要により生産が再開されたが、一九五三年（昭和二十八）の三洋電機による噴流式の発売が普及の画期となった。洗濯槽内側面の回転翼により水流を生じさせ洗濯するこの方式により、従来よりも小型化・低価格化が可能となり、洗浄力も向上したが、のちに回転翼を底部に配した渦巻式が主流となった。六〇年代には、脱水槽を備えた二槽式が普及し、洗濯物の乾燥時間短縮に大きく貢献した。また六〇年代末ごろから現れた全自動式は、洗濯物投入後の給水から脱水まですべてを自動で行うものであり、タイマー機能と相まって洗濯労働がさらに軽減された。そして九〇年代以降には乾燥機能も備えた洗濯乾燥機が登場するに至っている。

図74　日本初の電気洗濯機
（1930年、芝浦製作所）

参考文献　「電気洗濯機―上手なえらび方と使い方―」（『暮しの手帖』三五、一九五六）、「電気センタク機をテストする」（『暮しの手帖』六〇、一九六一）、森彰英「家事軽減の切り札　洗濯機」（石川弘義他監修『アメリカンカルチャー』1、一九八一、三省堂）、大西正幸『電気洗濯機一〇〇年の歴史』（二〇〇八、技報堂出版）

（安田　常雄）

ゴミを掃き出せない団地で活躍

掃除機

電動機によって気圧の差を生じさせ、ゴミやチリを吸引して掃除を行う機械。

掃除機は、絨毯敷きの床掃除用として西欧で開発された。日本では大正期に一部の商品が輸入されたが、国内の掃除機は、一九三一年（昭和六）にアップライト式とよばれる電気掃除機が芝浦製作所によって一一〇円で発売されたのが最初であるといわれる。これは、吸込用床ブラシとモーターが一体化した先端部に車輪が付いている形式であった。敗戦後には、占領軍のわずかな需要もあったが、大衆的規模での需要は限られたものでしかなかった。そのなかで各メーカーが開発を本格化したのは、五〇年代からであった。そこでは、ポット式・シリンダー式・ショルダー式など各種製品が発売されたが、いずれもファンの回転による本体内の気圧低下を利用して集塵するものである。五三年に発売されたシリンダー型について、国産初期の開発担当者は次のように語っている。「最初はいかにして吸塵力を高めるかに力を注いだ。そのため吸引のパワーを強くしたところ、畳表だけが吸い込まれ、まだ粗悪品を使っていたためもあるだろうが、デモンストレーションに使った家から苦情を申し込まれたことがあった。障子の桟のほこりを除こうとすると障子紙が破れてしまうアクシデントもあった。モーターの音がうるさいという声も多かった」。

掃除機の最大の特徴は、その普及の緩慢さであり、これはテレビの受信契約台数が三〇〇万台を超えた五九年でも、電気掃除機の全国普及率は一・八％。ほうきとはたきが主流であり、また「掃除だけは主婦の聖域」という意識が根強いからだと業界では分析していた。また他方では、切迫した必要性はないが、高級なステイタスのシンボルとして捉えられていたことがわかる。『週刊朝日』（五五年八月二十一日号）は、「洗濯機と冷蔵庫―家庭電化時代来る―」という特集を組み、これは「電化の度合いの七階級」を次のようにランク付けし、洗濯機が第三階級、冷蔵庫が第二階級なのに対して、真空掃除機は第一階級とイメージされていたのである。

　戦後において掃除機の普及が急速に進むのは一九六〇年代からであり、それは団地の建設、ＤＫ生活の進行と対応している。団地では旧来の日本式家屋のように掃き出し口がないため掃除機の必要性が急上昇した。普及率は、六九年（昭和四十四）に六二・六％、七一年に七〇％、七七年に九八％となった。それ以後も静音化、吸込（吸引）仕事率の向上、新たな集塵方式などさまざまな製品開発競争が繰り広げられた。ちなみに「吸込仕事率」とは、六七年にＪＩＳ規格で表示されるようになった基準で、これが高いものほど、掃除機の電動送風率の空気力学的出力が大きいということになり、性能を判断する重要な要素になったという。また近年では「掃除する」という言葉も「死語」のようになり、「掃除機をかける」に変化したともいわれる。

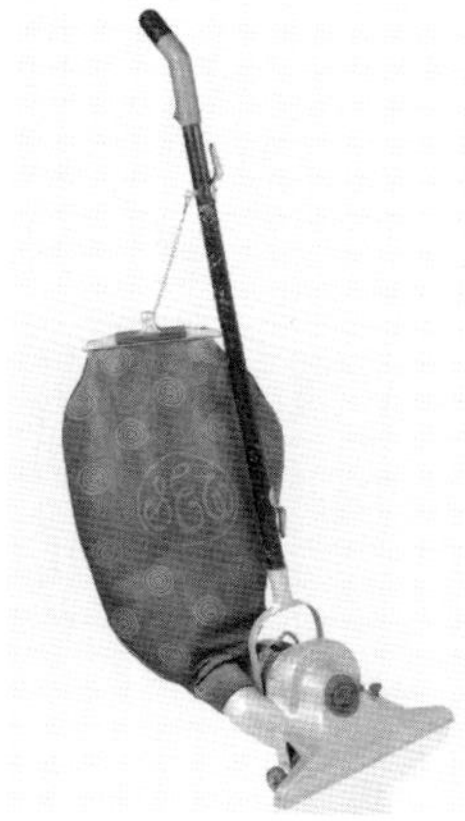

図75　日本初のアップライト型真空掃除機（1931年、芝浦製作所）

参考文献　「電気掃除機をテストする」（『暮しの手帖』五八、一九六二）、森彰英「〝住〟の変化と掃除機」（石川弘義他監修『アメリカンカルチャー』1、一九八一、三省堂）、久保道正編『家電製品にみる暮らしの戦後史』（一九九一、ミリオン書房）

（安田　常雄）

食料の収納・保存の〈近代化〉

冷蔵庫

食品を冷却して保存・貯蔵する箱型の製品。氷冷蔵庫、電気冷蔵庫、ガス冷蔵庫などがあるが、ここでは電気冷蔵庫について記述する。

電気冷蔵庫の原理は、十九世紀中ごろ、イギリス在住のアメリカ人ヤコブ・パーキンスによって発見された。その後、オーストラリア在住の印刷工ジェイムズ・ハリソンがこの原理で冷凍機を設計、ダニエル・ジーベ製作の機械が、一八六二年の国際見本市に展示された。ここからアメリカ二社が開発に乗り出し、ケルビネーター社製の「開放型」(木製冷蔵庫の下にモーターとコンプレッサーをベルトでつないだ型)、GE社製の「密閉型」(現在と同じくモーターとコンプレッサーを缶詰にした型)が製作された。一九二〇年代の日本に最初に輸入されたのはケルビネーター社製で、東京大学とマツダ研究所(現東芝研究所)に一台ずつ納入された。三〇年代には国内大手電機メーカーが相ついで冷蔵庫を開発し発売を開始したが、それらは非常に高価であり、戦前期での普及はきわめて限定的であった。日中戦争中の一九四〇年(昭和十五)には奢侈品として生産が禁止されている。

戦後、冷蔵庫生産再開の契機になったのは占領軍による家電製品需要であったが、製品仕様の差異や容量の過大さ、価格の高さなどの点で、普及にはほど遠かった。占領軍需要が消滅した後の一九五二年、日立製作所は一般家庭向けに小型低価格製品EA-33を開発・発売した。他社も相ついで同種製品を発売し、本格的普及の端緒となった。五〇年代末から六〇年代前半に冷蔵庫生産は大きく拡大し、「三種の神器」の一角をしめることとなった。当時、松下幸之助が、冷蔵庫はモノを冷やすだけの機械だから洗濯機ほどの一般需要はないかもしれない、という社内の消極論に対して、「いや違う、冷蔵庫は物置だ、いまに氷屋はいらなくなる」と言い切ったエピソードが残されているが、一般家庭にとって食料品収納場所としての家具の一種であることを言い当てていた。

　その後の冷蔵庫の「近代化」の段階を広告コピーで追った森彰英によれば、マグネットドアと卵入れのポケットの採用（一九五九年〈昭和三十四〉）、自動除霜装置や自動排水蒸発装置の採用（六一年）、フリーザー（冷凍庫）付き製品の登場（六三年）、扉のカラー化（六〇―六五年）、氷を貯蔵する貯氷函、二扉二冷却、超薄壁による容量の増大（七一年）、冷水器、野菜容器内蔵、オールプラスチック製の家具調（七四年）と変遷した。普及率は六五年に五〇％を超え、七八年には九九％台に達し、テレビを上回る家庭の必需品となった。第一次オイルショック後も大型冷蔵庫の販売は拡大し、個室用・単身者用の小型化製品も好調であった。その後の動きとしては、二四時間断続運転する冷蔵庫は消費電力量が大きいため、省エネ技術も格段に進歩し、さらに八〇年代以降、オゾン層保護のため冷媒のフロン使用が制限され、二〇〇〇年代にはノンフロン冷蔵庫が開発された。

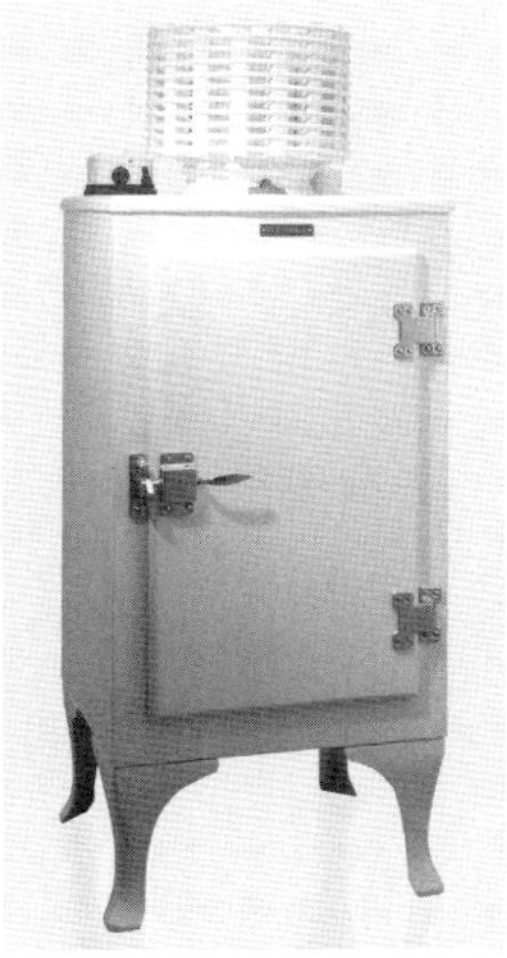

図76　日本初の電気冷蔵庫
（1930年、芝浦製作所）

参考文献　森彰英「〝家具〟としての電気冷蔵庫」（石川弘義他監修『アメリカンカルチャー』1、一九八一、三省堂）、村瀬敬子『冷たいおいしさの誕生』（二〇〇五、論創社）、大西正幸『生活家電入門』（二〇一〇、技報堂出版）

（安田　常雄）

一九六〇年代に石炭から石油へと変化

石油ストーブ

日本では前近代以来、暖房の道具として火鉢、炬《こ》燵《たつ》などが使われてきたが、ストーブは、近代における北海道で使われたのが起源といわれる。一八五六年（安政三）に箱館奉行の命令により箱館に寄港していた英国船のストーブを参考に製造され、北方警備にあたる役人の暖房器具として使われた。

その後鉄道の普及に伴い、客車に鋳物《いもの》製で煙突をもつ石炭ストーブが取り付けられた。それ以降、官公庁へも設置され、ズンドウやダルマストーブという名称で活用された。一九二〇年代には、給炭時に煤煙や粉塵が多いため給炭回数を減らすことができる貯炭式ストーブをはじめ、燃料費が安価で利用しやすい小型のストーブが開発され、一般家庭へも利用が普及した。六〇―七〇年代の高度経済成長期には、戸建住宅や集合住宅の増加と関わり、燃焼時に石炭より煤煙の少ない灯油を燃料とする石油ストーブが定着し、送風ファンを備えた石油ファンヒーターも登場し、多様な暖房機能を付加したエアコンも普及した。

草創期の石油ストーブの商品テストを行なったのは、一九六〇年（昭和三十五）十二月の『暮しの手帖』五七号であった。そこではそのメリットを「〈紐つき〉でないよさ」とまとめ、コードや管が必要なく、自由に移動が可能で、石炭やマキ、炭のように部屋が汚れたり、体に悪かったりすることがない。また値段も安く、電気のおよそ五分の一、ガスの二分の一であると評価していた。ただ欠点としては、空気が乾燥しやすく、器具の値段が高いこと、そして「いまのところ火事になりやすい器具があること」を挙げていた。こうした前提のうえで、『暮しの手帖』は六種の市販されている石油ストーブを調査対象に選び、次のように分析していた。
①火をつけたり調節したりしやすいのは、芯上下式であるが、国産四社はどれもそう簡単ではないこと。②早く暖かくなって石油が少なくてすむのは四種であること。③においがしないのは、一種だけであること。④そして「火をつけたまま倒してみました、二〇秒たってどうなったか」という実験においては、三社は一度倒れたら、ひとたまりもなく火になったこと、一社はあわててひき起こすと焔《ほのお》があがること、また一社は燃焼塔のなかが一杯の焔になったこと、さらに一社は床をこがす程度であったこと。そのなかで英国製のブルー・フレーム〈イギリスのアラジン社製。一九五七年〈昭和三十二〉、ヤナセ〈現販売タケウチエンタープライズ〉が輸入販売を始める。国産六社の製品の価格は、五五〇〇〜九八〇〇円であるのに対し、ブルー・フレームは、一万六八〇〇円であった〉はさすがに「一番みごと」であった。「倒れても火が外へ洩れず一分そのままおいて起すと、数秒たって気持のよい青い焔にかわり、なにごともなかったように燃えつづけます」。こうした実験の結果、『暮しの手帖』は「残念ながら、これならとおすすめできるものは、この国産六種のなかにはありませんでした」と書いていた。

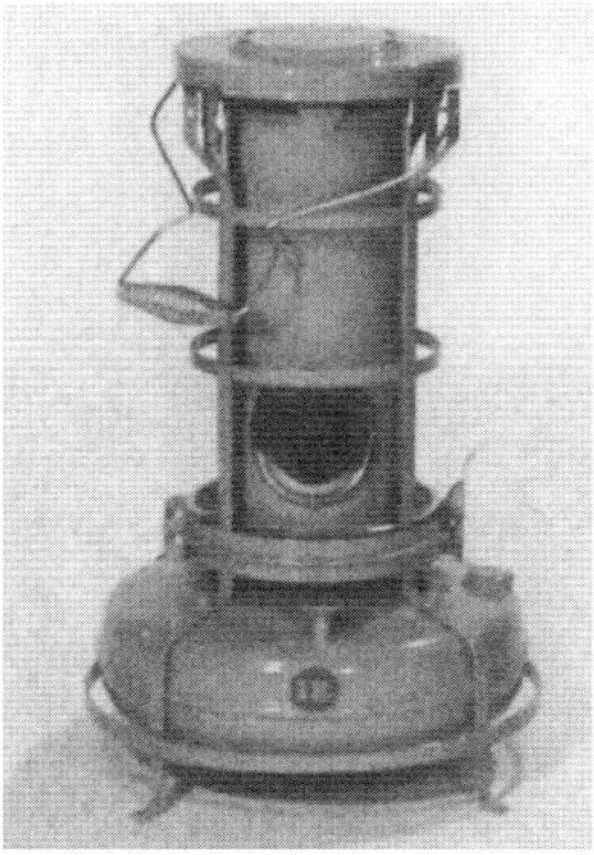

図77　石油ストーブ「ブルー・フレーム」(『暮しの手帖』1960年12月号より)

参考文献　「石油ストーブをテストする」(『暮しの手帖』五七、一九六〇)

(安田　常雄)

〈国民車構想〉から〈マイカー時代〉へ

自家用車

自動車とは、主に内燃機関を動力として道路上を自走する三輪以上の車輪をもつ車両の総称。

蒸気自動車を別にしても日本への伝来には諸説があり、明治三十年代ごろと考えるものが多い。たとえば高田公理は、近年の新しい見解として、「東京に初めて出現した自動車」という漫画がビゴーによる漫画集『極東』に掲載されており、それは一八九八年（明治三十一）のことであったことを紹介している。しかしそれも交通機関ではなく、新奇なものへの好奇心に支えられたものであった。はじめて自動車が登場して一〇年ほど経った一九〇七年になっても、その保有台数は全国で一〇台を超えることはなかった。自動車草創期のエピソードについては、輸入業者の積極的な活動など興味深いが、その後も個人所有には高価なため主に乗合自動車や貸自動車（現ハイヤー）としての利用が多かった。

一九一五年（大正四）ころには、東京五反田に東京自動車学校がはじめて創られ、一六年には東京蒲田駅前に日本自動車学校が作られ、この学校は「戦前の日本における最大の自動車学校としての地位を確立している」と評価されている。また大正半ばにはその燃料であるガソリンのスタンド販売が始まり、さらに関東大震災復興時に鉄道を補完した活躍が評価されて急速に普及した。自動車保有台数は、一九二七年（昭和二）に五万台を越え、三二年には一〇万台に到達した。この時代には、大阪から東京にも広がった円タクと人力車との競合と対抗など、もめごとが頻発していた。

こうして戦時下に入るが、この時代は日本の自動車産業が誕生する「揺籃期」であり、戦時体制の要請は自動車の需要を強力に促すことになった。一九二八年（昭和三）には本田宗一郎が浜松でアート商会浜松支店を立ち上げ、三一年には東洋工業が三輪トラックの製造を開始し、三三年には豊田自動織機製作所が新しく「自動車の製造」を社業に加えている。また同年には日産コンツェルン傘下の日本産業が戸畑鋳物と共同出資で自動車製造を開始し、翌三四年には日産自動車と改称することになる。

しかし、一九三八年にはガソリンと重油の配給切符制が実施されるなど、消費規制が強まり、民需用自動車産業は「闇の時代」に突入することになった。三七年に二二万五〇〇〇台でピークを迎えた自動車の登録台数は、敗戦の直前の四四年には約三分の二の一四万九〇〇〇台に減少した。

自動車は昭和二十年代まで個人の所有には高価であったが、一九五五年、通商産業省は安価で軽量な大衆車を普及させるため「国民車育成要綱案」（いわゆる「国民車構想」）を作成し、国内自動車産業の育成に乗り出した。この構想によると、開発されるべき乗用車は三〜四人乗りで最高時速一〇〇キロの性能をもち、販売価格は二五万円程度とされた。加えて時速六〇キロで走行する場合の燃費はリッター当たり三〇キロ以上、耐久能力は走行距離で一〇万キロ以上などの条件が付けられた。そしてこれらの条件をパスした車を試作したメーカーには補助金を出し、また五七年九月までに最優秀車を作った一社に金融・税制上の特典を与えるという内容の法律を立案する方針が立てられた。この構想による呼び水によって大衆向軽自動車が続々と販売されることになる。五八年には富士重工（現ＳＵＢＡＲＵ）がスバル360、六〇年には東洋工業（現マツダ）がR360クーペ、三菱重工が三菱500、六一年にはトヨタ自工もパブリカを発売して、「マイカー時代」の到来を印象づけた。「家庭電化」の次は「ファミリー・ドライブ」と人

図78　1959年(昭和34)発売のダットサン310型(初代ブルーバード、日産)

図79　第１回全日本自動車ショー(1954年)

びとの夢は膨らんだ。なかでも五九年（昭和三十四）八月に発売された日産のダットサン310型（初代ブルーバード）は「マイカー元年の幕を開く」ものと評価され、市場では圧倒的な人気をよんだ。翌六一年には早くも累計で一〇万台を突破する売れ行きを記録した。ブルーバードが発売された五九年の十月末、東京晴海の国際貿易センターで開かれた第六回自動車ショーでは、乗用車を展示したコーナーが人気を集め、購入を申し込んでいたのは「若いBG（ビジネス・ガール）やサラリーマン」が多かったといわれている。しかし、小型車に比べ安価だったスバル360でさえ、大卒初任給の約三三倍と高価だった。

　こうしたモータリゼーションの本格化に対応し、自動車運転免許取得者も急増した。五二年には免許試験年間合格者は二〇万人であったが、五八年には一〇〇万人を突破し、五九年には東京都内で九人に一人となり、「自転車並み」と表現された。また五九年ごろには、女性受験者の急増がマスコミの話題になったりしていた。

　一方で道路交通法施行で路上駐車の規制が進み、大都市では駐車場の整備も進んだ。一九七〇年ごろには輸送人員で自動車は鉄道を追い抜いたが、その一方で深刻な交通マヒが定時運行を阻害し、排気ガスによる大気汚染も進み、大都市圏では自動車利用の抑制が進んだ。逆に農村部では公共交通機関の衰退で自動車利用が不可欠となり、一家に一台から、一人に一台の所有まで普及が進んだ。

参考文献　「いじわる買物案内　自動車」（『暮しの手帖』六〇、一九六二）、高田公理『自動車と人間の百年史』（一九八七、新潮社）、「我が家にクルマがやってくる」（講談社編『昭和—二万日の全記録—』一一、一九九四）、中岡哲郎『自動車が走った』（一九九九、朝日新聞社）、佐々木烈『日本自動車史』Ⅰ・Ⅱ（二〇〇四・〇九、三樹書房）

（安田　常雄）

変幻自在の物質が生活の形も変えた

プラスチック製品

プラスチックを成形した製品。自由に加工・変形できる高分子物質（ポリマー）のことをプラスチックという。プラスチックは「塑性の」（plastic）という言葉に由来する。合成樹脂ともいう。日本では、熱可塑性樹脂と熱硬化性樹脂だけをプラスチックと呼び、合成樹脂・合成ゴム・塗料などを含めていない。

最初の人工プラスチックは、アメリカの印刷屋ジョン・ハイヤットがニトロセルロースと樟脳《しょうのう》から作ったセルロイド（一八七〇年）である。六九年、当時ビリアードがブームだったアメリカで、球の材料である象牙が供給不足になり、代用品となる材料に一万ドルの懸賞募集が行われた。ハイヤットは実験の末、硬くて軽い物質の合成に成功した。日本には一八七七年（明治十）に輸入され、容器や玩具に使われたが、熱に弱いという難点だけは克服できなかった。他方で、ベルギー生まれのアメリカ人レオ・H・ベークライトはフェノール（石炭酸）にホルマリンを反応させると、粘着性があり、冷却すると速やかに固くなる物質が生まれることに気づいた。一九〇七年、この物質はベークライトと名づけられ、完全に人工的な最初のプラスチックとして工業化された。ベークライトは成型が容易で、熱に強く、軽いという特性をもつため、電気部品の材料として盛んに用いられた。ちなみにプラスチックという名前は、二〇年、ドイツの高分子理論の研究者ヘルマン・シュタウディンガーによる。

戦前・戦時までは、日本で使われたプラスチックのほとんどはセルロイドとベークライトであった。セルロイドは、「青い目の人形」（野口雨情作詞）やキューピーといった人形と結びつけて現在も記憶されている。

こうした前史のうえで、プラスチックの工業化が推進されたのは、一九三〇年代のアメリカであった。当時アメリカは、石炭産業から石油化学工業への転換期にあたり、プラスチックはわずかな資源を活用して大量・安価に商品を生産できる可能性があると認められ、急速に研究が進展した。三六年には石油化学工業からはじめて高分子物質であるアクリル樹脂が誕生し、また三八年には塩化ビニールがアメリカとドイツの両国でほぼ同時に発明された。こうした技術は日本でも少しづつ紹介され、四一年（昭和十六）には塩化ビニール樹脂の国産が始まっているが、戦争によって中断され、本格的に生産が始まるのは、戦後の四九年からであった。

こうした流れのなかで、四大汎用プラスチックのうち、日本で戦後最初に生産が始まったのは石炭を原料とするポリ塩化ビニール（ＰＶＣ）であった。一九五八年に日本において石油化学工業がスタートし、高度成長期にはポリバケツ、ポリ袋、食器や収納容器、まな板、ワゴン、ハンガー、プラスチックフィルムを使った壁紙、風呂桶、雨どい、濡れ縁、雨戸、フェンスなど、われわれの生活の周囲はプラスチック製品で埋め尽くされていった。またパイロット万年筆の場合、五五年には黒一色だった万年筆が、五七年には、プラスチックの機械成型が可能になり、軸の色数が一三色に飛躍した。

さらに戦後風俗史でしばしば取り上げられるフラ・フープのブームは、一九五八年秋であった。これは、ポリエチレンの管を直径九〇センチの輪にしたものを、フラダンスのように腰でまわす遊びである。考案したのは、アメリカのおもちゃ会社ルイス・マークス社。新聞、テレビでの宣伝をはじめ、帝国ホテルでの発表会が開かれ、「フラフープの歌」（コロムビア・レコード）も作られた。「健康と美容にいい」「女性はウェスト、ヒップが美しくなる」などの宣伝文句も飛び出した。デパートでの販売でははじめは一日二〇〇〇本ほどだったが、十一月の連休にかけて一日二万数千本に上ったという。地方も含め全国的に大流行し、プラスチック成型業者にはデパートや玩具店からの注文が殺到した。積水化学では最盛期には大阪と京都の工場機能をすべて、フラ・フープ作りに振り向けたほどであった。しかしアメリカでは『タイム』誌（十月十三日）がフラ・フープのため背骨を脱臼した患者がいることを報道、日本でも十一月十三日フラ・フープで遊んでいてオート三輪にはねられて大けがをした少女のことが報道され、さらに小学校の児童会が「フラ・フープを持ってくるのはやめましょう」と決議したことも報道された。フラ・フープは一本二七〇円、ラーメンが一杯三〇円の当時、決して安いおもちゃではなかったのである。ブームは一ヵ月の高揚ののち、あっけなく冷え込んでいった。

図80　フラ・フープの流行

　日本のプラスチック生産量は、一九五五年（昭和三十）にわずか一〇万トンだったが、急速に拡大し、六三年には一〇〇万トンを超え、アメリカ、西ドイツについで世界第三位に上昇した。これを国民一人当たり所得に対する消費量に換算すると、すでにアメリカ、西ドイツを上回るプラスチック多消費国になった。その意味で、五〇年から六〇年代前半にかけてが大転換期とよぶことができるだろう。またわれわれの生活にとって、プラスチックによる食品の包装、ペットボトルの普及は生活を一変させた。スーパー・マーケットの発展は、食品トレイ・包装フィルム・レジ袋なしにはあり得なかったともいえる。包装・容器などはプラスチック国内消費の四五%を占める（二〇〇九年〈平成二十一〉）。生産の増加に伴い、産業廃棄物量も急増し、プラスチック廃棄物の処理が大きな問題となった。一九九五年に容器包装リサイクル法が制定された結果、ペットボトルのリサイクル率は二〇一四年現在八二・六%に達した。プラスチック生産量は一九九七年に一五二〇万トンに達した後、停滞している。

図81　自治体のペットボトルリサイクル用の回収ボックス

参考文献　森彰英「プラスティック時代」（石川弘義他監修『アメリカンカルチャー』1、一九八一、三省堂）、薗田碩哉「フラ・フープ作戦」（同前）、遠藤徹『プラスチックの文化史』（二〇〇〇、水声社）、松藤敏彦編『プラスチック・リサイクル入門』（二〇〇九、技報堂出版）、桑嶋幹他『よくわかる最新プラスチックの仕組みとはたらき（第二版）』（HOW-nual図解入門、二〇一一、秀和システム）

（安田　常雄）

古代から統制されていた医薬品と薬園

薬

病気や傷を予防し治療するため、また、健康の保持・増進のために服用または塗布・注射する液体・固体の物質。その形態や使用法から、水薬、散薬、丸薬、膏薬、煎薬などに分類される。

薬の歴史は、人類史とともにあるが、日本においても、列島に人類の足跡が刻まれて以来、自然界に存在する草花などが薬として用いられたことは、想像に難くないところである。文献に確認できるところでは、八世紀初頭に編纂された『古事記』の大国《おおくに》主神《ぬしのかみ》神話に収める「因幡の白兎」の話がある。ここでは「ここに大穴牟遅神《おおあなむちのかみ》その菟《うさぎ》に教えて告りたまはく、「今急《すみや》かにこの水門に往き、水をもちて汝が身を洗ふ。即ち、その水門の蒲黄《かまのはな》を取り、敷き散らしてその上に輾転《こいまろ》べば、汝が身本《もと》の膚《はだ》のごと必ず差《い》えむ」とのりたまひき。かれ、教への如くせしに、その身本の如し」と、大穴牟遅神すなわち大国主神が、傷を負った白兎に対して薬草(ガマの穂)を使うことを教えて助けたという話が紹介されている。また、同じく八世紀に編纂された『万葉集』巻五にも、「わが盛いたくくたちぬ雲に飛ぶ薬はむともまたをちめやも」(八四七番。大意：我が身はひどく衰えてしまいました。雲まで飛べる仙薬を飲んだとしても、もう二度と若返ることはないでしょう)と、薬をテーマとした歌がみえている。

そもそも律令国家は、宮内省に宮中の医療・医薬・薬園などを扱う役所である典薬寮《てんやくりょう》を設置し、薬を国家的な管理のもとに置き、諸国の国衙にも薬園を設置していた。こうした国家的な薬の統一支配体制が構築された背景には、この当時、在来の民間医療において用いられてきた薬に、遣隋使・遣唐使な

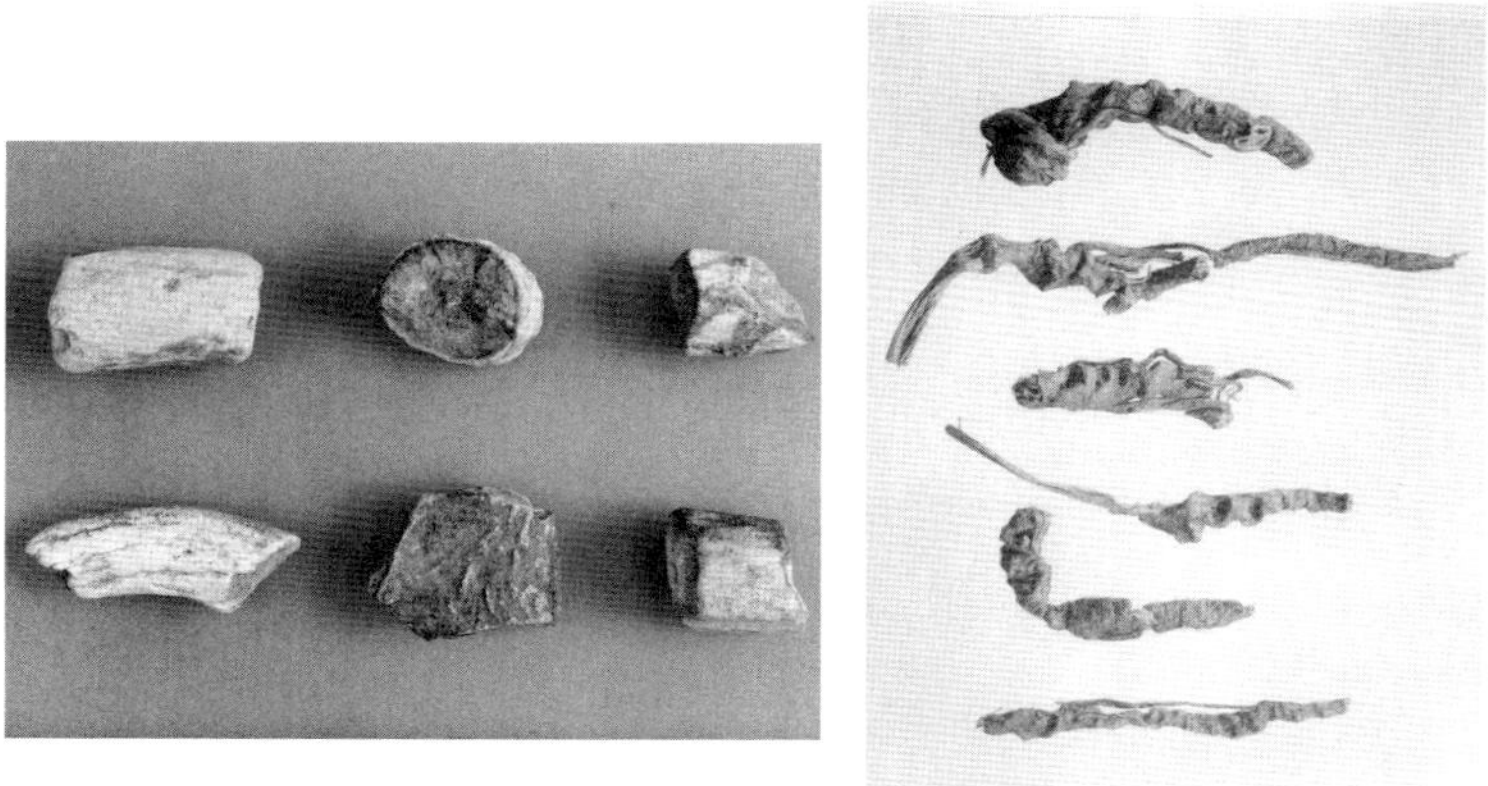

図82　正倉院薬物　竜角(左)　竹節人参(右)

どが日本にもたらした中国渡来の漢方薬が新たに加わり、薬を取り巻く環境が激変していたことが想定される。新旧の薬を総体的に掌握しておくことが律令国家にとって急務であったのであろう。実際に、七五六年（天平勝宝八）に東大寺正倉院に納められた聖武天皇の遺愛の品々の中には、「正倉院薬物」と称されている生薬類（動植物や鉱物由来の薬物）が伝えられている。

こうした国家的な薬の統一支配体制は平安時代に入ってからも引き継がれていたようで、九二七年（延長五）完成の律令法の施行細則をまとめた『延喜式』には、諸国が貢進する薬物の種類と量が細かく規定されている。たとえば『延喜式』典薬寮所収の諸国進年料雑薬条には、武蔵国から貢進する薬としてヤマトリカブトの根であり、リューマチや神経痛などの鎮痛剤として有用であった「烏頭《うず》」の名がみえているが、八世紀初頭のものとみられている藤原宮跡出土木簡の中には、すでに武蔵国から実際に貢進された烏頭に付けられた「无耶志《むさし》国烏頭」と記された荷札木簡が存在している（奈良国立文化財研究所『飛鳥藤原宮発掘調査出土木簡概報（九）』〈一九八九年〉所収）。このことは、武蔵国からは、実に二〇〇年間以上にわたって烏頭が中央に貢進され続けていたことを裏付けるものである。

江戸時代に入ると、古代中国に淵源を有し、自然物を人間生活に役立てることを目的とする本草学が流行し、自然界に存在する動植物や鉱物に由来する薬に関しての知識もより一層豊かになった。また、十八世紀以降には、長崎を経由して蘭学も日本に伝えられ、西洋医学で用いられる薬に関する知識も、徐々にではあるが日本にもたらされるようになった。江戸幕府の三代将軍徳川家光は御薬園を開き、これが現在の小石川植物園（東京大学大学院理学系研究科附属植物園）に続いている。前近代における薬の存在形態は判然としないが、国家的な管理が早くから成立していたことは間違いないところである。

なお、十七世紀後半には越中国の富山藩で生産された腹痛薬が評判となり全国に普及した。やがて富山地域の薬屋は、全国の家庭に常備薬を配置し、定期的に訪問して、顧客が使用した薬の代金を集金し、不足した薬を補充するという独自の販売スタイルを確立した。「富山の配置薬」である。

近代以降に目を転じれば、明治新政府により、一八七〇年（明治三）には売薬取締規則が制定され、その四年後の七四年には司薬場（のちの衛生試験所）が創設され、贋薬や無効の万病薬が排除されることになった。八六年には日本薬局方が制定されて、これにより薬品規格も統一された。その三年後には、薬品営業並薬品取扱規則が制定され、これをもって近代的な薬事制度は、一応の完成をみるに至った。

現在、薬剤師は、一九六〇年（昭和三十五）制定の

図83　小石川植物園(小川一真編『東京帝国大学』〈1900年〉より)

薬剤師法に基づいて認可される国家資格職であり、資格取得のためには、国家試験に合格する必要がある。大学における薬学の正規の課程は六年制である。

今日、新薬はさまざまな臨床試験を経て、その有効性や安全性が検証された上で発売されている。相つぐ新薬の登場が、医療関係者や患者から歓迎されている一方で、薬漬けとも評されている医療現場の実態には批判も上がっている。また、法規制をかいくぐって流通している「危険ドラッグ」の存在も指摘されて久しく、社会問題化している。新たな法規制が必要であると同時に、その危険性について広く周知することが重要である。

参考文献　船山信次『毒と薬の文化史』(二〇一七、慶応義塾大学出版会)

(宮瀧　交二)

スイスと並ぶ高性能の国産品

時計

時間を知ったり計ったりする道具を指すが、「時計」と書くようになったのは明治時代以後である。ヨーロッパではすでにギリシャ時代に水時計・日時計が用いられていたが、機械時計が発明されたのは十三世紀以後のことで、主に携帯用として製作された。そして十七世紀後半にオランダのホイヘンスが振子《ふりこ》時計を発明し、時計の精度は格段に上がった。

一方日本では、七世紀に水時計の漏刻《ろうこく》が使われており、六七一年（天智天皇十）には「漏剋（刻）を新台に置き、始めて候時を打つ」とある（『日本書紀』同年四月辛卯条）。西洋式の機械時計が日本にもたらされたのは、一五五一年（天文二十）にフランシスコ・ザビエルが中国地方の戦国大名大内義隆《おおうちよしたか》に献上したのが最初といわれる。なお、静岡県の久能山東照宮には、スペイン国王フェリペ三世から徳川家康に贈られたゼンマイ動力のランタン時計が伝来しており、日本最古の伝来品という。江戸時代になると振子時計も少数ながら輸入され、日本でも製作が始まった。しかし、当時の日本では、夜明けの始まりと日暮れの終わりを基準に昼夜を別々に区分して時刻を測る不定時法が採られていたため、それを表示するための独創的な機構をもった和時計が製作された。一五六三年（永禄六）に来日した宣教師ルイス・フロイスは「われわれは昼と夜と合わせて二四時間である。日本人には夜が六時、昼が六時あるだけである」と記している。和時計は「大名時計」とも称されたように、諸藩の大名が使用した工芸品に近い時計ともいわれる。

一八七三年（明治六）に改暦令が施行されて太陽暦が採用され、一日の時間も西洋式の時・分・秒で測ることが定められると、西洋式時計の需要が増し、時計の輸入が増加した。七九年には掛時計・置時計の累積輸入量は約三〇万個に達したといわれるが、その多くは軍隊や役所・学校・病院などの公的機関や会社・工場などで使用され、一般家庭への普及は少なかったと推測される。民衆の間では寺院などが打つ「時の鐘」が時間の計測として利用されていた。

日本での時計の生産は掛時計に始まり、置時計・懐中時計へと拡大した。一八八九年（明治二十二）、大阪時計製造会社が設立され、掛時計に続いて懐中時計の国産化を行なったが失敗し、一九〇二年廃業した。一方、東京では時計輸入商の服部時計店（現在のセイコーウオッチ株式会社）が一八九二年精工舎《せいこうしゃ》を設立して掛時計の生産を始めた。服部時計店は輸入販売と製造とを併行して行い、日本の時計生産を軌道に乗せた。しかし、日本の時計産業が発展するのは戦後の一九五〇年代以降である。その後、腕時計を中心に時計の生産量は増大し、メーカーも自動巻・アラーム・防水などの新しい機能を付加し、さらに時間を正確に測るクオーツ（水晶時計）式を世界に先んじて採用するなど、技術力を高めた結果、スイスとならぶ「時計大国」にまで成長した。

図84　万年時計（1851年、田中久重作）
当時の和時計の最高技術とスイス製時計の機構を組み合わせた作品。

参考文献　橋本万平『日本の時刻制度（増補版）』（塙選書、一九七八）、内田星美『時計工業の発達』（一九八五、服部セイコー）、角山栄『時計の社会史』（読みなおす日本史、二〇一四、吉川弘文館）

（木村　茂光）

火による明かりと油の確保

灯火

照明用の光は、人類の火の使用とともに始まる。古いものでは庭燎《にわび》の記録があり、庭で火をたいて照明としたことがわかる。そこから篝火《かがりび》が始まり、『万葉集』の鵜飼いの情景を詠った大伴家持《おおとものやかもち》の歌に記述がある。

携帯用の火としては、『日本書紀』にイザナギノミコトが黄泉の国に行ったとき、櫛を使ってタビ（手火）とした記事がある。『万葉集』にもタビの記事があり、これが炬火《きょか》・松明《たいまつ》の起こりとされる。また平安時代には脂燭《しそく》といって松を四、五チセンほどにして細く削って、先端を炭火であぶり、油を染みこませたものを夜間の殿上の歩行に利用した。さらに囲炉裏から分化したものとして、土器（ホベ）や石の灯台（ヒ〈シ〉デバチ）に松の根など油の多い部分を細かく裂いて、つぎつぎと燃やして、灯火とすることが行われ、これを続松《つぎまつ》・肥松《こえまつ》といった。灯台は、簡単なものは三本の木を組み合わせて、その上に、平らな石や鉄の皿をのせて火を点すものである。これに肥松をつぎつぎと足すことも近代まで行われた。

一方、仏教伝来とともに植物油を灯油とする灯火が行われるようになり、宮廷や寺社で使われたことが、諸国からの調でわかる。中世になると山城山崎離宮八幡の神人《じんにん》が油座を結んで、石清水八幡社へ灯油を奉仕したことはよく知られているが、この油は、荏胡麻《えごま》油であった。その後、戦国時代末から江戸時代にかけて、菜種油がこれに替わるようになり、石油の普及まで続いた。

行灯《あんどん》は、灯台が裸火であるのに対して、油皿の周囲を囲って紙を貼って、風の影響を受けないようにしたものである。携帯用の灯火として用いられたが、江戸時代になって主に室内に据え置いて利用された。手提《てさげ》行灯・置行灯・掛行灯・釣行灯・辻行灯などの種類がある。手提行灯は、携帯用の小型のもので、金網製の土蔵行灯や鉄製透彫の露地行灯などがあった。置行灯は、座敷の照明に使われた座敷行灯や店先に宣伝用に置かれた店先行灯などが代表的なものである。また座敷行灯の一種として寝室の枕元などに置いて朝まで灯した有明行灯などがあった。掛行灯は、座敷や廊下などの柱に掛け、釣行灯は天井などからつるしたものをいった。さらに辻行灯は、戸外に設置された街灯で、屋根が付けられていた。

蠟燭は、脂肪・蠟類を材料として、木綿などの糸を芯として、棒状に固めたものに点火するもので、紀元前三世紀にはエジプトやギリシャ・ローマで使われたという。中国では戦国時代の燭台が出土しており、このころ使われたことがわかる。日本には仏教とともに伝わったようで、七四七年（天平十九）の『大安寺流記資財帳《だいあんじるきしざいちょう》』に、七二二年（養老六）に元正天皇から下賜された「蠟燭」の記事がある。しかしこの原材料は蜜蠟と考えられており、中国からの輸入品で、朝廷・寺院の一部でしか使えなかったとされる。やがて大陸との交流が絶えるようになると、荏胡麻などの灯油を用いた照明が主流になった。蠟燭が再び使用されるようになるのは室町時代ごろに漆・櫨《はぜ》など木の実を原料とする木《もく》蠟燭が造られるようになってからである。ほかに古くから松脂《まつやに》を固めた松脂蠟燭が農村などで使われた。

蠟燭は高価な物であるので、江戸時代を通じて、室内では日常的に灯油が使われ、蠟燭は饗応や儀礼、祭礼などで使われるのが一般的だった。蠟燭は室内では、燭台に付けて灯された。また手に持って照明する手燭《てそく》もあった。さらに廻りに風よけの覆いを付けた雪洞《ぼんぼり》、光が一方向に出るように銅やブリキの覆いを付けた龕灯《がんとう》が使われた。一方、細い割竹を使い

図86　弓張提灯

図85　角行灯

図87　雪洞（北尾重政『絵本世都之時』〈1775年〉より）

図88　明治10年代の横浜馬車道のガス灯

上下に伸縮する容器に和紙を貼って、内部に蠟燭を付ける提灯《ちょうちん》が作成され、戸外での照明に使われた。

カンテラはポルトガル語Candela（燭台）ないしオランダ語Kandelaarの転化したものといわれる。ポルトガル人来航とともに日本に伝わったと考えられるが確かな記録はない。江戸時代には植物油が使用されたが、明治時代になると石油を利用し、携帯用の明かりとして使われた。

ランプは石油を燃料としたもので、英語Lampが語源となっている。幕末期には、越後国（新潟県）で石油を採取してこれを灯油として使用することが行われており、陶器製の容器に真鍮《しんちゅう》の口金を付けて錦糸をより合わせて芯とする灯火が柏崎周辺で使われていた。欧米では、ペンシルベニア州で一八五九年に石油の機械掘りが行われた後に石油ランプが普及した。同年（安政六）、越後長岡藩出身の鈴木鉄蔵が横浜で買って帰り点火したのが日本でのはじまりとされる。

ガス灯は、ガスを燃料として灯火とするものであるが、一八七二年（明治五）九月に横浜の居留地に設置されたのがはじまりで、街灯として使用された。

電灯が日本ではじめて点灯されたのは一八七八年で工部大学校の学生がイギリス人技師エヤトンの指導のもとに行なったとされる。しかしこの時はまだアーク灯という、放電による光であるため光は安定しなかった。それでも八三年には東京電灯会社が設立され、ガス灯に並んで使用されるようになった。この間、エジソンのカーボン電球も発明（七九年）され、白熱灯が実用化されることで、やがて明治二十年代に入るとガスに変わって普及し、家庭内でも使用されるようになった。

参考文献　朝日新聞社編『あかり博物誌』（一九六六）、宮本馨太郎『灯火』（一九九四、朝文社）、湯本豪一『図説明治事物起源』（一九九六、柏書房）

（白川部達夫）

近代日本を照らす文明の灯

電灯

日本の伝統的な照明は、蠟燭《ろうそく》や灯明《とうみょう》（皿に菜種油などを入れて灯心にしみこませ、火をつけて灯りをとる）などであったが、幕末には石油を利用したランプが伝わって人々に使用されるようになった。しかし、一八七二年（明治五）、横浜の外国人居留地にガス灯が設置されて以来、日本ではガス灯が街灯として普及した。

一方、一八〇八年イギリスの化学者ハンフリー・デービーが電灯（アーク灯）を発明し実用化が進むと、日本でも七八年三月二十五日に工部大学校でフランス製のデュボスクアーク灯の初点火が行われた。この日は後世「電気記念日」に制定された。そして八二年に銀座二丁目の大倉組前の街路において電灯の点灯実験が行われ、実用化が進められた。八三年には大倉喜八郎らの発起で東京電灯会社が設立されると、各地で電灯の設置と宣伝が本格化し、翌年には横須賀造船所や京都祇園《ぎおん》などでもアーク灯が使用され始めた。

これより先の一八七九年ころよりアメリカのエジソンによって実用化された「白熱電灯」も利用されるようになり、日本では八五年に輸入した白熱電灯を用いて東京銀行で点灯されたのが最初である。生産の開始は九〇年のことである。

このような経過を経て大正時代になるとガス灯は徐々に使われなくなり、電灯が街灯の主役となった。室内の電灯は明治三十年代ごろから本格的に普及し、大正時代の中ごろには全国の室内灯が電化された。

また、一九三八年（昭和十三）にはアメリカのゼネラルエレクトリック社によって「蛍光灯」が発明され、日本では東京芝浦電気株式会社が四〇年に完成させた。蛍光灯は消費電力も低く、寿命も長いことから広く使用されるようになった。一般に使用されるようになったのは五五年ごろからで、このころから一般照明の主流は白熱電灯から蛍光灯に変化した。

さらに近年は「発光ダイオード」を用いたLED照明が使用されるようになったが、その発明は古く一九〇六年のことである。六二年にイギリスで赤色LEDが発明されると、七〇年代までに黄・橙・黄緑などのLEDが誕生した。しかし、白色あるいはフルカラーを発光させるためには青色LEDが必要だったが、八九年（平成元）日本の赤崎勇と天野浩が窒素ガリウム（GaN）を用いてそれを発見し、二〇一四年に彼ら二人と中村修二がノーベル物理学賞を受賞したことは有名である。LEDは蠟燭・発熱灯・蛍光灯に次ぐ「第四世代の明かり」といわれる。

図89　1879年製の最初のエジソンカーボン電球（複製）

参考文献　宮本馨太郎『灯火―その種類と変遷―』（一九九四、朝文社）、乾正雄『ロウソクと蛍光灯』（祥伝社新書、二〇〇六）、高橋雄造『電気の歴史』（二〇一一、東京電機大学出版局）、ヴォルフガング・シヴェルヴシュ著、小川さくえ訳『闇をひらく光―一九世紀における照明の歴史―』（二〇一一、法政大学出版局）

（木村　茂光）

座る・寝る

『古事記』にも登場するタタミ

敷物

敷物は、床面や地面に敷いて、座ったり寝たり、あるいは人の通行に使われたものである。当然古くから使われ、縄文・弥生時代の住居にも植物を編んで敷いたことがわかる遺跡が残されている。縄文時代晩期の青森県八戸市是川《これかわ》遺跡ではイタヤカエデのような木の幹を薄く削いで、細分して網代《あじろ》編みにした敷物が、竪穴住居全体に敷き詰められていた。また藺草《いぐさ》や樹皮などを編んだものも発掘されており、土間全体に比較的硬い敷物を敷いて、さらに座ったり、寝たりする場所には、柔らかい藺草の敷物を引いて生活していたことがうかがわれる。藺草などで簀網にしたものは、のちの茣蓙《ござ》だと考えられる。

またこういう敷物をムシロといった。本来は、ムシ・シロで、ムシは苧《からむし》で、シロは敷く意味だとされる。その後、漢字で莚・筵の文字が当てられるようになった。漢字では草冠は草で編まれたもの、竹冠は竹で編まれたものをいい、いずれも部屋いっぱいに敷いたものをいった。特定の場所に敷くものは、薦・席といったが、日本では特に区別した形跡はないという。

一方、タタミという言葉も古くからあり、敷いたりたたんだりしたものをいった。『古事記』『日本書紀』に「多多美」「畳」などの記事がある。菅畳・皮畳・絁《あしぎぬ》畳などを八重に敷くという表現があり、何枚も敷いて使うことが丁重さや贅沢さを示す表現となっていた。このため畳は薄畳だったと考えられている。奈良時代には正倉院に、六枚重ねになって縁《へり》が付けられた莚が残されており、現在のような畳の原型が生まれていた。高床式住居の生活が始まり、板敷きとなると、そこに敷くものとして畳が使われ

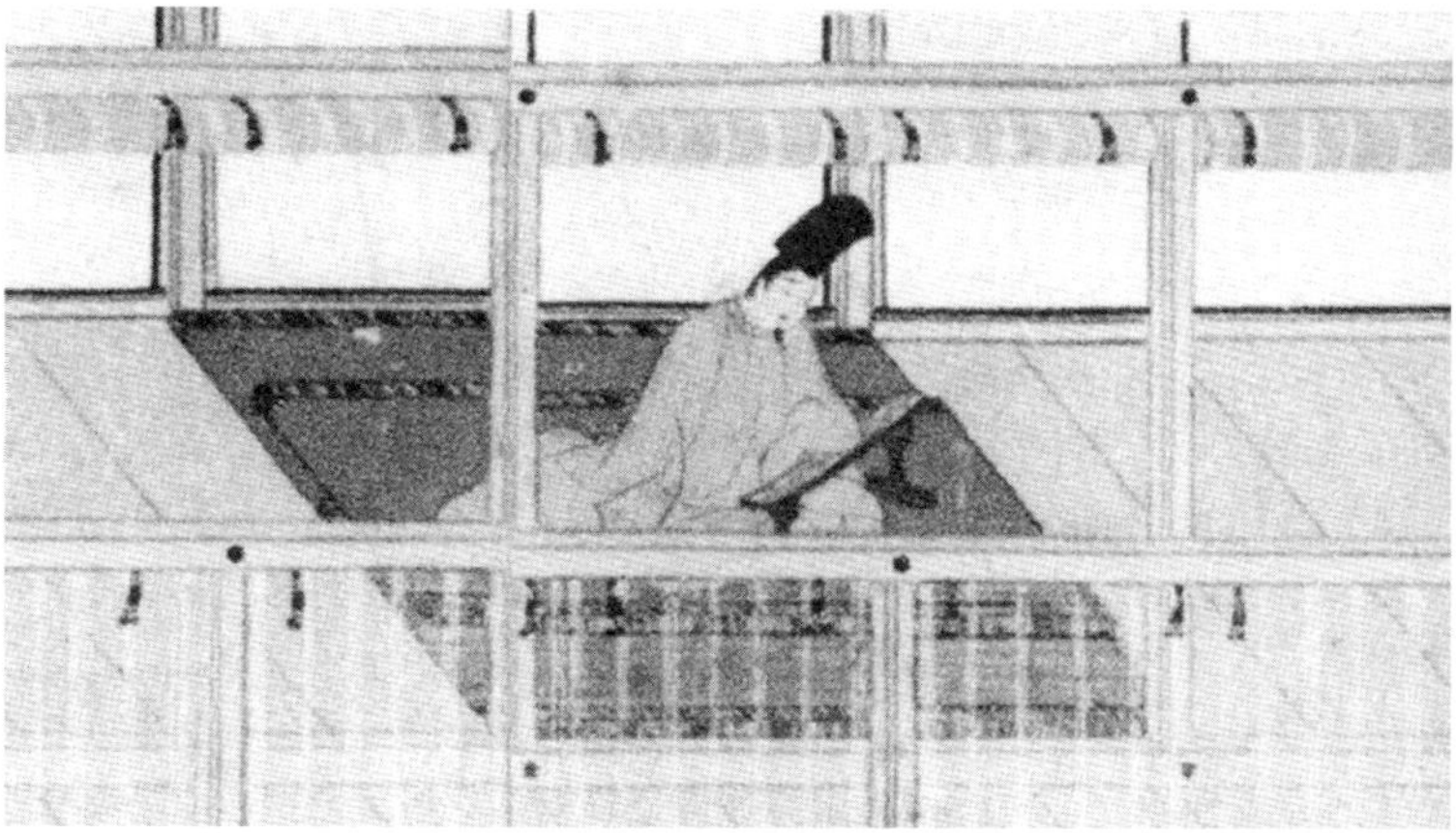

図90　畳と、畳を用いた茵(『春日権現験記』より)

るようになり、平安時代には寝殿造の中で一般的に使用されるようになった。このころ、畳を敷くことのできるのは天皇、貴族、僧侶など高貴な人びとに限られていたので、縁の種類により、使えるものが定められていた。天皇は繧繝錦《うんげんにしき》の縁、親王・大臣は大紋の高麗縁《こうらいべり》、公卿は小紋の高麗縁、僧正はじめ僧侶、四位・五位の貴族などは紫縁、六位の侍や寺社の三綱（運営に当たる三役）は黄縁であった。宮中ではその伺候の間が定まっていて、そこにそれぞれの縁の畳が敷かれていた。鎌倉時代ごろから、畳は部屋一面に敷き詰められるようになっていき、床材化したが、農村では明治時代まで、籾殻などを敷き固め、その上に莫蓙などを敷く、畳がない家があった。

　座蒲団は、平安時代に貴族が使用した茵《しとね》（褥）が発達したものである。絹織物でできていて、中に真綿や莚を入れた薄い敷物であったが、江戸時代になって、木綿栽培が盛んになると、木綿織物で造ら

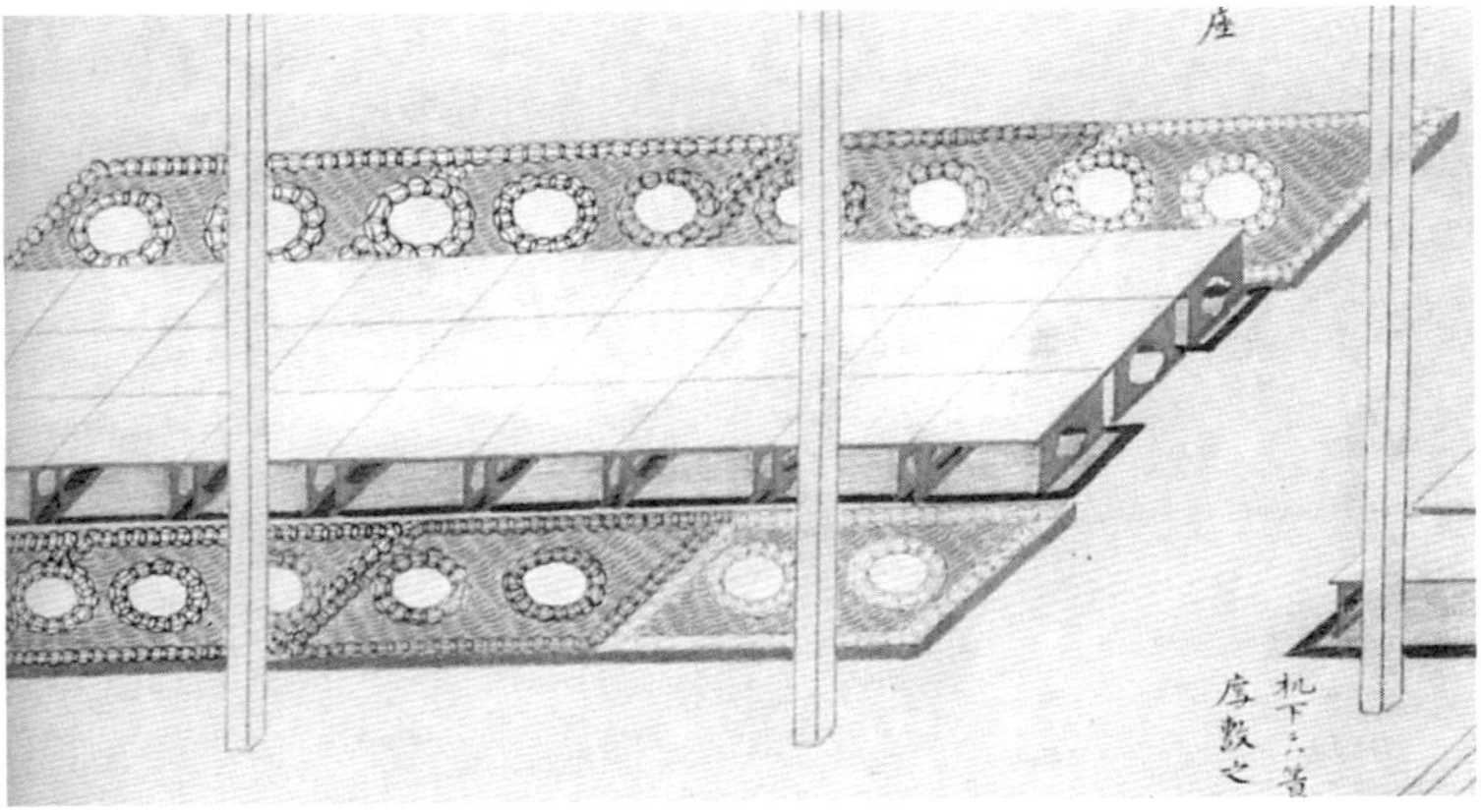

図91　円座（『類聚雑要抄』より）

れるようになり、座蒲団も次第に厚手になっていった。一七一三年（正徳三）の『和漢三才図会《わかんさんさいずえ》』には、「坐褥《ざじょく》」と紹介されており、明和年間（一七六四―七二）の『明和誌』には近頃、「座蒲団」というものを軽い身分の人びとも使うようになったとしており、このころ広がったことがわかる。座るための敷物には、茵のほかに、藁《わら》を円形に編んだ円座《わろうだ》、莫蓙に縁を付けた薄縁《うすべり》などがあったが、座蒲団に替わっていった。

絨毯《じゅうたん》は、パイル（毛羽）を持った織物であるが、広義にはパイルのないフェルト状の織物も含めて用いられる。パイルのあるものを絨毯、フェルト状の敷物を毛氈《もうせん》といったりするが、区別は曖昧であった。絨毯の最古の現存品はシベリア南部のバジリクの墓から発見されたもので、紀元前四世紀ごろのものとされている。イランやトルコなどで生産されたものがイスラームの発展とともに広がっていったと考えられている。

日本への伝来は、二三九年に卑弥呼が魏の明帝から下賜されたものの中に赤地の絨毯があったとされる。その後も『日本書紀』には百済の聖明王の贈り物に毛織物の敷物があったことが記されている。八世紀には、法隆寺や大安寺の資財帳に、「氈」の記事があり、敷物が使用されていたことがわかる。正倉院にもフェルト状の織物の断片が残っている。

日本では、羊が朝鮮半島から贈られた記事はあるものの根付かなかったので、絨毯は国内生産ができなかった。このため長く輸入に頼っていた。江戸時代には、オランダが貿易品としてもたらし、高い収益があった。平賀源内は、緬羊《めんよう》を長崎から讃岐に取り寄せて飼育し、一七七一年（明和八）に毛織物の試織に成功した。その後、幕府は緬羊の導入を試みたが、オランダは貿易の利益が損なわれるのを怖れて、十分な協力をしなかった。幕府は、中国から羊を取り寄せて、その飼育には成功したが、絨毯の製作までには至らなかった。一方、木綿糸を使ったパイル絨毯として佐賀の鍋島絨毯が一六九九年（元禄十二）に没した古賀清右衛門《こがせいうえもん》により始められ、佐賀藩の特産品となった。また一八三一年（天保二）に堺の糸物商藤本庄左衛門《ふじもとしょうざえもん》が佐賀絨毯を導入し、堺絨毯が生まれた。その後、一八七四年（明治七）赤穂の児島なかが中国絨毯に触発されて、赤穂絨毯を開発した。

参考文献　小泉和子『家具と室内意匠の文化史』（一九七九、法政大学出版局）、佐藤理『畳のはなし』（一九八五、鹿島出版会）、鎌田由美子『絨毯が結ぶ世界』（二〇一六、名古屋大学出版会）

（白川部達夫）

高貴な人しか座れなかった椅子

椅　子

近代になるまで床座《ゆかざ》（床の上で生活すること）の生活を送ってきた日本ではいすの文化は発達していない。しかし、埴輪にはいすを象《かたど》ったものがあるので、四、五世紀には使用されていたと考えられる。

古代日本ではいすを「胡床」や「呉床」と書いて「あぐら」と呼んでいた。「あ」は足で「くら」は倉や鞍と同じ意味で、高いものの上に乗る状態を表している。中国や日本では趺坐《ふざ》（足を組んで座ること）で使用されていたことを物語っている。現在の「あぐら」の原義にあたろう。

「あぐら」には折りたたみ式の交椅《こうい》、交椅に背もたれが付くもの、さらに背もたれと肘掛けがついた四脚方式の方椅《ほうい》、台床形式のものがあったようだが、交椅は腰掛けとして使い、その他は上に乗って趺坐したようである。なかでも格式が高いのが方椅で、正倉院には奈良時代の方椅が残されている。

平安時代に入ると方椅は「倚子《いし》」と呼ばれるようになり、方形四脚で背もたれ、肘掛けをもち、もっぱら儀式に用いられた。「倚子」には大小二種があり、十世紀前半編纂の『延喜式』木工寮《もくりょう》には大きさ・材質などが規定されている。天皇・皇后・親王・中納言以上に限って使われた。一方、あぐらは折りたたみ式の交椅に限定して使用されるようになった。

中世に入ると権威の象徴としての椅子の使用は廃れ、鎌倉時代に禅宗とともにいすが伝わり、日本でも禅僧が用いるようになったため、唐音で「椅子《いす》」と呼ぶようになった。戦国時代には武士の戦陣用具である床几《しょうぎ》（折りたたみ式の腰掛け）や、寺院で僧侶が用いる曲彔《きょくろく》（背もたれと肘掛けがカーブした椅子）なども使用されたが、日常生活では使用されることはなく、江戸時代に入るといす文化は停滞した。

近代に入り、生活様式の西洋化が進むに伴っていす文化も浸透した。最初に洋式いすを採用したのは軍隊・学校・鉄道など公共機関や、宮廷や貴族社会であったが、宮廷や貴族社会では個人用のいすが用いられ、学校・鉄道では最初からベンチ（長いす）が採用された。大正時代以降、会社や劇場、さらに住宅の応接室や書斎などでも採り入れられたが、生活全般にわたっていす化するのはアジア・太平洋戦争以後のことである。

参考文献　鍵和田務『椅子のフォークロア』（一九七七、柴田書店）、小泉和子『家具と室内意匠の文化史』（一九七九、法政大学出版局）

（木村　茂光）

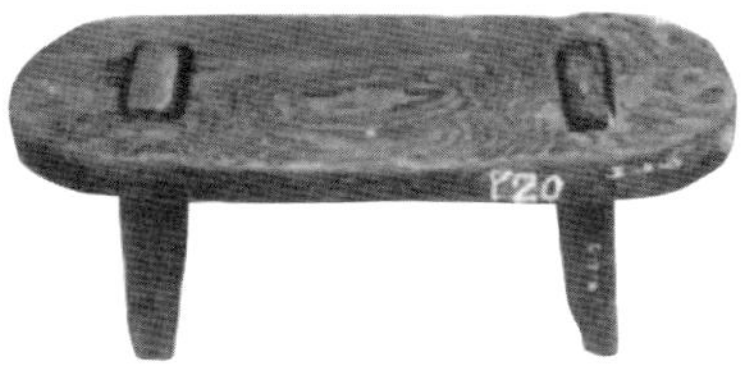

図92　静岡県登呂遺跡出土のあぐら

図93　一休宗純像（1462年〈寛正３〉自賛）　曲彔の上にあぐらを組んで座っている。

長きにわたって庶民が使った藁のムシロ

寝具

寝具の代表である「ふとん」は本来「蒲団」と書き、坐禅のとき僧侶が尻に敷く敷物のことであった。蒲団の初見史料である僧道元の『正法眼蔵《しょうぼうげんぞう》』に「坐禅のとき、（中略）蒲団を敷くべし」とあるように、蒲団は坐具《ざぐ》であって寝具ではなかった。寝具としての蒲団が確認できるのは戦国時代になってからで、『多聞院日記《たもんいんにっき》』などに夜着《よぎ》とともに蒲団が記されている。

しかし、蒲団の用途をもった寝具としてもっとも古いものは薦《こも》と蓆《むしろ》である。最初は菰《こも》・稲藁《いねわら》・菅《すげ》・蒲《がま》・萱《かや》・藺《い》などを一重に編んで用いたが、やがて何枚か重ねて編み縁《へり》をつけて敷具として用いた。これを畳といった。奈良時代から平安時代の畳は薦四、五枚を重ねた上に藺や菅の蓆をかぶせ、縁を付けたものであった。身分の高い者はこの上に上蓆《うわむしろ》（表筵）を敷いて寝た。さらに高級品は唐綾《からあや》で表裏を作り、中に真綿を入れた。これは茵《しとね》（褥）とも呼ばれた。上蓆の発達とともに畳の普及に伴って、総畳ないし追いまわしの座敷が多くなると、畳は寝具から建具の一部とみなされるようになった。

掛具は衾《ふすま》と呼ばれ、古くは敷具と同じように長方形で材料も薦や蓆が使われたが、奈良時代ころからは苧《からむし》（麻の一種）や麻を用いた衾も作られた。正倉院に聖武天皇の遺品として残る床《とこ》と枕・衾・畳は現存する最古の寝具一式として貴重である。平安時代末期から鎌倉時代かけて衿《えり》や袖のある直垂《ひたたれ》衾が作られた。直垂とは広い衿と袖が付いた着物で鎌倉時代には武士が着た。その形に似ていたのでその名が付いた。武士が宿直《とのい》のときなどに用いたため宿直衾ともいう。しかし、このような掛具を使わず、昼間の

図94　夜着・枕・茵（『春日権現験記』より）

着物を掛けてそのまま寝ることも多かった。「ねまき」の原義も寝るときにまとう着物の意であろう。

上記のように、本来僧侶などの座具であった蒲団も、戦国時代から江戸時代にかけて木綿の国産が進み、綿織物や木綿わたが生産されるようになると、側《がわ》も中身も木綿を使った蒲団が作られるようになって、呼び名も上蓆が蒲団（布団）に、衾が夜着に変わった。しかし、木綿が普及したとはいえ木綿の寝具は高価であったから、これらが普及するのは元禄年間（一六八八—一七〇四）ごろからだといわれる。また夜着を小型にした掻巻《かいまき》（袖の付いた着物状の寝具）も作られた。さらに幕末になると衿や袖の付かない長方形の夜着が作られた。これは敷具の蒲団と同じ形であったため、夜着と呼ばず掛蒲団とか大蒲団と呼ぶようになり、敷具は敷蒲団と呼ばれるようになった。

しかし、庶民はそのまま寝たり、麻を織ったもの

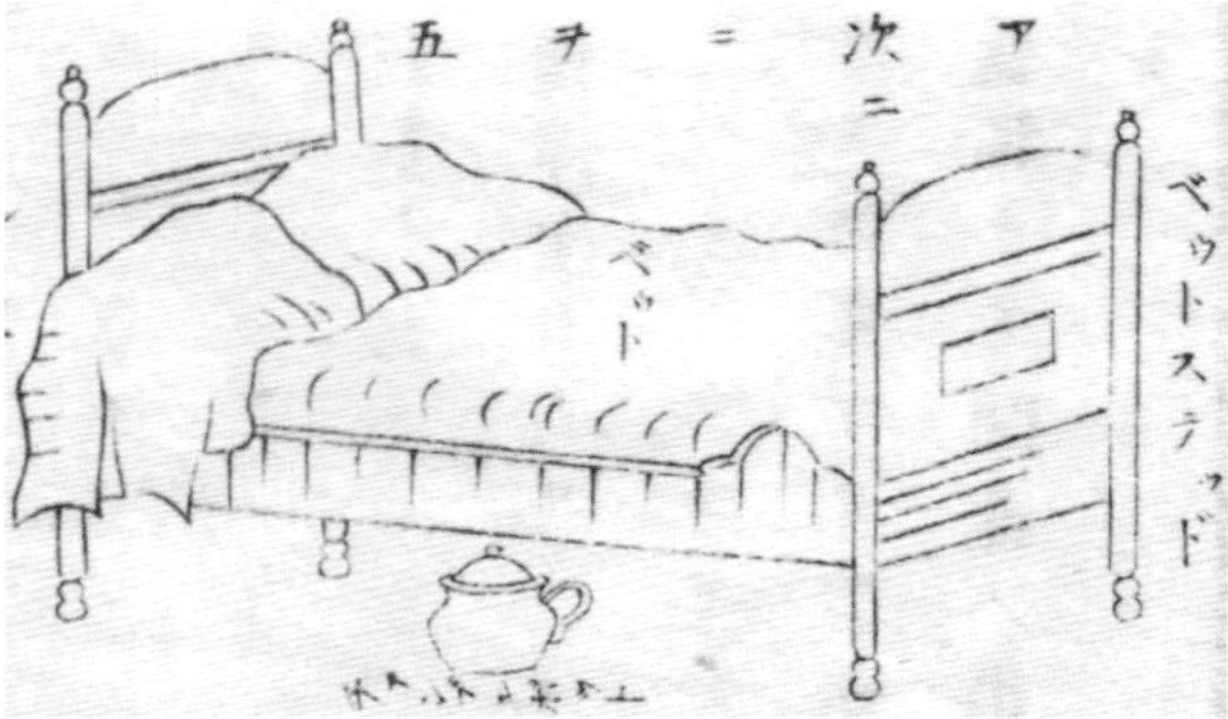

図95　ベッド（福沢諭吉『西洋衣食住』〈1867年〉より）

や藁や薦の筵《むしろ》を敷蒲団として用いた。そして、近代になっても藁叺《わらかます》、藤布《ふじぬの》、苧屑《おくず》蒲団、紙衾などを用いていて、木綿の蒲団が日本全体に普及するのは一九五〇年代以降のことである。

一方、明治時代になり洋風文化が入ってくると、一部の上層階級ではベッドが使用されるようになり、それに伴った寝具——マットレス（藁蒲団）、パッド（薄い敷蒲団）、毛布、敷布、寝台掛など——も使用された。これらは日本風の寝具にも採り入れられるようになり、大正から昭和にかけて一般の家庭でも敷布や毛布を使用するようになった。第二次世界大戦後、化学繊維が登場すると化繊綿や合成繊維が使われるようになり、またそれまでは主に家庭で作られていた寝具が工場生産品に変わった。近年では水鳥の羽毛を用いた羽毛蒲団の使用や敷蒲団の下に合成ゴムやフォームラバーのマットレスを敷くことも多くなっている。

最後に枕について。古墳時代の被葬者には埴製・石製・琥珀《こはく》製など多様な材質の枕が用いられている。『万葉集』には木枕・薦枕・菅枕などがみえ、その巻五に載録された「貧窮問答歌《ひんきゅうもんどうか》」にも「父母は枕の方に、妻子は足の方に」などと記されているから、枕は古い時代から相当広い階層で使用されていたと考えられる。平安・鎌倉時代でも基本的には木枕・薦枕が使用されていたと思われるが、絵巻物などをみると髪型の変化に応じて枕も変化し、紙や布で包んだものや高さのある箱状の枕が使用されていたことがわかる。近世になると髷《まげ》型の変化により一層高くなり、箱の上に綿を入れた丸太状の括《くく》り枕（坊主枕ともいう）を乗せたものも作られ、頭を乗せるより首を乗せるような形に変化した。

図96　箱枕（紅月楼『仮根草』〈1795年〉より）

しかし、一八七一年（明治四）に断髪令が発布され髷を落とす人々が増えると、箱枕の上に付いていた括り枕だけが使用されるようになり、さらに現在も使用されている平型枕へと変化した。最初は籾殻《もみがら》や蕎麦殻《そばがら》が詰め物として利用されたが、最近はウレタンやプラスチックの小さなパイプ、スポンジなどが使用されるなど、その多様性は拡大している。

（木村　茂光）

参考文献　小川光陽『寝所と寝具』（雄山閣アーカイブス歴史篇、二〇一六）

書く

古代の役人の仕事にも必須の文房具

筆

墨・硯《すずり》・紙とともに「文房四宝《ぶんぼうしほう》（友）」の一つである。一般には毛筆を指すが、万年筆やボールペンなどを含めて筆記用具全体を指す場合もある。現在は塗装用具・調理用具の刷毛《はけ》や化粧道具としても用いられている。十世紀前半の『和名類聚抄《わみょうるいじゅしょう》』に「不美天」と記されているから、フミテからフンデ、さらにフデに変化したと考えられる。

筆は中国で発達した。現在最古の筆は湖南省長《ちょう》沙《さ》付近の紀元前三世紀ごろの墓から発見された「長沙筆」である。日本には中国・朝鮮から伝来したと考えられ、記録としては『日本書紀』応神天皇十五年（四〇四）条に百済人の王仁《わに》が「論語」「千字文《せんじもん》」を伝えたと記されているから、このころには筆も使用されていたと推測されている。また、六一〇年（推古天皇十八）には高句麗の僧曇徴《どんちょう》が紙と墨の製法を伝えたという。

奈良時代になると写経や公文書の作成が盛んになったため、中務省図書寮《なかつかさしょうずしょりょう》には造筆手一〇人が置かれた。現存最古の筆は正倉院中倉に収められている「天平筆」一七枝と「天平宝物筆」一枝である。七五六年（天平勝宝八）、聖武天皇の遺品として奉納された筆で、六世紀ころのものといわれる。

用毛としては兎・鹿・狸などが使われたが、なかでも兎の毛が珍重されたことが『枕草子』に「筆は冬毛。つか（使）うもみめ（見目）もよし。兎の毛」と記されていることからわかる。竹管には斑竹《はんちく》・篠《しの》竹《だけ》が用いられ、表面には装飾が施されていた。

平安時代になると公文書の作成のほか、漢詩文集や和歌集が盛んに編まれるようになり、筆も多様に発展した。

「文房四宝」の一つの墨は、先述のように高句麗の僧曇徴が伝えたというが、古墳時代の壁画には黒や朱・黄などの彩色があるものもあるし、土器の底

図97　平城京の役人が使う筆記具(平城宮・平城京出土、筆と墨は複製)

や内部に墨書されたものもあるので、かなり早い時期から使用されていたとも考えられる。中務省図書寮には造墨手四人がみられるし、十世紀前半に編纂された『延喜式』の東市司《いちのつかさ》によれば墨屋・筆屋があったことがわかる。なお、墨の古い製法としては、松を燃やして得た煤《すす》に膠《にかわ》を捏《こ》ねて造った松煙墨《しょうえんぼく》と、植物油を燃やした煤から造った油煙墨《ゆえんぼく》があるが、松煙墨のほうが古く油煙墨の製法は鎌倉時代までには伝えられたという。

もう一つの硯は『和名類聚抄』に「須美須利」とあるから、スミスリからスズリに変化したと考えられる。初期は陶製や瓦製のものが多く、石製の硯が確認できるのは鎌倉時代に入ってからである。

参考文献　田淵実夫『筆』(ものと人間の文化史、一九七八、法政大学出版局)、宮坂和雄『墨の話』(一九六九、木耳社)、榊莫山『文房四宝　筆の話』(角川選書、一九九八)

(木村　茂光)

文明開化を象徴する新しい筆記具

ペン

インクを用いた筆記具。狭義には、片手で持てる大きさの棒の先端を尖らせ、そこに割れ目を施すなどしてインクや墨を溜めて紙などに文字を書く筆記具を指し、いわゆる匙《さじ》ペンや万年筆がこれに該当する。一方、広義には、ボールペンやフェルトペンといったインクを用いる筆記具全般を指し、種類は豊富である。

その起源は古代アッシリア帝国にまでさかのぼり、古代・中世世界では、樹皮や草茎の汁をインクとして、葦の先を尖らせたものや鵞鳥の羽根を利用した羽根ペンが広く用いられた。その後、十八〜九世紀の西欧において金属製のペンが開発され、明治時代初期には日本にも輸入されている。

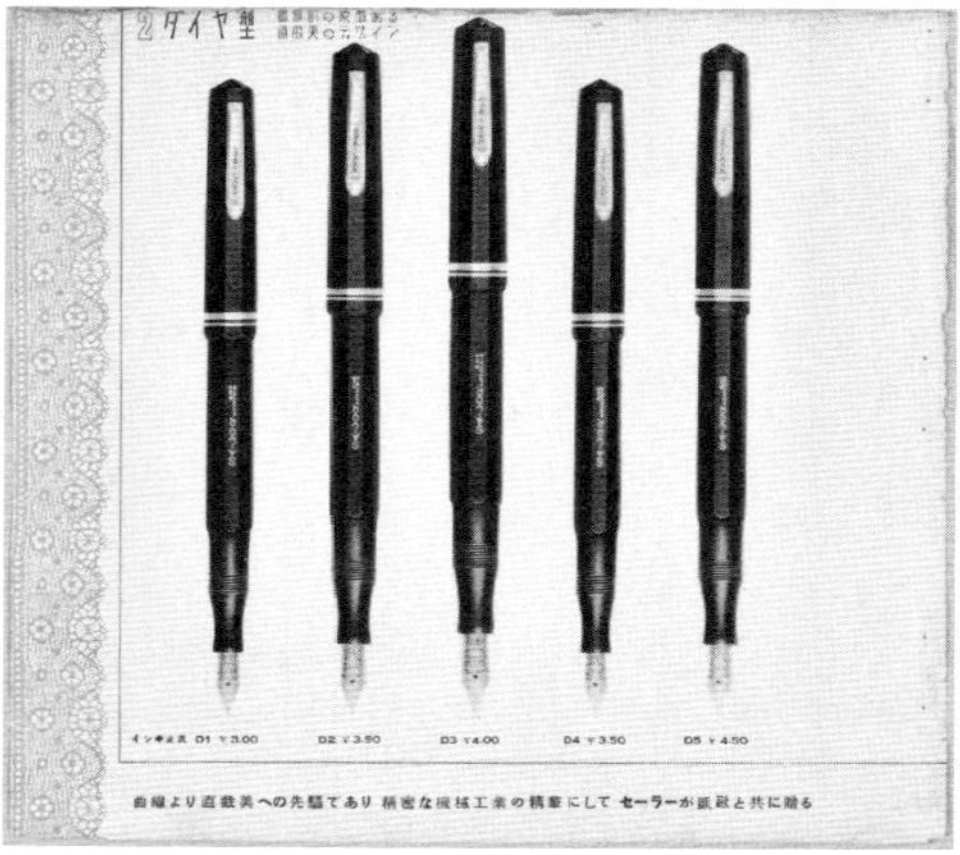

図98　昭和前期のセーラー万年筆のカタログ

特に、インクを用いる事務用の匙ペンと携帯用の万年筆は、明治時代中期以降、輸入品と後発の国産品が役所や会社、学校をはじめとした市民生活の場に急速に普及し、とりわけ万年筆は、市民の入学祝品の代表として広く親しまれた。戦後の高度経済成長期以降は、ボールペンなどの安価なペンの普及によりその利用者が激減し、現在では、わずかに高級品が蒐集家など一部の人々に愛好されるにとどまっている。また、ペン先の図柄は文房具の象徴、ひいては剣（武力の象徴）の対極にある学問の象徴としても認識されており、思想家福沢諭吉が一八五八年（安政五）に創設した蘭学塾の流れを汲む慶応義塾では、校章に二本のペンを組み合わせた図柄が用いられ広く知られている。

図99　慶応義塾大学の校章

運筆に応じてペン先の小鋼球を回転させ、粘度の高いインクを滲出させて文字を記すボールペンは、十九世紀後半にアメリカで発明されたが、日本に普及させたのは敗戦後の進駐軍であったといわれている。国産品としては、一九四八年（昭和二十三）に、神奈川県鎌倉市のスワン万年筆株式会社が製作して名古屋市の丸栄百貨店から販売を開始したものが嚆矢であった。現在でも市民生活には不可欠な筆記具として普及しており、二〇一〇年（平成二十二）の国内生産量（一三億六六〇〇万本）は、一九七〇年の約四倍に達している。これに加えて、中国などからの安価な輸入品も増加しており、今日、ボールペンといえばペンの代名詞にもなっている。

参考文献　田中経人『文具の歴史』（一九七二、リヒト産業）、総務省統計局『第六十四回　日本統計年鑑』（二〇一四）

（宮瀧　交二）

家康が手にしたのはオランダの贈り物

鉛　筆

黒鉛と粘土を混ぜて細長く整形・焼成した芯を、断面円形または六角形の木製の軸に挟み込んだ筆記具。先端を円錐形に削って芯部を露出し、手に持って芯部を紙などに押し当てて、文字や絵画を描く。消しゴムを当て擦って紙に付着した芯の粒子を拭き取ることによって、紙などに記した文字や絵画を繰り返し消去することもできる。

　インクとペンに代わって今日のような鉛筆が登場したのは、十六世紀にイギリスで黒鉛が産出されて以降のことである。当初は木製の軸の先に黒鉛の小さな固まりを詰めただけのものであったが、やがて黒鉛が不足し始めると、節約のため黒鉛粉に硫黄などを混ぜた細長い芯が作られ、軸木にこれを挟んで使用するようになった。

　日本における鉛筆の歴史は、静岡市の久能山東《くのうざんとう》照宮《しょうぐう》が保管する、徳川家康が江戸時代の初期にオランダ人から贈られたという鉛筆や、仙台市の伊達政宗の墓所から出土した鉛筆に始まる。どちらも海外で製作されたものとみられるが、前者は軸木の長さが一一・四センチ、中に埋め込まれた芯の長さが六・〇センチの本格的な鉛筆であり、後者は軸の長さが六・二センチで、その先端に長さ一・三センチの黒鉛が付けられた古いタイプの鉛筆である。

　その後、明治期に入り最初に輸入された鉛筆は、ドイツのファーバー・カステル社の製品であったとみられている。同社は一七六一年に鉛筆の製造を開始し、はじめて断面六角形の鉛筆を作ったことでも知られている。国内での鉛筆生産も、一八七七年のパリ万国博覧会で鉛筆を見てその製造に乗り出した真崎仁六《まさきにろく》が、一八八七年（明治二十）に東京市四谷区内藤新宿の自宅に工場を設けたことで本格的に始まり（現三菱鉛筆株式会社）、これ以後複数の会社が鉛筆生産に乗り出した。

昭和期に入ると、鉛筆は機械化による大量生産が可能になったこともあって、簡易な筆記具の代表として広く普及し、小学校の運動会などでは賞品の定番であった。また、廉価であることから、商品名や商店名などを印刷した広告鉛筆も数多く作られ、無料で配られる販売促進品の定番となった。使用に際しては、当初は小刀やナイフで削るのが一般的であったが、太平洋戦争後の高度経済成長期以降、手動・電動の鉛筆削器が用いられるようになった。現在では、シャープペンシルの普及に伴いその生産量が激減しており、二〇一〇年（平成二十二）の生産量（一六〇万八〇〇〇グロス）は、一九七〇年（昭和四十五）の二割以下にとどまっている。

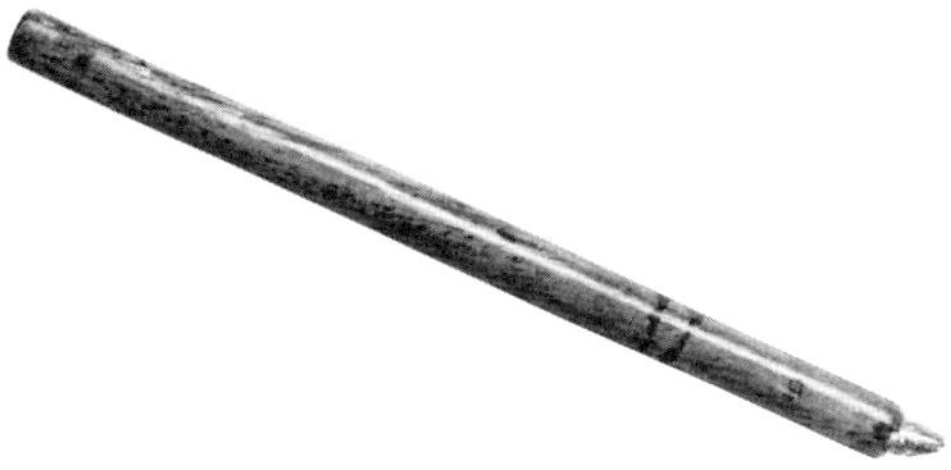
図100　徳川家康所用の鉛筆

参考文献　田中経人『文具の歴史』（一九七二、リヒト産業）、中公文庫編集部『文房具の研究』（中公文庫、一九九六）、総務省統計局『第六十四回　日本統計年鑑』（二〇一四）

（宮瀧　交二）

奈良時代に誕生した〈文化遺産〉

紙

紙は中国古代、前漢のころに発明され、後漢の蔡《さい》倫《りん》によって改良されたといわれているが、近年の中国における考古学的発掘の成果によれば、一世紀後半にはすでに紙が漉かれていたという。ともあれ中国で発明・完成された紙は八世紀にはイスラエル、十世紀にはエジプト、十二世紀にはスペインやイタリアに伝えられた。

日本では、『日本書紀』六一〇年（推古天皇十八）に、高句麗からきた渡来僧曇徴《どんちょう》が絵の具・墨とともに紙の製法を伝えたと記されているが、紙そのものの伝来はもっと古いと考えられる。舶来の紙は唐紙《とうし》（「からかみ」とも）と呼ばれて珍重された。

国産の紙の製造は律令制下で国家的に奨励され、奈良時代には図書寮《ずしょりょう》に造紙所が設けられ、主に写経用の紙が漉かれた。律令制と仏教文化の地方伝播に伴って、紙の製造も地方に広がり、正倉院文書には越《こし》・美濃《みの》・播磨《はりま》・美作《みまさか》・出雲《いずも》の国々が写経料紙の貢納地として頻出する。唐紙は麻を用いた麻紙《まし》が大半であったが、日本では楮《こうぞ》を用いた楮紙《ちょし》や斐紙《ひし》など多種の植物繊維が材料に用いられた。特に、奈良時代の末期に雁皮《がんぴ》の繊維を利用して「流し漉き」という日本独特の製紙法が工夫されて、丈夫で美しい和紙が生産されるようになった。ちなみに、和紙の種類としては、楮を原料とした楮紙がもっとも一般的で、ほかに三椏《みつまた》や雁皮を用いた斐紙（雁皮紙・鳥《とり》の子《こ》紙）などがあり、それらを混ぜ漉きしたものもある。

平安京の図書寮には紙屋院《かみやいん》が置かれ、そこで造られた紙は「紙屋紙」と呼ばれ、良質の紙として貴族たちに愛好された。平安時代には和紙の染色や加工の技術も発達し、「継紙《つぎがみ》」の手法や金銀の切箔や砂《いさ》

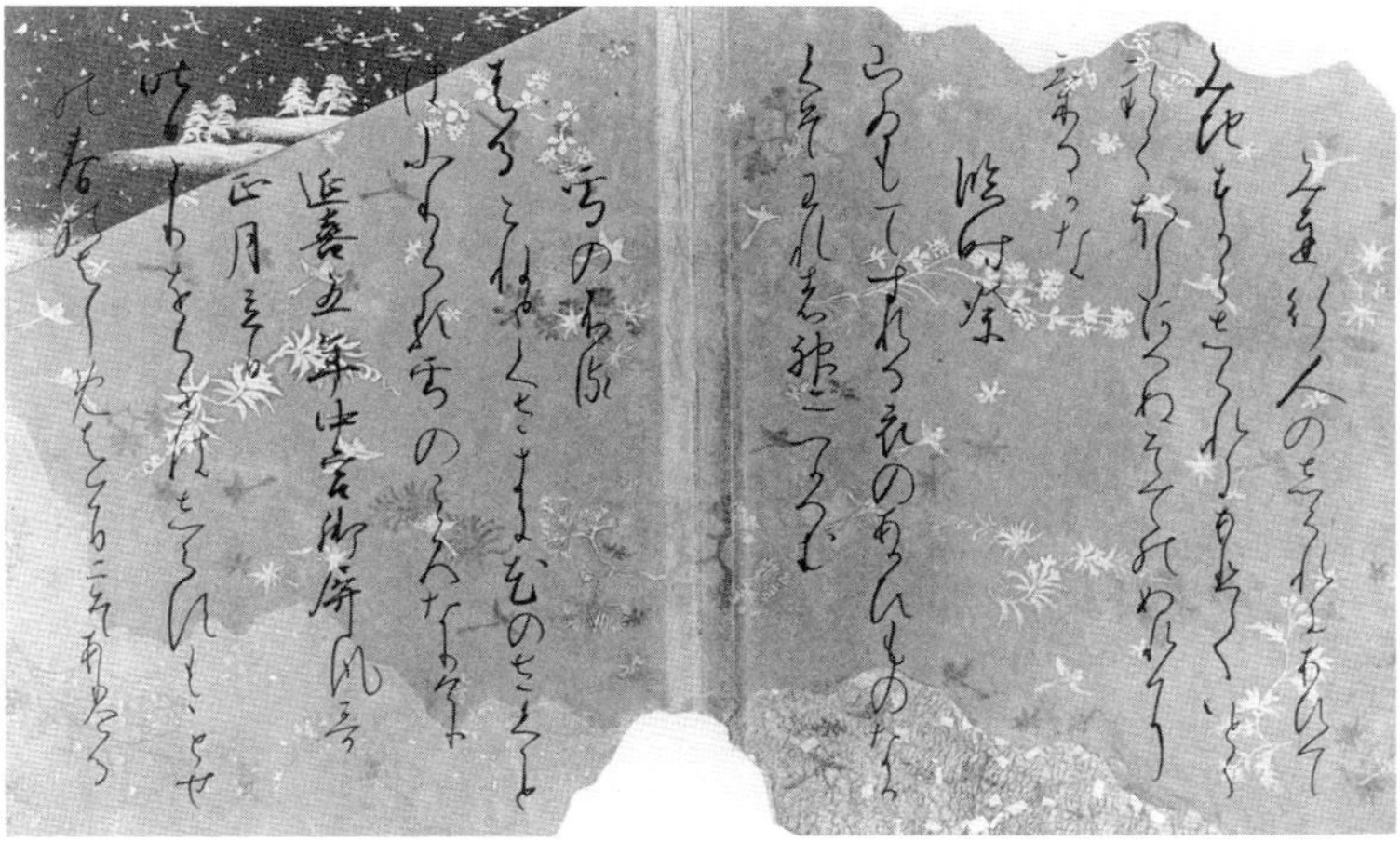

図101　継紙（『貫之集』〈西本願寺本『三十六人家集』〉）

子《ご》を施すなど、豪華な料紙も製作された。一方、十世紀前半に編纂された『延喜式』によれば、「中男《ちゅうなん》作物《さくもつ》」（税の一種）として紙を納入する国々は北は越後国から南は大隅国まで四一ヵ国に及んでいる。紙の製造が全国的に行われるようになったことが知られる。

院政期ごろになると官製の紙屋紙の威信も失われ、地方産の紙が都に流入するようになった。陸奥・上野・越前・美濃・大和・淡路・播磨・美作・出雲・土佐などが主要な産地として知られる。なかでも貴族たちに好まれたのは、古代においては紙の産地でなかった陸奥紙（檀紙《だんし》）で、清少納言や紫式部も紙屋紙とともに陸奥紙の良さを伝える文章を残しており、地方産の紙の隆盛を物語っている。それに伴い、紙屋院はもっぱら古紙を再生して漉き返しの紙（宿紙《しゅくし》）を製造するようになり、やがて衰退していった。

鎌倉時代になっても地方の紙の生産はますます盛

図102　越前奉書紙づくり（平瀬徹斎著、長谷川光信画『日本山海名物図会』〈1754年〉より）

んになり、各地の商人によって京都や鎌倉の市場に運ばれた。なかでも檀紙は公文書用の紙として重きをなしたが、公文書やその他の用途に合わせて広く使用されたのは、檀紙と同じく楮で作られたが檀紙よりも手軽な杉原紙《すいばらがみ》であった。杉原紙はその盛行もあって、中世後期には同質の紙が全国各地で生産されるようになった。

江戸時代に入っても紙の需要は依然高く、藩の財政を潤す産業として各藩がとり組んでいる。江戸時代中期ごろになると、東日本の紙は江戸に、西日本の紙は大坂に集積されるようになり、それぞれ独自の紙文化を作り上げた。

十九世紀中ごろからヨーロッパではパルプの製造が本格化し、パルプを用いた製紙業が発展した。日本でも明治時代初期から製紙会社が設立され、西洋式の製紙業が開始されるがまだ限定的で、原材料のパルプはスウェーデンからの輸入品が中心であった。しかし、第一次世界大戦が始まってヨーロッパからの輸送が困難になると、樺太《からふと》工業などが樺太に工場を建設し日本の需要に応えた。一九四一年（昭和十六）までは日本のパルプ材の需要の八〇％は樺太材からであった。パルプを材料とする工業的な製紙業

図103　石州和紙の紙漉き

の発展に伴い和紙生産は減少し、一八九四年（明治二十七）には六万三〇〇〇戸を数えたが一九七三年には一〇〇〇戸にも満たなくなった。

　そのようななか、ユネスコは二〇一四年（平成二十六）、世代を超えて伝統的な技が受け継がれ、地域社会のつながりを生んでいるとして「和紙：日本の手漉和紙技術」を無形文化遺産に登録した。今回登録されたのは「石州半紙《せきしゅうばんし》」（島根県浜田市）、「本美濃紙《ほんみのし》」（岐阜県美濃市）、「細川紙《ほそかわし》」（埼玉県小川町・東秩父村）の三紙で、ともに原料として楮のみが使用されており、伝統的な技法を用いて製作されている点が高く評価されたという。

（木村　茂光）

参考文献　寿岳文章『日本の紙』（日本歴史叢書（新装版）、一九九六、吉川弘文館）

坏をのせる〈つきうえ〉が〈つくえ〉に

机

机は中国では几《き》と書き、脚付きの四角い台を描いた象形文字に起源があるといわれるから、本来は物をのせる脚付きの台を意味したと考えられる。一方、日本語の「つくえ」は「坏居《つきう》え」がつまったもので、坏＝食器をのせる台のことだという。埼玉県の稲荷《いなり》山《やま》古墳出土の瓶《かめ》と椀とセットになった低い脚付きの長方形の盆のようなものが早い例である。飛鳥、奈良時代になると中国・朝鮮から机・案《あん》・卓などさまざまなつくえが入ってきたが、日本語ではこれらをすべて「つくえ」と呼んでいる。

『日本書紀』や『古事記』には「百取机」などとみえ、数多くのものをならべる台を意味していたと考えられる。十世紀前半の『和名類聚抄《わみょうるいじゅしょう》』には「和名　都久恵《つくえ》　案に属するなり」と記しているから、中国から伝わった案（宮中の祭事や神事の際に用いられる台）と同じ意味合いで使用していたことがわかる。

鎌倉時代には出文机《いだしふづくえ》といって僧房の書斎の一隅を縁側に突きだして明かり障子を入れて机を作り付ける様式が生まれたが、文机が一般に普及するのは江戸時代になってからである。特に、十八世紀に入って増加した寺子屋で使用されて普及した。寺子屋では教師は一般の文机を用い、生徒は甲板の両側に板脚が付いた天神机《てんじん》を用いた。この天神机は生徒各自の負担で、入塾するとき持って行き退塾するとき持ち帰った。

近代になると、一八七一年（明治四）に政府が率先して椅子の使用を勧めたため、役所や会社において椅子と事務机の使用が急速に広がった。学校においても一八七〇年から八〇年にかけて欧米の学校設

図104　寺子屋の天神机（鍬形蕙斎『近世職人尽絵詞』〈19世紀〉より）

備に関する文献が翻訳・紹介されたため、徐々に学校建築の洋風化と椅子座化が進んだ。

現在では読書や物書きに使う文机、仏前におき香炉などをのせる前机、経を読むときに使う経机、食事のときの食卓、さらに学習机や事務机など多種多様な机が用いられている。ちなみに学習机という名称の机が作製されたのは一九七〇年代の高度経済成長期のころで、中高校生向けのスチール製の平机（収納用の袖引出がついていない机）であった。そして八〇年代にはいまも流行している木製の学習机が作られるようになったという。

（木村　茂光）

参考文献　小泉和子『家具と室内意匠の文化史』（一九七九、法政大学出版局）、同『室内と家具の歴史』（中公文庫、一九九五）

検地の役人も持っていた手控え帳

手帳

江戸時代の検地の際、田畑一枚ごとの等級・面積・石高・耕作者名を記すため検地役が携行した手控え帳や、俳諧師《はいかいし》や戯作者《げさくしゃ》が時々の心覚えなどを書き込む帳面を手帳と呼んだが、明治時代に入り、政府が関連法規や職務の心得などを記して配布した警察手帳や軍隊（人）手帳が、いまでいう手帳のはじまりだという。ちなみに、警察手帳は一八七四年（明治七）八月に配布した「巡査手帳」が最初とされる。

しかし、警察手帳と軍隊手帳は、スケジュールや重要事項を記入する現在の手帳と違って、身分証明書としての機能が主であった。そのため、軍隊手帳には所属の軍隊名や身分を記入した詳細な履歴書も付けられていた。

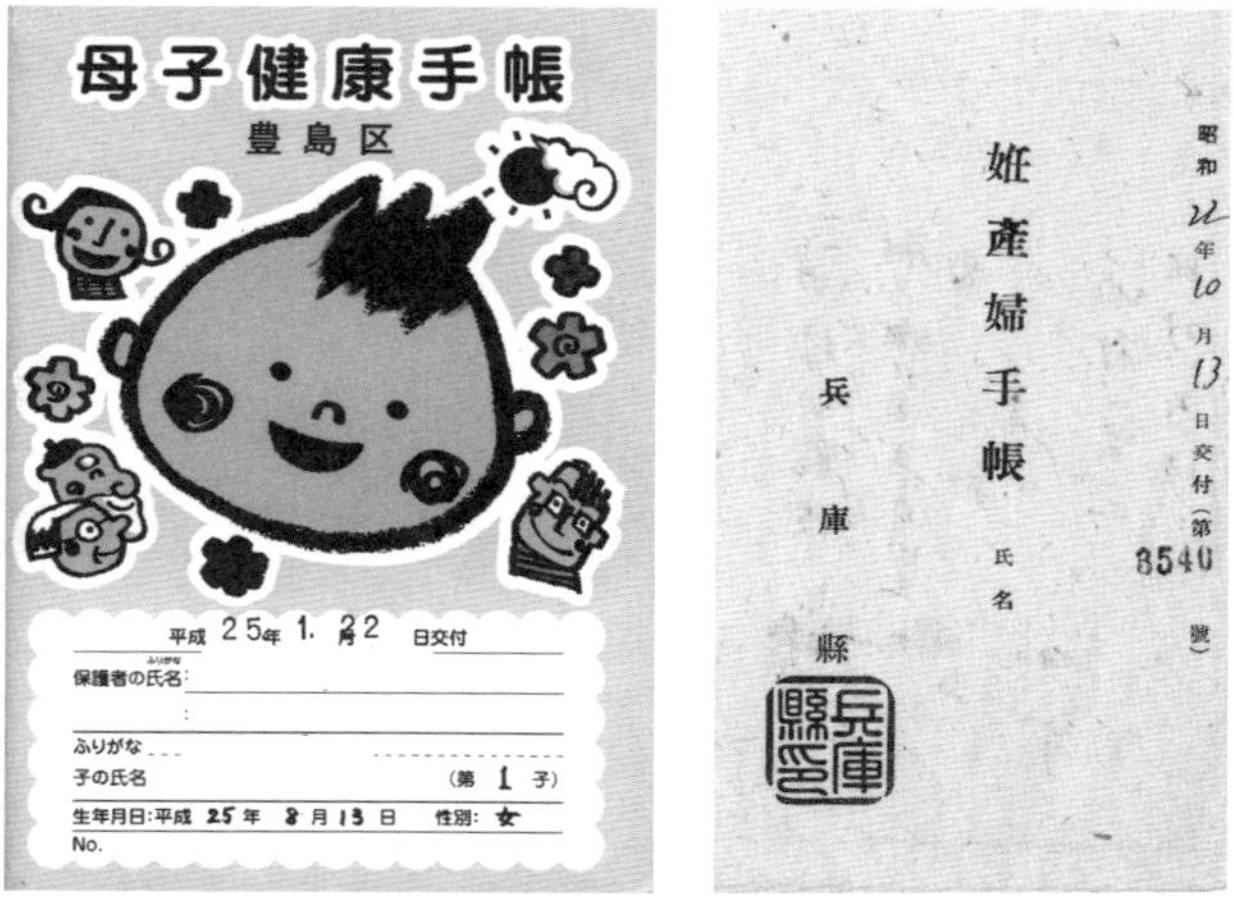

図105　2010年代の母子健康手帳(左)と1947年(昭和22)の妊産婦手帳(右)

民間で手帳が作り始められたのは大正初年で、発行元は横浜馬車道の文寿堂である。一九四九年（昭和二十四）に日本能率協会が法人・会員向けに「時間目盛り」を入れた「能率手帳」を制作・販売したところ、それが人気を博したため、五八年市販することによってビジネス手帳の先駆けとなった。

一九六三年（昭和三十八）には手帳ブームとなり、六四年にはバインダー仕様で、さまざまな用途の用紙が交換できるシステム手帳が発行された。つづいて八〇年代後半には電子手帳が発売されたが長くは続かなかった。

図106　歴史手帳（2020年版、吉川弘文館）

現在、生徒手帳や年金手帳、障害者手帳、母子健康手帳など、その用途に応じたさまざまな手帳が発行されている。なかには母子健康手帳のように社会の事情に応じて変化してきたものもある。母子健康手帳は一九四二年に発行された妊産婦手帳をもとに、四八年には児童福祉法に基づいて母子手帳となり、さらに六五年に発布された母子保健法によって母子健康手帳となった。

参考文献　田中経人『文具の歴史』（一九七二、リヒト産業）

（木村　茂光）

政務や事件の公的な記録

日記

日々の出来事を備忘のために記したもの。日次記《ひなみき》ともいう。日次記以外の日記を大きく区分すると、特定の事件や事柄に関する報告書である事発《じはつ》日記・申詞《もうしことば》日記、勘問《かんもん》調書にあたる問注《もんちゅう》記《き》と、『更級《さらしな》日記』や『紫式部日記』など文学作品としての日記があげられる。

日本最古の日記は、『釈日本紀《しゃくにほんぎ》』に引用されている「安斗智徳《あとのちとこ》日記」（六七二年の壬申の乱の回想録の一部）や『日本書紀』に所載されている七世紀末の「伊吉博徳《いきのはかとこ》書」（第四次遣唐使に随行したときの紀行記録）であるといわれるが、日記原本としては正倉院文書に伝存する七四六年（天平十八）の具注暦《ぐちゅうれき》（朝廷の陰《おん》陽寮《みょうりょう》が作成・頒布した暦）の空間に書き込まれたものが最古だという。平安時代に入ると日記の伝存例は大幅に増大する。

このように、七、八世紀に始まり九世紀ごろからほとんど切れ間なく日記が残っているのは他の国々に例をみない現象である。ちなみに、ヨーロッパでは、年代記はカロリング朝（七五一—九八七）以前から修道院や教会で書かれたが、日記では一四〇五年から四九年まで書き続けられた「パリ一市民の日記」が現存する最古のものだという。

記録としての日記は日次記と別記《べっき》に分けられる。日々の行動や事件を書き連ねた日次記は九世紀後半から確認でき、宇多天皇日記・醍醐天皇日記・村上天皇日記（「三代御記《さんだいぎょき》」という）などがある。初期の日記は具注暦の空間に書き込んだものが多く、巻子仕立てになっている。世界記憶遺産に認定された国宝の『御堂関白記《みどうかんぱくき》』（関白藤原道長の日記）が代表的である。

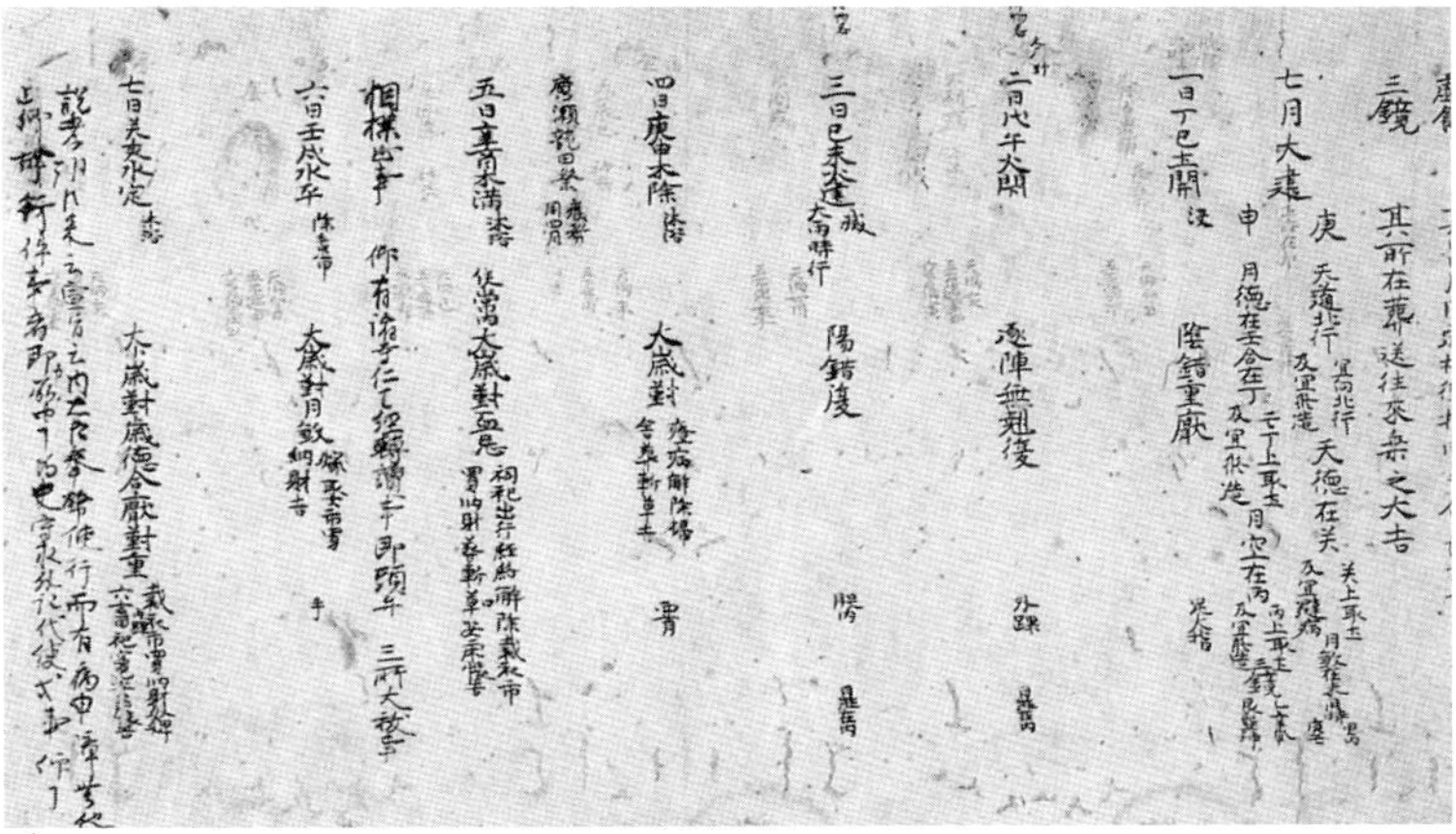

図107 『御堂関白記』

　このように初期の日記に天皇や上級貴族の日記の多いのは九世紀末に律令制が崩壊し、国家の歴史である正史が編纂されなくなったため、政務や儀式を遂行する際、重要な先例や故実を記録しておくためであった。実際、十世紀中ごろに右大臣藤原師輔《ふじわらのもろすけ》が書いた「九条殿遺誡《くじょうどのゆいかい》」の一ヵ条には「毎日起床後、まず昨日の公の事や私事で留めておくべき事は暦に注して忘失に備えよ」と記されている。このような動向のなかから日記を書くことを家業とする「日記の家」が誕生した。

　別記は特定の事柄について日次記とは別に詳細な記録を残すために書かれたもので、『政事要略《せいじようりゃく》』追《つい》儺事《なのこと》に引かれた七九〇年（延暦九）閏三月十五日の「外記《げき》別日記」が早い例である。それ以外にも大嘗《だいじょう》祭《さい》の別記や熊野詣《くまのもうで》の別記などが多数残されている。

　中世までの日記のほとんどは公家や僧侶・武家などが書き残したものだが、江戸時代前期になると村役人や上層町人も日記を書くようになった。その内容・形式はさまざまだが「役用日記」「経営日記」「旅日記」「農業（農事）日記」などに分けられる。

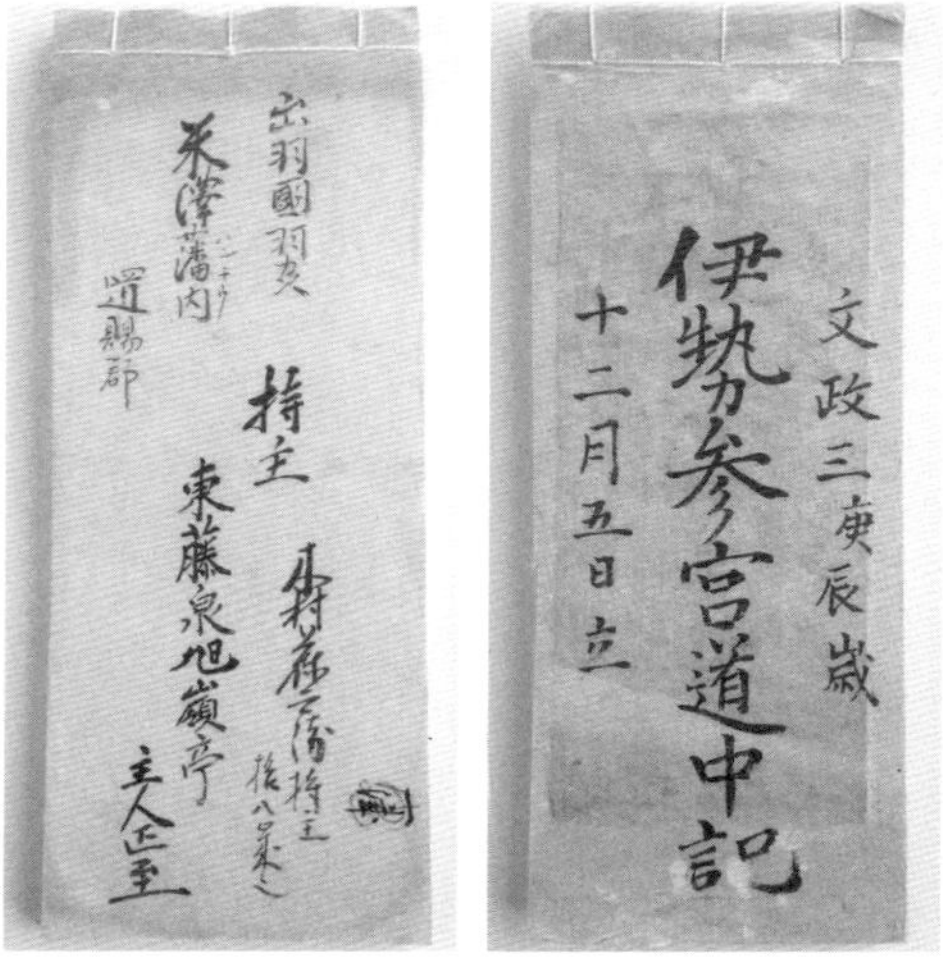

図108　『伊勢参宮道中記』（1820年）

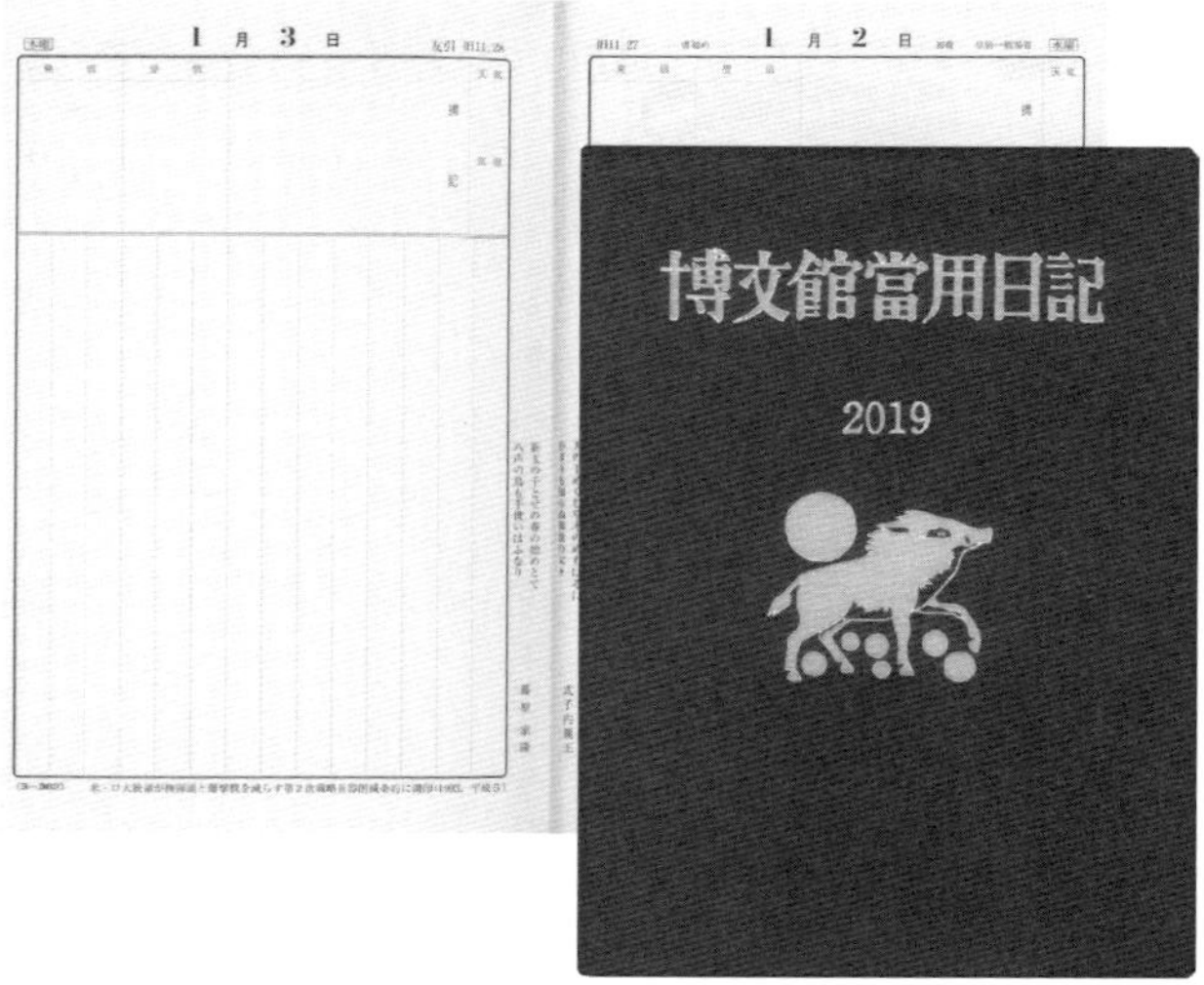

図109　当用日記（2019年版、博文館新社）

「役用日記」は名主・庄屋などの村役人が職務上の事柄を記録したもの、「経営日記」は金銭出納を合わせ記したもの、「旅日記」は道中記で社寺参詣の様子や出来事を記したもの、「農業日記」は作付けなどの日々の農作業の内容を記したものである。たとえば、東京都八王子市石川家の「諸事覚《しょじおぼえ》日記」は一七二〇年（享保五）から二〇〇年以上にわたって書き継がれている。

近代になると日記の利用は一般庶民にも広がり、現在も広く使用されている「当用日記」は一八九五年（明治二十八）末に博文館が発行した「懐中《かいちゅう》日記」、翌年に発行された「当用日記」がはじまりといわれている。

簡便な日記が販売されるにしたがって日記の書き手も広がり、現在さまざまな階層の日記が残されている。たとえば、政治家や実業家の日記は同時代の政治や経済の内情を語っており、軍人や兵士の日記は戦争の実態と悲惨さを示している。どちらも公的な記録に表れない複雑な事柄が記されていて、その史料的価値は高い。また、文学者の日記のように、筆者の内面の苦悩や快楽、さらに思索の過程を示すものも残されている。

これは日記ではないが、明治時代中期に欧米から教育に導入された家計簿は、一九〇四年、羽仁もと子の考案によって広く日本社会に受け入れられることになったが、そこに記された日ごとの家計の記録も広い意味で日記に相当し、当時の家庭事情や世相を知る上で貴重である。

参考文献　飯倉晴武『古記録』（日本史小百科、一九九八、東京堂出版）、髙橋秀樹『古記録入門』（二〇〇五、東京堂出版）、西川祐子『日記をつづるということ』（二〇〇九、吉川弘文館）

（木村　茂光）

売る・買う

アメリカ発の大規模小売店システム

スーパー・マーケット

起源は、アメリカの世界恐慌期にさかのぼる。一九二九年、イリノイ州でマイケル・J・カレンという食料品店の社員が実験店舗を開いた。それは大評判を得たが、周辺小売店の反対を受け、閉店に追い込まれた。彼は、実験店舗の採用を会社に求める上申書を書くが、これはのちに「スーパー・マーケットのバイブル」と呼ばれる。その中で彼は、地価の安い場所に、駐車場付きで大きな店舗をつくり、二〇%を対面販売、八〇%をセルフサービスにし、卸値に近い低マージンで商品を販売すると書いていた。この「前人未踏」の試みは会社に無視されるが、カレンは三〇年、ニューヨークで「キング・カレン」という食料品店を開くことになった。これがアメリカのスーパー・マーケット第一号となった。

その後、アメリカのスーパー・マーケットは急速に伸び、七〇年までの四〇年間に、三万八三〇〇店となった。これは全米の食料品店の一八・四%であり、全食料品店売上の七五・四%にあたる約六六七万ドルを売り上げたといわれる。

日本におけるスーパー・マーケットの原型は、「現金、安売り、掛値なし」をモットーにした三井八郎右衛門の越後屋に求める説もあるようだが、このような大規模な近代的合理化の試みは、戦後におけるアメリカからの輸入によるものであるという。日本においては一九五三年（昭和二十八）の東京青山の紀ノ国屋が初の出店であるというのが通説だが、水口健次は、「真にスーパー・マーケット第一号店」といえるのは、五六年、福岡県北九州市小倉区（当時の小倉市）にできた丸和フード・センターではないかという。その売場面積は紀ノ国屋の一一五平方メートルに比べて約四〇〇平方メートルと格段に広く、レジスター五台も導入されたという。

日本のスーパー・マーケットは、高度成長期の一九七〇年（昭和四十五）時点で、ダイエー（年間売上一四二九億円）、西友ストア（同一二〇〇億円）、ジャスコ（同九五九億円）、ニチイ（同八〇〇億円）の順になっている。さらに七二年にダイエーは、小売業界の売上高で三越を抜いて一位になった。その一方で、小規模小売店とは取扱商品が重複するうえに、多くの場合、より安価で販売をしたため、次第に緊張関係を生み出していった。大規模小売店舗法（七四年施行）によって店舗面積や営業時間などについて多くの規制が加えられ、小規模小売店とのバランスをとることが目指されていたが、消費者のニーズや貿易をめぐる国際関係の影響から九〇年代に大幅な規制緩和が行われ、二〇〇〇年（平成十二）には大規模小売店舗法自体が廃止となった。

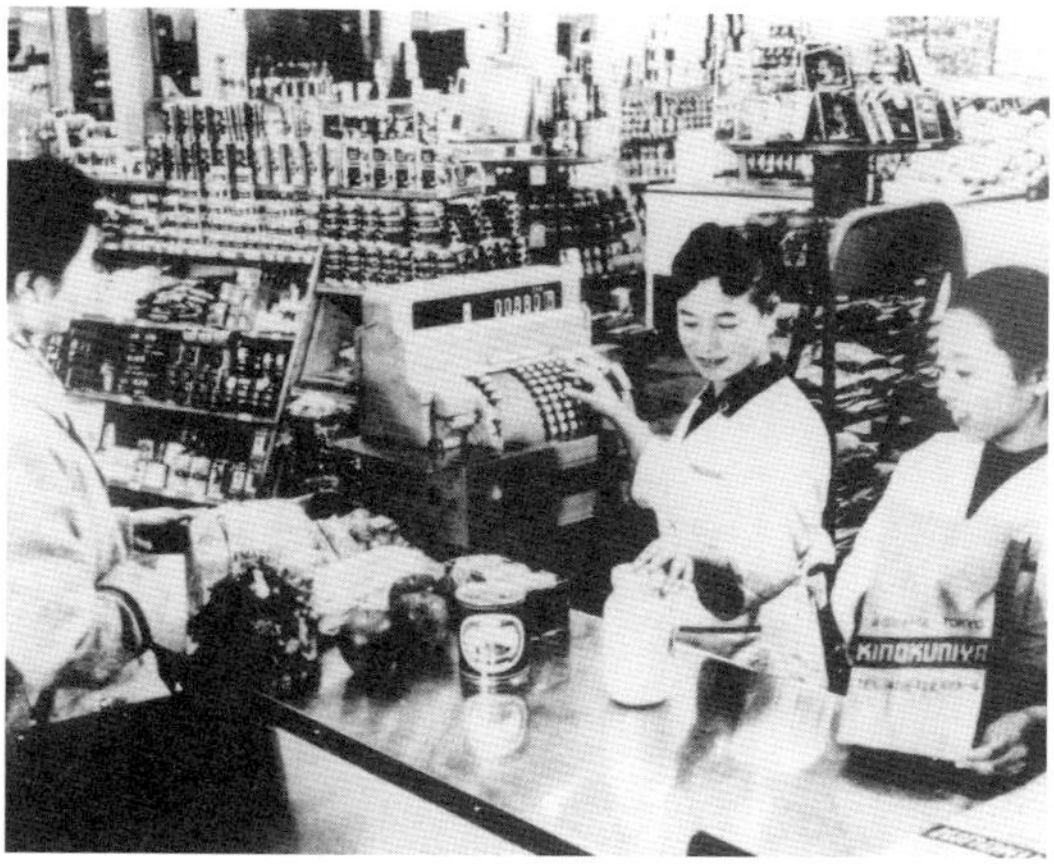

図110　1953年（昭和28）に開店した紀ノ国屋

参考文献　水口健次「スーパー・マーケット」（石川弘義他監修『アメリカンカルチャー』2、一九八一、三省堂）、廣田誠『日本の流通・サービス産業』（二〇一三、大阪大学出版会）

（安田　常雄）

明治時代から煙草、切手、飲料へと展開

自動販売機

通貨（硬貨・紙幣）またはこれに代わるカード等の挿入により、自動的に物品、サービス、情報を提供する機械装置（日本自動販売機工業会）。自販機ともいう。

その起源は紀元前のアレキサンドリアにさかのぼり、エジプトの寺院が聖水を売るための装置ともいわれる。そこでは硬貨を入れるとその重みで栓が開き、水が出てくる仕掛けであった。現存する最古の自販機は、一六一五年にイギリスの居酒屋や宿屋に置かれた煙草自販機で、半ペンスを入れると留金がはずれ、フタが開き煙草を取り出すという機械であった。その後十九世紀の西欧では、書物、切手、菓子、ブドウ酒の自販機が出現している。

日本では発明家俵谷《たわらや》高七《たかしち》による煙草・物品の自販機が最初であり、一八八八年（明治二十一）のことであった。その後大正期には菓子、切手、昭和期には切符などの自販機が現れたが、戦時体制下の鉄鋼製品製造禁止の命令で中断された。

戦後の自販機は、一九五三年（昭和二十八）の手動入場券自販機にはじまり、高度成長期にかけてジュース、ガム、煙草などの自販機が普及した。特に六一年、星崎電機によって開発された「オアシス」という名の噴水式ジュース自販機は、爆発的なブームを出現させた。この時代のブームの背景には、高度成長による労働力不足があり、技術の革新と合理化が要求された。なかでも容器の革新、具体的には瓶・缶飲料の登場であり、特に五七年、日本市場に進出した日本コカ・コーラ社の販売戦略が大きな影響を与えた。その後、六〇—七〇年代には、多種多様な自販機が開発され、急速に普及していった。た

とえば、新三菱重工業のカップ式インスタントコーヒー（六二年）、国鉄による首都圏、関西圏を中心とした乗車券自販機の大量設置（六八年）、「ワンカップ大関」で成功した瓶容器入り自販機（六九年）、週刊誌自販機（七〇年）、瓶ビール自販機（七一年）、アイスクリーム自販機（七四年）、ホット&コールド方式のカップ式コーヒー自販機（七四年）などと続いていった。自販機の設置台数は、六四年末の二三万台から、七〇年には一〇〇万台を越え、そして八〇年代半ばには五〇〇万台に達し、その後ほぼ横ばいとなった。その結果、人口当たりの普及率で日本は世界に比類のない「自販機大国」となっている。

しかし他面では「空き缶公害」や未成年者の飲酒・喫煙対策問題などがあり、以下に記した、一九七五年（昭和五十）六月六日の衆議院予算委員会で議決された「警告決議」の精神は、依然として現在の問題でもある。「最近、急増している自販機については、構造上の欠陥から生ずる事故、食品販売にみられる不衛生、酒類・たばこ販売に起因する飲酒運転・未成年者の飲酒・喫煙のほか、いわゆるあきかん公害など、種々の弊害が見受けられる」。

図111　1961年（昭和36）発売の自動販売機「オアシス」

参考文献　日本自動販売機工業会年史委員会編『自動販売機20年史』（一九八三）、鷲巣力『自動販売機の文化史』（集英社新書、二〇〇三）

（安田　常雄）

都市の流行商品を地方へ送り出す

通信販売

販売業者が店舗ではなく、カタログ、テレビ、インターネットなどを用いて商品を提示し、受注・販売を行う販売方法。

通信販売の起源は、十九世紀末のアメリカのシアーズ・ローバック社にさかのぼる。ミネソタ州の鉄道会社の電報係であったリチャード・シアーズは、ある日、町の時計商が時計会社から委託販売で預かった時計を返品するという電報をうちにきたとき、あるアイディアが閃いた。彼は鉄道会社で働く人たちのなかに、このような売れ残りの時計をほしがる人がいるのではないかと考えた。彼は試しに時計屋に頼んで返品するはずの時計を預かり、仲間に手紙を出してみた。結果は大きな反響を呼んだ。最寄りに時計屋がなく、こうした機会を待っていたたくさんの仲間がいたのである。シアーズは時計会社に大量注文を出し、手紙による本格的通信販売を開始した。彼は時計だけではなく、都会から離れた地方では手に入りにくい品物のカタログを作り、これを郵送し、代金を添えて申し込めば商品が送り届けられるシステムを普及させた。これがシカゴに本拠をおくシアーズ・ローバック社のはじまりだった。

アメリカではこの少し前に、モントゴメリー社も同じような通信販売を始めていた。両社は激しく競争したが、シアーズ社が全米を対象にしていた点で優位に立ったといわれている。しかしカタログを最大の武器にしている点では同じであり、一九八一年時点で、年二回発行される総合カタログは、シアーズ社で約一五〇〇万部、モントゴメリー社で約一〇〇〇万部発行されているといわれる。

日本においては一八七六年（明治九）に津田仙《つだせん》が

『農業雑誌』において「郵便注文営業」による種苗の販売を始めたのがはじまりであるとされる。ここでも代金引換をはじめとする郵便制度と結びついて地方在住の消費者を取り込もうとした。

また大正期では、主婦之友社代理部（一九一七年〈大正六〉創設）の試みが大規模な通信販売の草分けともいわれている。ここでカタログ代わりに使ったのは、雑誌の案内ページであった。そこでは「営利を離れて読者の便宜を旨とし、実用的な品物ばかりを扱う」とし、薬品、家庭用健康・医療器具、化粧品、洋装類、美容・装身具、家庭用品、育児用品をはじめ、ひな人形や五月人形なども扱った。

百貨店による通信販売は、一九〇〇年（明治三十三）前後に始まるとされ、高島屋、三越、白木屋、松屋、松坂屋などが参入し、日本の消費形態に大きな影響をもたらした。

しかし、百貨店の通信販売が大量販売と結びついたのは、戦後であった。たとえば、高島屋では一九五四年（昭和二十九）に通信販売を本格化させたが、そこでは東京店で売れ残った商品や、いくぶん流行遅れとなった商品を地方へディスカウントして販売する形をとった。だが、都市と地方との経済的・文化的な格差が縮小されていくにつれ、在庫処分的な通信販売では消費者のニーズに対応できなくなり、高島屋では六二年ごろから、都市における通信販売を主体とし、同時に百貨店のイメージを売るという方針に切り替えた。つまり、「通信販売とは、もともと中間業者を排除し、良い商品を安価にどこへでも提供するといった販売方法であることを強調し、長い歴史を持つ百貨店が責任をもって実施するというイメージづくりをカタログで徹底させたのだ」（森彰英）。他の百貨店もおおむね同じような販売方法を採用していった。

また百貨店以外にも、一九七〇年代に開始された

図112　『ポパイ』創刊号（1976年）

テレビショッピングによって、販売者が発信する情報量が巨大化し、通信販売は広く社会に普及することになった。

同時に、戦後日本において通信販売が本格化する大きなきっかけになった対外要因は、一九七三年（昭和四十八）のシアーズ・ローバック社の上陸だったといわれている。当時、売上高三兆円といわれた世界一の小売業の上陸、西武流通グループとの連携によるシアーズ商品のカタログ販売開始というニュースは、大きな脅威として受けとめられ、以後、日本の百貨店・専門店は、通信販売の本格化に力をいれていく。その象徴的な表れは、商品カタログの充実であり、美しいカラー写真と大胆なレイアウトによるカタログ文化が広がることになった。カタログ化した雑誌『ポパイ』（平凡出版、七六年創刊）はその象徴の一つであり、その魅力は「男の子が『素敵な生活』をすることを、堂々と肯定した」ことにあった。また八一年には『通販生活』（カタログハウス）も創刊され、それは単なるカタログ誌ではなく、商品の説明が必ずあり、愛好する人のエッセイなども掲載された。やや後のことだが、この雑誌は東日本大震災の直後に、原発事故に焦点を絞り、「一日も早く原発国民投票を」という三回連続の特集号（二〇一一年〈平成二十三〉秋冬号）を組んで注目された。そこでは「賛否両論併記という従来のスタイルを踏襲しません」と書き、「脱原発」を主張していた。

森彰英は、一九八〇年代に、本来都市の消費文明から隔絶された地方に商品を提供する発想でスタートした通信販売が、「現在では、むしろ都会在住者のあいだで利用されているのはなぜだろうか」という問いを投げかけ、答えている。第一は都市中心部の過密化と住宅地のスプロール化である。同じ都市の中でも中心部から離れた周辺地域の住民たちは、最寄りのタウンでは自分のセンスにあわないが、都心部に行く時間がないため通信販売が利用される。第二は仕事、育児、地域の活動などで、ショッピングの楽しみを味わえない女性の増加である。カタログは「居ながらにして店内を歩きまわっているような気持ちを味わわせてくれる」。そして第三は電話による注文の迅速化である。さらに現在では、九〇年代後半以後のインターネット通信販売（Amazonなど）に及んでいる。同時にこうした通信販売文化の隆盛の背後には、店頭で買えない商品や買うのがためられる商品などの裏の通信販売文化も機能しており、また悪質な詐欺的商法が社会問題化することともなり、七六年（昭和五十一）の「訪問販売等に関する法律」制定のきっかけともなった。こうした通信販売文化の隆盛は、消費の自由とその平準化へ向けての強力なシステムとなっているが、こうした機能的消費社会のあり方そのものを問う視座がその中からどのような形で生まれるかは今後の課題であろう。

参考文献　森彰英「通信販売とカタログ文化」(石川弘義他監修『アメリカンカルチャー』3、一九八一、三省堂)、水沢慧「通販生活」(『思想の科学』五一八、特集「現代雑誌名鑑・不完全版」、一九九四)、満薗勇『日本型大衆消費社会への胎動』(二〇一四、東京大学出版会)

（安田　常雄）

人とつながる

外交の国書が最古の手紙

手紙

書状・書札《しょさつ》・書簡・消息《しょうそく》などともいう。また日本語では一般的に「ふみ」とも呼ばれる。漢語では書《しょ》翰《かん》・尺牘《せきとく》・寸楮《すんちょ》などという。

「手紙」の称は江戸時代になってから使用されたようだが理由は不明である。手紙といっても政治・外交で使用される公文書から私的・日常的な音信まで多様であるが、一般的には個人的な私信を指す場合が多い。

日本における最古の手紙は外交文書で、四七八年に雄略天皇が宋の順帝に送ったのがそれである。次に六〇七年（推古天皇十五）に推古天皇が遣隋使の小野妹子に持たせた隋の煬帝《ようだい》宛ての「日出づる処の天子」云々で始まる有名な国書＝書簡である。

奈良時代になると私信の手紙も残されており、正倉院文書には万葉仮名で書かれた手紙もあり、『万葉集』の詞書には大伴《おおともの》旅人《たびと》らの尺牘文も残されている。平安時代になると唐の影響を受けた名筆家も現れ、空海が最澄に送った漢文体の手紙である「風《ふう》信帖《しんじょう》」や、藤原佐理《ふじわらのさり》が大宰府に赴任する途中長門国から京都の藤原誠信《しげのぶ》（「さねのぶ」とも）宛てに出した「離洛帖《りらくじょう》」など書道として有名な手紙が残っている。

和文の手紙は、仮名の発明と普及により女性作家が書いた物語や日記など文学作品にみられる。たとえば『竹取物語』には五通の手紙が書かれているし、『源氏物語』には数百通の手紙が含まれている。また『紫式部日記』の後半には「消息文」と呼ばれるまとまった記事が収録されている。

このように手紙が普及するに伴いその書き方も問題となり、模範の文例集を収録した書物も現れた。

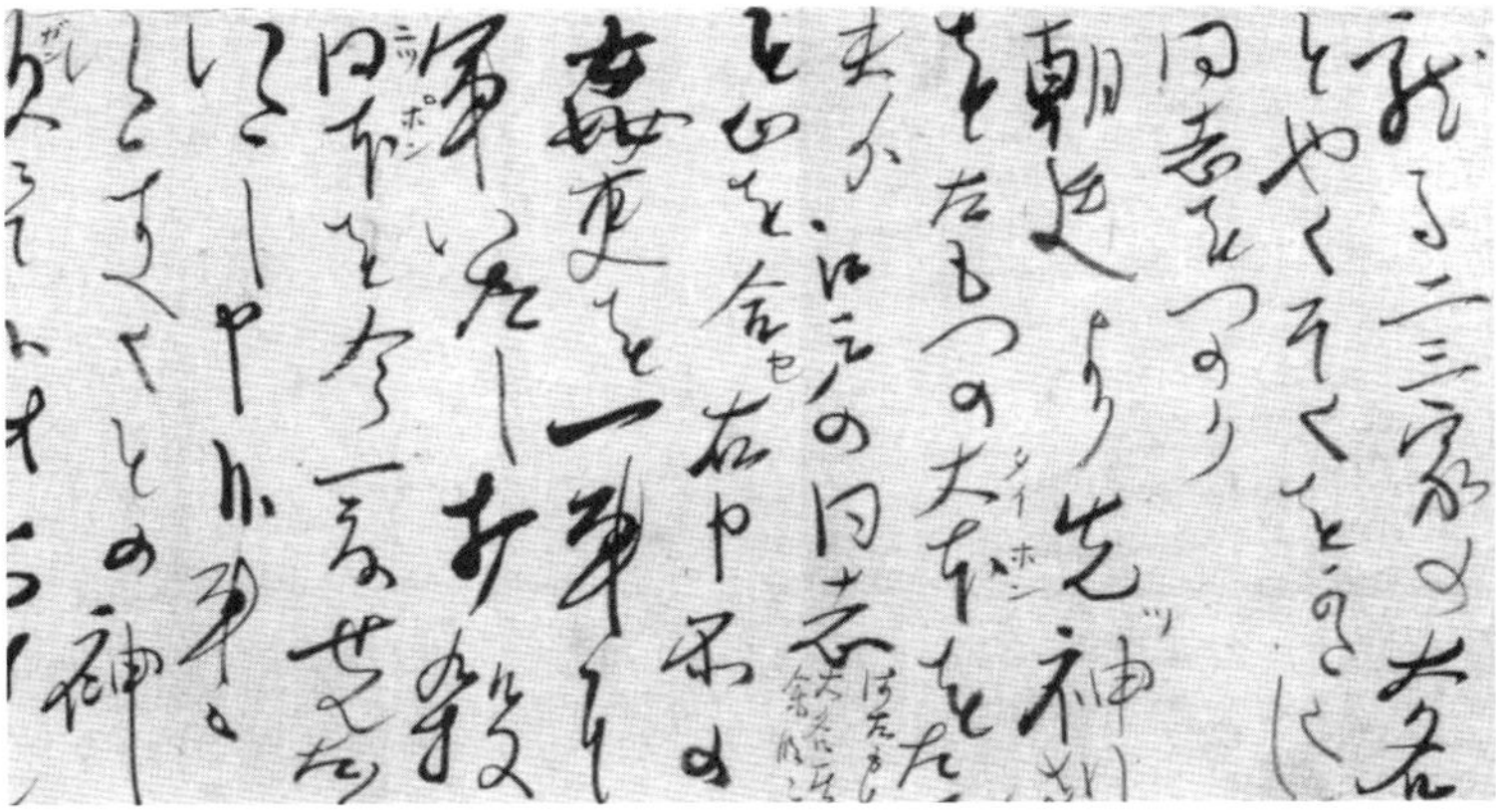

図113　坂本竜馬から姉乙女へ宛てた手紙（1863年〈文久３〉６月29日、部分）「日本を今一度せんたくいたし申候」の文言がみえる。

その早い例が平安時代中期の文人貴族藤原明衡《あきひら》が著した『雲州《うんしゅう》往来《おうらい》』（『明衡消息』とも）で、季節や用件に合わせた二〇〇通余の文例が収められている。これら手紙の作法に関する書物は鎌倉時代に入ると「書札礼《しょさつれい》」としてまとめられ、藤原忠親《ただちか》が著したという『貴嶺問答《きれいもんどう》』がその嚆矢といわれる。

古い時代の手紙は文学・語学・書道史・美術史さらに歴史の史料としても重要であるが、あくまでも私信としての一回性のものであるため使用後は廃棄されることが多い。しかし、反故《ほご》にした手紙の裏を他の用件に利用したため偶然残された紙背文書《しはいもんじょ》などもあり、貴重である。

参考文献　小松茂美『手紙の歴史』（岩波新書、一九七六）

（木村　茂光）

駅制、飛脚から郵便へと至る通信制度

郵便

書簡や葉書などの郵便物を国内外の宛先へ送達する通信制度。「郵便」の語は、「切手」などの語とともに、「郵便制度の父」と称されている政治家前島《まえじま》密《ひそか》が選定したものである（「郵」は宿場、「便」は手紙を指す）。

近代郵便制度が確立する以前から、国内にはのちの近代郵便制度に連なる通信制度が存在しており、奈良時代にはすでに唐に倣った駅制が律令国家により整備されていた。奈良時代、諸国は行政上、畿内と七道（東海道、東山道、北陸道、南海道、山陰道、山陽道、西海道）というエリアに区分されていたが、この七道には、国家が早急に重要事項を諸国に伝達し、また、諸国からも緊急の連絡事項を中央に伝達するため、文書を携えた役人が馬に騎乗して諸国の国衙と平城京を最短時間で往還できるような直線道路が整備されていた。これらの直線道路もまた、七道と同じ名称で呼ばれていた。近年、全国各地で発掘調査が進展し、その道幅は六～一二メートル《メートル》を測り、約一六キロ《キロ》ごとに駅家《うまや》が置かれていたことが判明した。それぞれの駅家には馬が常備されており、中央または諸国から文書を携えた役人は、各駅家で馬を乗り継いで目的地に至るという制度であった。換言すれば、騎馬による文書配達制度である。全国（七道諸国）を網羅したこのような国家制度は、中世以降は姿を消すが、中央集権国家であった日本の古代国家を象徴する国家的な通信制度であった。しかしながら、国家的な通信制度であったがため、国家それ自体が衰退するとその制度もまた同様に衰退していくのは必然のことであった。

古代国家の衰退と軌を一にして駅制が衰退すると、

中世以降の前近代社会にあっては、信書はもとより、金銀や為替《かわせ》、貨物などの送達を人夫が請け負う飛《ひ》脚《きゃく》制度が盛行した。鎌倉時代には、鎌倉と京を結ぶ鎌倉飛脚や六波羅飛脚が存在したようであり、京の六波羅から鎌倉までを、最短で三日ほどで結んだとみられている。この飛脚制度が、より安定した通

図114　継ぎ飛脚(葛飾北斎「冨士百撰　暁ノ不二」より)

信機関として機能したのは江戸時代であった。江戸時代には、いわゆる五街道とその宿場が整備され、これを利用して飛脚制度が発達した。主に公儀が利用した継《つ》ぎ飛脚、大名が利用した大名飛脚、そして武家や町人が広範に利用した町飛脚など、さまざまな飛脚が存在した。こうした飛脚制度は、近代郵便制度に比較すると、その費用は高価であり、江戸・大坂間は同一業者がこれを担当したものの、多くの区間は別業者に交替するため、連携が上手くいかないことも少なくなかったようである。

こうしたなか、明治期に入ると、西欧諸国の郵便制度の存在を学んだ明治維新政府は、逸早く近代郵便制度の創設を図った。一八七一年(明治四)には、駅逓司《えきていし》に勤務していた前島密の提案で、イギリスの郵便制度を中心に考案された、初の近代的な郵便制度がスタートした。各地の地方名望家の協力を得て、郵便取扱所が全国に展開し、市街地には「書状箱」

図115　明治10年代の東京郵便局公衆室（「郵便現業絵図」〈1885年〉より）

（郵便ポスト）も設置された。また、書簡に貼って郵便料金が支払い済みであることを示す切手（手彫り版画印刷の「竜切手」）も発行され、市中の売り捌き所で発売された。

　こうした近代郵便制度の創設に対して、当初、近世以来の飛脚は、飛脚料金を郵便料金の半額にするなどして対抗したが、前島は、飛脚問屋業界と折衝を続け、ついに飛脚問屋は、郵便制度と並行する陸運会社として再組織された。のちの日本通運である。また、一八七三年（明治六）からは、新たに郵便葉書も登場し、郵便制度は短期間のうちに市民生活の間に広く浸透していった。翌七四年には、国際郵便制度を司る専門機関であるUniversal Postal Union（万国郵便連合）が発足し、日本も七七年からこれに加盟している。こうして新たに発足した郵便制度は明治期から大正期、そして昭和初期にかけて順調に発展したが、その背景には、未だ一般家庭に電話が普及しておらず、最も安価で身近な通信手段といえば郵便制度しか存在しなかったという社会状況をみておかなければならない。日本は九四年の日清戦争以後、一〇年おきに日露戦争、第一次世界大戦と三つの戦争を経験するが、戦地の兵士と留守宅の家族とを結ぶ唯一の通信手段もまた手紙・葉書であり、政府はこれらの手紙・葉書を「軍事郵便」として無償化し、その制度はアジア・太平洋戦争時にも継承された。

図116　戦前の埼玉県氷川神社の絵葉書（大宮町役場・京都祇園観光社発行）

郵便制度は、その発足以来、国営化されてきたが、二〇〇七年（平成十九）には国民的な議論を経て民営化され、今日に至っている。現在では日常の些事《さじ》は、携帯電話はもとより、パソコンや携帯電話のメールなどで簡単に連絡できるようになったが、郵便制度それ自体が衰退することはなく、文書や書類を送付する際には、依然として郵便制度が重要な役割を果たしている。ただし、長く続いた年頭の挨拶を葉書を用いて行うという年賀状交換の習慣は、電話やメールという通信手段にその役割が交替しつつあり、年々その配達枚数は減少している。

（宮瀧　交二）

参考文献　石井研堂『明治事物起原』五（ちくま学芸文庫、一九九七）

明治二十年代に東京・熱海間に開通

電　話

電流・電波・位相の変化を用いて音声を電話信号に変換し、遠隔地の通話相手と会話をすることができる通信機器。

日本における電話の最初は、一八八九年（明治二十二）一月の、東京・熱海間での一般電話交換業務とみられている。翌九〇年の十二月には、東京・横浜間でも業務が開始され、さらに、九九年の二月には、東京・大阪間にも電話が開通したが、こうした電話の揺籃期には、未だ自動の電話接続は行われておらず、電話局に配置された電話交換手が利用者の依頼に応じて回線の接続を行なっていた。さらに一九〇〇年には、東京京橋に電話ボックスが設置され、のちに「公衆電話」と命名された。電話が開設された当初、通話者は「おいおい」と呼び掛け、電話に出た側も「はい、ようござんす」と返信していたようであるが、女性交換手が増加した時期に「申し上げます、申し上げます」と話していたのが省略されて「もしもし」になったと伝えられている。

アジア・太平洋戦争の直後には、未だ一般家庭には電話は普及しておらず、電話を持つ家庭は、近隣家庭の電話利用を「呼び出し」というかたちで支援した。やがて、市民生活の発展に伴い各家庭に電話は少しずつ普及し始め、高度経済成長期にはいわゆる卓上用の黒電話が広く普及した。電話は居間に置かれて大切にされたため、電話カバーを縫製してこれに被せることも流行した。また、街頭の公衆電話も徐々に増加し、一九五三年（昭和二十八）には赤電話が駅構内や煙草販売店に設置された。赤電話の上に一〇円硬貨を積み上げて、これを次々に投下しながら通話する風景も各所で見受けられた。公衆電話

図117　1900年（明治33）東京京橋に設置された公衆電話ボックス

は、のちに電話ボックス内に設置されるようになり、テレフォンカードというプリペイドカードでも使用可能となったが、後述のように携帯電話が普及すると、急速に街頭から姿を消して今日に至っている。このような家庭電話と公衆電話の急速な普及は、従来まで緊急の通信手段として利用されていた電報の利用数を激減させるとともに、明治初期以来続いてきた郵便制度にも大きな変化をもたらした。

一九八〇年代後半になると、携帯電話が登場し、さらに二十一世紀に入ると市民生活の間に爆発的に普及し、今日では、家族のそれぞれが携帯電話を持つことも珍しくなくなっている。また、二〇一〇年代に普及したスマートフォン（スマホ）にはLINEやTwitterなどのアプリを自由にインストールでき、通信手段はますます多様化している。

（宮瀧　交二）

参考文献　石井研堂『明治事物起原』五（ちくま学芸文庫、一九九七）

遊ぶ・楽しむ

貴族も庶民も興じた盤上の格闘技

囲碁

相対する二人が、盤（碁盤）上に縦横一九本の線を格子状に引いて作り出した三六一の交点（目）に、交互に白・黒の円形の石（碁石）を置いて陣を囲い、その数（目）の多さを競う盤上遊戯。「碁」ともいう。

囲碁の起源は古く、『論語』陽貨第一七の二二の中に「奕《えき》」すなわち囲碁の記述があり、古代中国・春秋時代の紀元前六〜七世紀以前まで、その起源はさかのぼるとみられている。この遊戯は、日本には遣隋使や遣唐使などによって伝えられ、奈良市の東大寺正倉院には、「木画紫檀《もくがしたんの》棊局《ききょく》」をはじめとする奈良時代の聖武天皇遺愛の碁盤三面と、白棊子《きし》（石英製）・黒棊子（蛇紋岩製）、紅牙撥鏤《こうげばちる》棊子・紺牙《こんげ》撥鏤棊子といった碁石が納められている。その後、囲碁は奈良・平安時代を通じて貴族階級を中心に広く普及した。

平安時代初頭に成立した日本最古の仏教説話集『日本霊異記《にほんりょういき》』中巻第一八縁には、奈良時代の天平年間（七二九—四九）のこととして、山城国相楽《そうらく》郡（現京都府）に暮らす男が、同所の高麗寺《こまでら》の僧とたびたび碁を打っていたという話が収められている。すでに八世紀の中葉、囲碁は民衆にも普及していたとみてよいであろう。さらに、十二世紀前半の成立とされている国宝『源氏物語絵巻』（五島美術館・徳川美術館蔵）にも囲碁の対局の様子が描かれている。

中世以降は、地方の武士や都市の民衆にも拡大・普及し、江戸時代に入ると徳川家康は囲碁の家元制（江戸幕府碁所《ごどころ》四家）を確立した。なかでも本因坊《ほんいんぼう》家は、京都寂光寺《じゃっこうじ》本因坊の僧であった算砂《さんさ》（一五五八—一六二三）を祖として隆盛したが、二一世秀哉《しゅうさい》（一八七四—一九四〇）の引退に伴い、一九三九年（昭和十

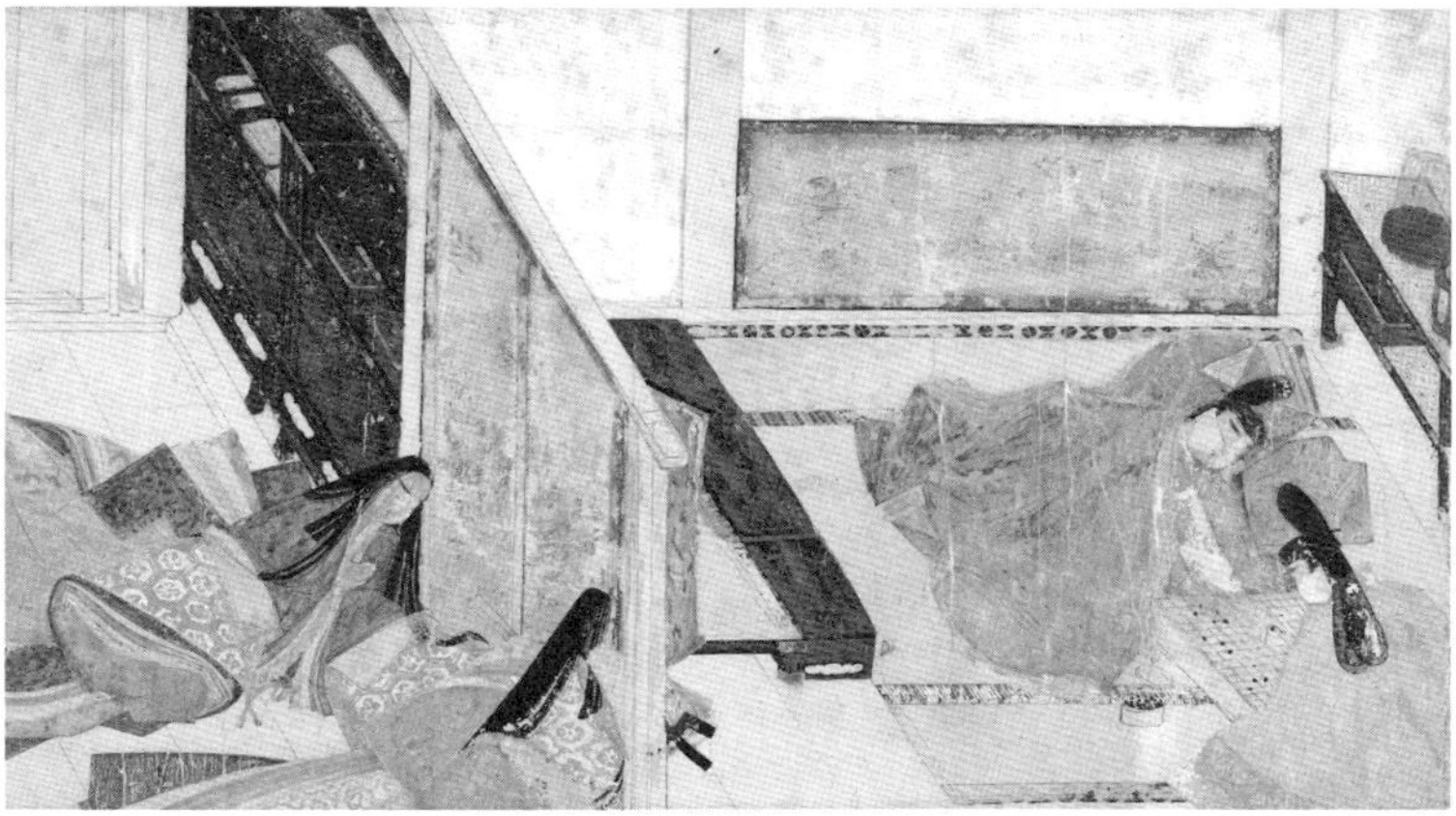

図118 『源氏物語絵巻』宿木(部分)に描かれた囲碁の対局

四)以降、本因坊の名は実力による選手権(本因坊戦)の覇者の冠号となって今に続いている。

現在では、本因坊戦のほかにも新聞社などの主催するタイトル戦が複数行われてその棋譜が新聞に連載されたり、新聞・雑誌に詰碁が載るなど、囲碁は将棋と並ぶ国民的遊戯として親しまれている。近年では、日本棋院関西総本部所属の棋士井山裕太(一九八九―)が、史上初めて七大タイトルを二度にわたって独占し(七冠)、二〇一八年(平成三十)には国民栄誉賞を受賞して話題となった。最近では、コンピューターとプロ棋士の対局も始まり、囲碁の将来は、ますます多様化していくとみられている。

なお、「布石を打つ」「碁盤の目のような模様」といった囲碁を起源とする慣用句も、日常会話の中で広く用いられている。

(宮瀧　交二)

参考文献　国立国会図書館編『囲碁・将棋文化史展』(一九八八)

室町時代に現行のルールが成立

将　棋

盤上の駒を交互に動かし、相手の最も重要な駒である「王将」を奪うと勝利する盤上遊戯。日本将棋ともいう。その起源は、古代インドのチャトランガというゲームといわれており、チェスや中国将棋もその派生とみられている。

日本への伝来は不明であるが、十一世紀中葉に成立した藤原明衡《ふじわらのあきひら》の『新猿楽記《しんさるがくき》』には将棋に関する記述があり、奈良市の興福寺境内からも「天喜六年」（一〇五八）と記された木簡とともに将棋駒が出土しているので、このころすでに普及していたことがうかがわれる。当初の大将棋（一三〇枚の駒）では駒は取り捨てであったが、鎌倉時代には中将棋（九二枚の駒）が生まれ、室町時代には「持ち駒」の利用が可能な現行の将棋（四〇枚の駒）が成立したようであり、戦国期の城館跡からは駒が出土することが珍しくない。

江戸時代に入ると、幕府は囲碁と同様、将棋でも大橋宗桂《おおはしそうけい》に俸禄を支給し、大橋は家元として将棋所《しょうぎどころ》を唱え、大橋本家・大橋分家・伊藤家による世襲名人（終身）が誕生した。天保期からは名人空位の時期が続き、一八七九年（明治十二）には家元の伊藤家から八代宗印《そういん》が第一一世名人を襲名したが、宗印は最後の家元世襲名人となった。

明治期以降は、新聞購読者数の増加に伴い、新聞紙面に詰将棋が掲載されたり、新聞社が主催する新聞棋戦の掲載が盛んになるなど、将棋人気は新聞読者を通じて広く庶民の間に広がった。一九三四年（昭和九）には、東京日日新聞社が囲碁・将棋の実力名人戦を企画し、八段九名による名人戦リーグが始まり、三七年、木村義雄が初代の実力制名人に決定した（就位は翌年）。

現在では、新聞社などが主催する八大タイトル戦（名人戦、棋聖戦、王位戦、王座戦、竜王戦、王将戦、棋王戦、叡王戦）や女流タイトル戦が行われ、その棋譜が新聞・インターネット上に連載されて注目を集めている。また、前人未踏の永世七冠を獲得した羽生善治（一九七〇―）のようなレジェンドの誕生や、藤井聡太（二〇〇二―）のような若手スター棋士の登場もあって、将棋は囲碁と並ぶ国民的遊戯として子どもから大人まで広く親しまれている。

なお、夕涼みがてらに団扇を片手に縁台で将棋を楽しむ光景（縁台将棋）は、昭和の庶民生活を象徴する夏の夕方の風景の一つでもあった。また、「優勝に王手」という表現や、高圧的な言動を取る人を「高飛車な人」と呼ぶ（飛車を自陣の前方に高く進め、相手を強圧する戦法に由来）など、将棋を起源とする慣用句も、日常会話の中に広く浸透している。

参考文献　国立国会図書館編『囲碁・将棋文化史展』（一九八八）

（宮瀧　交二）

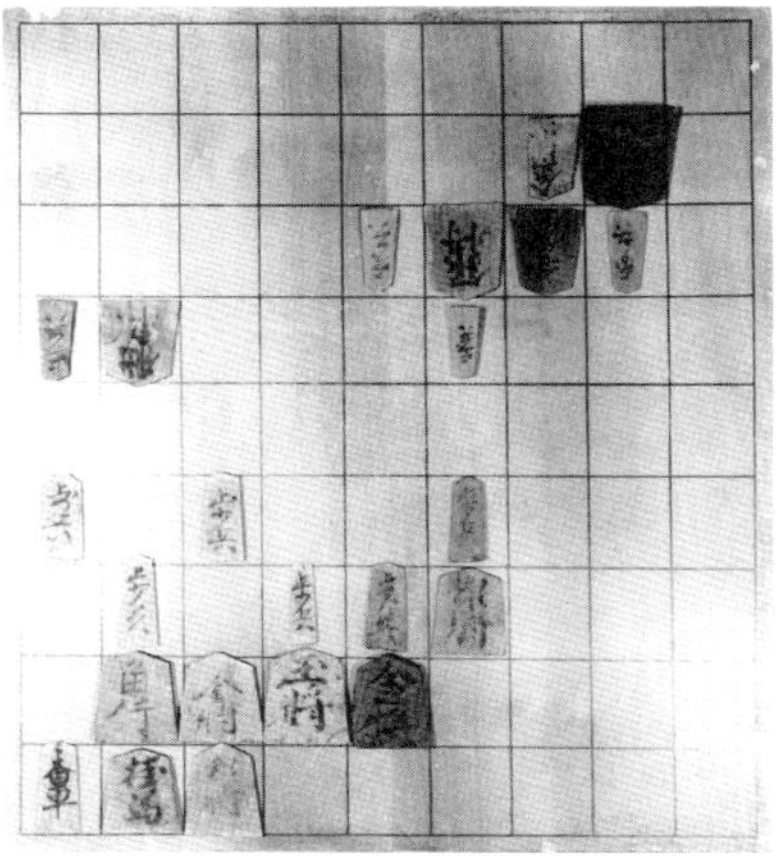

図119　福井県朝倉氏館跡出土の将棋駒

もとは銭を使った大人の遊び

面子

狭義には、力士、野球選手、時代劇俳優、マンガの主人公などを印刷した紙製の玩具。ひいては、これを用いた児童遊戯を指す。その遊戯は、互いが所持する面子を奪い合う賭博性の高いものが多かった。

その起源には諸説あるが、平安時代、十世紀前半に編まれた百科辞書『和名類聚抄《わみょうるいじゅしょう》』には、路上に銭を撒き散らして奪い合う「意銭《ぜにうち》」という遊戯が記載されており、当初は賭博性の高い貴族層の遊戯であったとみられている。

近世には、都市部の民衆の間で、意銭と同様の遊戯が「穴一《あないち》」と呼ばれて盛行しており、子どもたちは、大人の銭の代わりに細螺《きさご》の殻を用いて遊んでいたことが、十九世紀後半に成立した喜田川守貞《きたがわもりさだ》の随筆『守貞漫稿《もりさだまんこう》』に記されている。また、全国各地の近世遺跡からは、粘土でお多福や般若などのさまざまな意匠を型抜きして焼成した「泥面子」が出土しており（さまざまな意匠をかたどった「面模《めんかた》」と、銭を模した「面打《めんちょう》」に大別される）、これらもまた同様の遊戯に用いられた玩具と推定されている。

こうした遊戯を承けて、明治期には動物や魚といった生き物や、力士・軍配などをかたどった鉛製の面子が制作・販売され、さらに昭和期に入ると、さまざまな意匠が印刷された紙製の面子が登場・普及した。

太平洋戦争後、人気力士や人気プロ野球選手、人気俳優、人気漫画の主人公などを印刷した四角い角面子や丸面子は、全国各地の駄菓子屋やおもちゃ屋において安価で販売され、面子遊びは男子を中心に子どもたちの間に爆発的に流行した。さまざまな遊び方が考案されたが、一般に、互いの面子を打ち

図120　戦後の力士の面子と角面子

合って、相手の面子を裏返したり、一定の範囲から打ち出した際にはそれを自分のものとして獲得してよいことになっていた。子どもたちは、面子に蠟や油を塗って重くするなど、独自の強化策を競い合って一大ブームを巻き起こしたが、その賭博性が批判され社会問題にもなった。

高度経済成長期を境に、他のボードゲームやファミコンの普及が進んで子どもたちの遊びも多様化し、その後の少子化や塾通いなどによる子どもたちの放課後の遊び時間減少なども相まって、次第に面子遊びは衰退した。近年では、歴史博物館の普及事業の中で、「昔の遊び」体験として面子遊びが行われることもあるようである。

（宮瀧　交二）

参考文献　加藤理『〈めんこ〉の文化史』（一九九六、久山社）

南蛮から渡来した喫煙が江戸時代に流行

煙草

煙草は、南アメリカのアンデス高地の原産のナス科の植物で、紀元前八〇〇〇年ごろには栽培が始まったといわれる。七世紀のマヤ文明の神殿には煙草を飲む神の姿が描かれており、このころには喫煙が行われていたことがわかる。その後、スペインの南アメリカ征服で世界中に広まっていった。

煙草が日本に伝来したのは、ポルトガル人やスペイン人の渡来以後のことである。喫煙の記録のもっとも早いものは、京都相国寺《しょうこくじ》鹿苑院《ろくおんいん》の『鹿苑院日録』一五九三年（文禄二）七月九日条の「烟草」をもって出かけたという記事とされる。ただこれは文字の読み方に異論があり、はっきりしないところがある。

煙草の喫煙が流行したのは慶長年間（一五九六―一六一五）で、多くの記録がある。一六〇一年にスペインの神父ヘロニモ・デ・ヘススが伏見で徳川家康に謁見したときに、煙草の種子とこれから作った軟膏を献上した。幕府は当時、煙草の喫煙を禁止しており、これは薬用であったといわれる。京都の医師坂家の『坂上池院日記《さかじょうちいんにっき》』に、一六〇七年に最近、南蛮渡りの煙草が流行っているという記事が現れる。さらに一二年のポルトガル人神父の本国への報告で、日本で煙草が流行し、巡察使の神父が禁止令を出したが、日本人修道士は一向に守らないとしている。秋田の院内《いんない》銀山では、一三年の運上銀請取覚帳にたばこ役が銀山内のたばこ屋に掛けられていたことがみえる。

製品としての煙草は、伝来当初は梱包技術も未熟だったので、赤道を通過して船で運ぶことはできなかったと考えられている。そのため種子で持ち込まれ、その地で栽培されたものが喫煙された。したがって煙草の流行に先だって煙草の栽培が盛んになる必要があったから、喫煙の記録の前に、栽培の記録があるはずだが、確かな記録はない。一六一五年（元和元）の平戸のイギリス商館長の日記に、松浦《まつら》藩が幕府の命令で、畑の煙草を引き抜き、焼き捨てたという記事があるのが、栽培記録の古いものとされる。

図121　煙草を吸うオランダ人

煙草は、日本では煙管《きせる》で喫煙することが一般化したが、細刻み煙草が発展したので、煙管も火皿が小さな細長いものが主流となり、装飾が付けられるなど独特なものとなった。開港後、海外から葉巻を中心とした煙草が輸入され、やがてヨーロッパでシガレットが始まり、日本へ伝わってきた。日本では岩《いわ》谷《や》商会の「天狗煙草」などが人気となった。これは吸口《すいくち》のついた口付シガレットだったが、一八九一年（明治二十四）に両切《りょうぎり》紙巻き煙草「サンライズ」が村《むら》井《い》吉兵衛《きちべえ》により製造販売され、流行するようになると、刻み煙草と煙管は次第に使われなくなっていった。

参考文献　高村直助「村井吉兵衛」（『国史大辞典』一三、一九九二、吉川弘文館）、菊間敏夫『たばこの日本史・七話』（二〇一六、文藝春秋企画出版部）

（白川部達夫）

戦前戦後の大衆文化の一大産業

映画

一八九五年、フランスのパリで、リュミエール兄弟が世界最初の「シネマトグラフ」を一般公開したのが起源とされる。日本では翌年に輸入、風景や人物の実写が各地で上映され、次第に「活動写真」という名称が定着した。

ニュース映像を主とした初期の映画は劇場や寄席で上映され、一九〇四年（明治三十七）—〇五年の日露戦争映画会がそのピークであった。すでに〇三年には全国最初の映画の常設館「電気館」が東京浅草に誕生したが、その後常設映画館が急増していった。一二年（大正元）には日本活動写真会社（日活）が発足。新派作品「カチューシャ」をヒットさせ、また京都では尾上松之助《おのえまつのすけ》主演の旧劇が人気を得た。二〇年代には、第一次世界大戦の戦場となったヨーロッパ映画の衰退にかわってアメリカの連続活劇や喜劇が大流行し、特に日本では物語の流れを登場人物のセリフで語る活弁の存在が特徴となった。この時期には新興の労働者や学生が主な観客であった。女優栗島すみ子らが人気を集め、時代劇という新しいジャンルも作られた。二四年には公開映画の巻数で外国映画を凌駕し、二六年（昭和元）には年間の製作本数が五〇〇本を超えた。それは無声映画全盛時代ともいわれ、「小市民映画」や左翼的な「傾向映画」の名作がつぎつぎと作られた。伊藤大輔の「忠治旅日記」三部作（二七年）は、この時代を代表する時代劇の傑作であった。それらは高度な表現手法と思想性の結合において、同時代モダニズムの卓越した表現作品であり、映画は一躍大衆文化の先端に躍り出た。

一九三〇年代の映画界の大きな特徴は、世界的動向も受けたサイレントからトーキーへの転換であった。日本での「発声映画」（トーキー）の国産第一作は、三一年（昭和六）の五所平之助《ごしょへいのすけ》監督「マダムと

図122　「愛染かつら」(監督：野村浩将、出演：田中絹代、1938年公開、松竹)

女房」であった。この時代の日本映画の特徴は、一方での「小市民映画」と、他方での日活多摩川撮影所製作のシリアス映画の二つのリアリズムであり、これらはともに戦争にむかう不安の表現であったともいわれる。その不安は、三八年の歌謡曲入りメロドラマ「愛染かつら」の大ヒットの深層にあるものでもあった。三七年以後、日中戦争の開始とともに映画界も戦時体制に組み込まれ、三九年の映画法制定が追い打ちをかけていった。

映画法は、映画企業（製作と配給）の許可制、映画製作従業者（監督、俳優、カメラマンなど）の登録制を布《し》くとともに、従来から行われてきた映画脚本やフィルムの検閲制を整備強化し、政府に映画企業への強力な命令権を付与することになった。同時に映画の保護育成を図るさまざまな制度（文部省による優良映画の奨励制度、文化映画・時事映画および啓発宣伝映画の強制上映の制度）を導入することになった。さらに

情報局が成立すると、その権限が直接映画界に影響を及ぼすことになっていった。そうしたなかで、四〇年（昭和十五）にはフィルム不足に陥り、四一年には製作本数も二三二本へと半減させられ、四二年には製作会社は三社、配給会社は一社へと制限された。さらに四三年には製作本数が六一本に激減、四四年にはフィルムの欠乏や劇場閉鎖などで無期限の休業に陥っていった。

図123　丸の内ピカデリー劇場（1949年）

敗戦後はＧＨＱの指導のもとであったが「民主主義」をテーマにした作品を軸に再建が目指された。戦前の企業指導者の公職追放が進められ、一九四八年、東宝争議が起こった。また一九四九年には映画界の自主規制組織として映画倫理規定管理委員会（映倫）が発足し、製作主体が日本に移ることになった。この時代の日本映画では、黒澤明、木下恵介、今井正ら新しい世代の登場が際立っており、黒澤の「酔いどれ天使」「野良犬」、木下の「大曽根家の朝」「カルメン故郷に帰る」、今井正の「青い山脈」などによって、戦後の焼跡・闇市のなかでの実存状況を背景に、戦争責任や封建遺制などへの告発が主張されて、大きな衝撃を与えた。

続いて一九五〇年代は、朝鮮戦争勃発から日米安保条約の締結までの一〇年であるが、日本映画は戦後の黄金時代を迎えることになった。この時代には、松竹・東宝・大映・東映・日活・新東宝の六社体制が確立した。映画館は五〇年（昭和二十五）の二六四一館から六〇年には七四五七館へ、観客数は四六年の七億三〇〇〇万人から五八年には一一億二七〇〇万人のピークを迎えた。五一年には黒澤明の「羅生門」がヴェネチア映画祭でグランプリを獲るなど国際映画祭での受賞が続き、戦後復興の追い風のなかで、日本映画は人びとの生活に最も密着した大衆文化となった。

しかし次の一九六〇年代には、テレビの急速な普及が映画の「斜陽化」をもたらし、この一〇年で映画館数は半減、七二年には観客数は一億人レベルに下降した。映画の内容としては、すぐれた作品も少なくはないが、七〇年代にかけて時代劇のテレビへの移行、恋愛映画からヤクザ映画やポルノ映画への移行が進んだ。また七八年にアニメーションが映画興行の一画を占め、観客が若年層化し、劇場も大劇場から小劇場への変貌が進行した。さらに八〇年代以降はレンタルビデオ、衛生放送による映画放映、また二〇〇〇年代以降にはインターネットでの視聴機会の拡大など情報環境の激変が進み、他方で日本製アニメーションの世界的隆盛やアジアなど世界各国の映画の紹介などの要因も加わって、人びとの生活にとっての映画の位置はきわめて多様になっている。

参考文献　田中純一郎『日本映画発達史』全五巻（一九八〇、中央公論社）、今村昌平他編『講座日本映画』全八巻（一九八五―八八、岩波書店）、千葉伸夫「日本映画の歴史」「映画産業」（石川弘義他編『大衆文化事典』一九九四、弘文堂）、佐藤忠男『日本映画史』全四巻（一九九五、岩波書店）

（安田　常雄）

北斎の漫画、手塚のマンガ、世界のmanga

マンガ

マンガの定義、また、その起源をどこに求めるかについては諸説あり、定見が得られていないのが現状である。一般には、①単純・軽妙な手法で描かれた、滑稽と誇張を主とする絵、②特に、社会批評・諷刺を主眼とした戯画。ポンチ絵、③絵を連ね、多くはせりふをそえて表現した物語。コミック、の三つに大別されている（『広辞苑』第七版）。

①の代表的な作品として、たびたび日本最古のマンガ作品と評されているのが、十二世紀の作とされる京都府高山寺伝来の白描《はくびょう》絵巻『鳥獣人物戯画』（四巻）である。これをマンガの範疇に含めるか否かについては見解の分かれるところであるが、作者が読者に対する明確な主張を持って作画する②・③と、こうした絵画を同列に置くことは難しく、あくまでも「戯画」としてマンガとは区別しておきたい。

今日、「漫画」と漢字で表現されているのが、②である。一八六二年（文久二）、イギリスの画家であったチャールズ・ワーグマンは、横浜の外国人居留地で雑誌『ザ・ジャパン・パンチ』を発行した。ワーグマンは、この雑誌に世相を諷刺した絵画（諷刺画）を数多く発表し、これらの諷刺画は、雑誌名にちなんで「ポンチ絵」と呼ばれて広く親しまれた。『ザ・ジャパン・パンチ』は一八八七年（明治二十）まで長期間にわたって発行されたため、ここに掲載された諷刺画は、多くの日本人画家にも影響を与え、これ以後、多くの諷刺画が描かれることになった。やがて日本でも、七七年には『団団珍聞《まるまるちんぶん》』、またその二年後には『我楽多《がらくた》珍報』といった時局諷刺画雑誌が相ついで創刊され、人々の間にさらに広く親しまれるようになった。

一八八二年（明治十五）に教育家福沢諭吉は新聞『時事新報』を創刊したが、九九年に、諷刺画の担当者として同紙に迎えられたのが画家北沢楽天《きたざわらくてん》である。楽天は、一九〇二年一月から『時事新報』に設けられた「時事漫画」欄において諷刺画を長期連載することになり、このころから「漫画」の語が広く用いられるようになった。そもそも「漫画」の語は、一七九八年（寛政十）に戯作者山東京伝が刊行した絵本『四時交加《しじのゆきかい》』の序文に登場した語で、のちに絵師葛飾北斎が一八一四年（文化十一）に『北斎漫画』を刊行したことで、広く戯画風の絵画の総称として用いられていたものであった。ちなみに今日、楽天は、日本最初の職業漫画家として認知されている。

続く大正期は「漫画」の語が定着した時期である。一九一五年（大正四）、朝日新聞社に所属し漫画家として活躍していた岡本一平《おかもといっぺい》は、在京の新聞社に所属して活動していた漫画家たちに呼び掛けて、初の漫画家団体である東京漫画会を結成している。この当時、漫画家は新聞社や雑誌社に所属するのが一般的であった。また、諷刺画の系譜を引く漫画が全盛であったこの時期、明治二十年代末から登場したストーリー漫画も、少しずつその存在感を発揮していた。二三年から『夕刊報知新聞』に連載された麻生豊《あそうゆたか》の『ノンキナトウサン』や、その翌年から雑誌『婦女界』に連載された岡本一平の『人の一生』は、その代表的なものである。二四年には、日本初の子ども漫画雑誌である『子供パック』も創刊されている。

昭和期に入ると、こうした子ども向けの漫画は、子どもの読者を対象に創刊された雑誌を舞台に瞬く間に広範な読者を獲得し、多くの作品が発表された。特に、田河水泡《たがわすいほう》が一九三一年（昭和六）から雑誌『少年倶楽部』に一一年間にわたって発表した「のらくろ」シリーズは、島田啓三《しまだけいぞう》の『冒険ダン吉』などとともに、国民的な人気を博した漫画となった。こう

図124　『ザ・ジャパン・パンチ』第１号(1862年)

図125　「のらくろ二等卒」(『少年倶楽部』1931年１月号)　©田河水泡／講談社

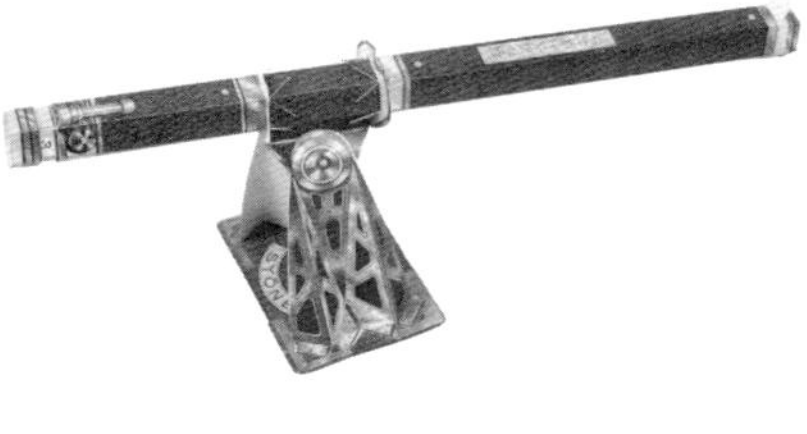

図126　『少年』1952年(昭和27)10月号の表紙と付録「100倍天体地上望遠鏡」／光文社

して、明治・大正・昭和と広く人々に親しまれてきた漫画ではあったが、社会が戦時体制に向かうと同時にその諷刺的精神も発揮され難くなり、また、戦時下の諸物資の統制も相まって雑誌の刊行も困難となり、漫画は社会の表舞台からしばらくの間、その姿を隠すことになった。

アジア・太平洋戦争の敗戦後、早くも一九四六年(昭和二十一)には漫画雑誌が創刊ラッシュを迎えるなど、漫画は国民的娯楽として広く国民の心を捕らえていた。そのようななか、登場したのが、今日「マンガの神様」とも称されるマンガ家手塚治虫である。手塚は、自身が中学生であった三九〜四〇年ごろに描いた私家版『ロストワールド』の冒頭において、すでに「これは漫画に非ず、小説にも非ず」と表明し、従来の諷刺画としての漫画とも小説とも異なる新たな表現メディアとしての「マンガ」の誕生を高らかに宣言している。戦後の高度経済成長期以後、手塚をはじめ多くのマンガ家が、自ら物語を構想して絵を描くというい わゆる「ストーリーマンガ」を執筆するようになると、マンガは世界にも類をみない日本独自の文化として発展した。数多くのマンガ週刊誌が刊行され、人気作品がテレビアニメ化されて放映され、さらには映画化されると、マンガはmangaとして世界的に認知されるようになり、今日に至っている。近年ではマンガは人文・社会科学の分野で研究の対象となり、複数の大学でマンガに関する学部・学科も創設されているが、こうした手塚治虫以後の前掲の③にあたる諸作品は、諷刺画に由来する「漫画」と区別され、「マンガ」と表記されることが確定しつつある。

（宮瀧　交二）

参考文献　清水勲『図説漫画の歴史』(一九九九、河出書房新社)

国策の伝達から大衆の娯楽へ

ラジオ

ラジオ放送の略語。電波送信による音声放送ならびにその受信機。利用する周波数と変調方式によって、長波、中波（AM）、短波、超短波（FM）などに分かれる。その起源は、一九二〇年、アメリカのピッツバーグに開局したKDKA局の放送である。その後、各国でラジオ放送が始まり、二二年にはイギリス放送会社（BBCの前身）も開局する。

日本では二五年（大正十四）三月に社団法人東京放送局が仮放送し、七月に本放送を行なった。同年十一月には『読売新聞』でラジオ欄（よみうりラヂオ版）が創設された。翌二六年（昭和元）に、東京放送局、大阪放送局、名古屋放送局の三局が統合され、社団法人日本放送協会（NHK）となる。二八年には全国中継網が整備され、地方にも多くのラジオ局がおかれ、ほぼ全国をカバーするメディアとなった。

ラジオという大衆メディアは、その音声による伝達機能によって都市と農村を平準化するとともに、人間の声、音楽、自然音、擬音などによって、直接聴取者に訴えるため、人びとの感性に働きかけるコミュニケーションの拡大に貢献することになった。戦時下においてはラジオ体操、国民歌謡、徳川夢声《とくがわむせい》の語り（「宮本武蔵」）などがその例である。ラジオの一九二八年の受信契約者数は五〇万であったが、四一年には六〇〇万に達した。ラジオは「満洲事変」から日中戦争を経て、太平洋戦争へと拡大するなかで、戦地に出た身内の動向への関心もあって急速に普及し、同時にさまざまな総力戦下の政策プロパガンダなどを通し、戦争への大衆動員に深く関与していった。これまでも逓信省の番組検閲があったが、特にアジア・太平洋戦争勃発以後は、事実上の国家管理に移され、国策の徹底、世論誘導、国民の戦意高揚を基調とするようになった。なかでも四五年（昭和二十）八月十五日の天皇の「玉音放送」は敗戦を認識する国民的なラジオ体験の一つであった。

敗戦後のラジオ政策は、GHQのCIE（民間情報教育局）の指導によって進められた。それは番組では「国家のための放送」から「国民のための放送」への転換であり、これまで禁じられていた政治・経済・社会の問題を一般聴取者の参加を得て、論議する番組などが作られた。一九四五年十一月の

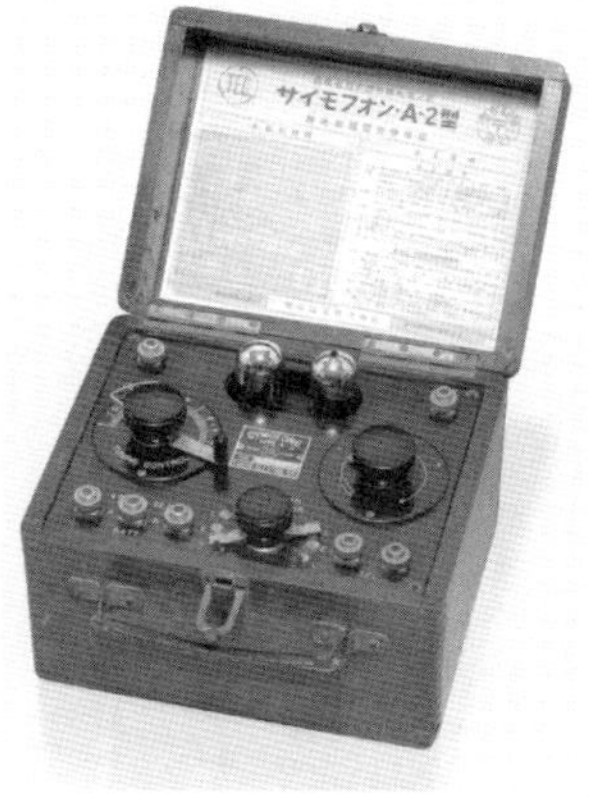

図127　ラジオ受信機サイモフォンA-2型（1925年、東京電気株式会社）

放送座談会「天皇制について」は、放送後に数多くの非難が寄せられるとはいえ、日本で天皇制廃止の主張がはじめて放送されたものであった。また同時代において人々に親しまれたのは、翌四六年五月には「街頭録音」（これは四五年九月に「街頭にて」として始まった）であり、人びとの声を直接マイクに収録して放送し、さらに聴取者参加の上で当面の重要問題を討論する「放送討論会」が好評であった。

またこうした言論の自由を目指す番組と並んで、民主的市民の育成を目指す「インフォメーション番組」が同じくCIEの強い勧めで作成された。たとえば一九四八年一月には毎晩八時から三〇分間、「インフォメーション・アワー」という番組を編成し、それはすべて農村、労働、産業、家庭などの社会問題番組で埋める試みであった。

同時にCIEは、社会問題番組の前後を娯楽・芸能番組で埋めるという編成に配慮することによって、

それなりの成果をあげた。

　こうした娯楽・芸能番組では、「話の泉」(一九四六年〈昭和二十一〉十二月三日開始)、「二十の扉」(四七年十一月一日開始)、「私は誰でしょう」(四九年一月二日開始)や、純国産の「とんち教室」などが人気が高かった。またドラマでは、アメリカで「ソープオペラSoap Opera」と呼ばれる連続ドラマ形式が導入され、「向こう三軒両隣り」が五年一〇ヵ月、「鐘の鳴る丘」が三年六ヵ月続くなど、好評を得て長寿番組となった。またこうしたアメリカをモデルにした番組の中で、「のど自慢素人演芸会」(四六年一月)、「ラジオ歌謡」(四一年五月)、「日曜娯楽版」(四七年十月)、「陽気な喫茶店」(四九年四月)など国産の娯楽番組も人気を得ていた。

　戦後のラジオ放送はこうした経緯のなかで、NHKの再組織と一九五〇年四月二十六日の「電波三法」の成立によって一応の完結をみた。しかしその中核となる電波監理委員会は、五二年七月に廃止され、その権限は郵政大臣に吸収される形で決着した。つまり、この新しい放送制度は、放送の自由、不偏不党、公衆に対するサービスの責任、技術的諸基準順守の四つの原則を受け入れ、またNHKの公共企業体化、NHKと民間放送の二本立てによる複数競争方式を認めながら、その保障、管理のための行政委員会(アメリカのFCC)の役割を郵政大臣に与えた形で確立された。こうして五〇年には、民放の設立が許可され、五一年に名古屋の中部日本放送と大阪の新日本放送(現在の毎日放送)が誕生した。これは民放とNHKの併存体制のスタートを意味し、テレビ時代の基盤をも準備していく。五二年にはラジオドラマ「君の名は」がヒットするなど、特に五〇年代はラジオの黄金時代といえよう。クイズ番組、歌番組、聴取者参加番組、連続ドラマ、スポーツ中継、イベント中継など、人気番組、長寿番組がつぎつぎに作られた。しかし、ラジオの繁栄も長くは続かなかった。六〇年前後には広告費、営業収入、聴取者数でもテレビの後塵を拝するようになる。

その後、テレビ時代のラジオは、同時代のアメリカのキーワードである「ナマ・ワイド・パーソナリティ」をモデルに、各時間帯のターゲットを商工自営、ドライバー、学生などの個別特定層に絞り、番組編成を行なった。さらに深夜放送では若者（ヤング）層の需要に応え、独自なスタイルを開発した。たとえば土居まさるの「真夜中のリクエスト」（文化放送系、一九六六年〈昭和四十一〉放送開始）などが人気を得て、地方放送局を含んで高揚した。その背景には、ベビーブーム世代がヤング層に突入し、同時代のビートルズ旋風や劇画ブームと連動したこともあり、あたかも「ラジオ解放区」としてのサブカルチャーとなって展開していった。

しかしこうした動きも八〇年代に入ると、固有のメッセージ性を失い、ビートたけしなどのタレント系の「ウケ・ノリ・ツッコミ」のギャグなどに席を譲っていった。こうした深夜放送系の変質も含め、八〇年代のラジオは、主にドライバー向けの音楽と生活情報に力点を移し、移動時間の快適さを追求するメディアとして生きている。二〇一九年（令和元）で二一年目になるラジオ日本の「夏木ゆたかのホッと歌謡曲」も、徹底した演歌・歌謡曲にターゲットを絞ったドライバー向けの長寿番組の一つである。

参考文献　日本放送協会編『放送五十年史』（一九七七、日本放送出版協会）、藤原功達「アメリカを〝模範〟にしたラジオ」（石川弘義他監修『アメリカンカルチャー』1、一九八一、三省堂）、野崎茂「ラジオ」（石川弘義他編『大衆文化事典』一九九四、弘文堂）、松尾羊一「深夜放送」（同前）、竹山昭子『ラジオの時代』（二〇〇二、世界思想社）、貴志俊彦・川島真・孫安石編『戦争・ラジオ・記憶』（二〇〇六、勉誠出版）

（安田　常雄）

時代を映してきたメディアの王者

テレビ

テレビジョンの略。電波などにより、遠隔地に映像・音声を送り、同時に再生する通信方式。テレビ受像機とテレビ放送（番組）双方の意味で用いられる。

日本におけるテレビ開発の研究は、浜松高等工業学校（旧制）の高柳健次郎によって一九二三年（大正十二）に始められたといわれる。二八年（昭和三）、高柳はブラウン管受像方式による公開実験を行い、特許を取得した。NHK（日本放送協会）が世田谷砧《きぬた》に放送技術研究所を設立したのが三〇年であり、NHKは高柳グループと協力して製作を開始した。その後、三七年の日中戦争開始によって、日本オリンピック組織委員会（NOC）は三八年七月にオリンピックの東京開催を返上することになり、テレビ研究は目標を失ったが、研究は継続することになり、戦時下においても実験放送は繰り返されていた。しかし戦争の進展により、研究・実験は中断されることになった。

戦後、GHQによる一時の禁止措置を受けるが、NHKや民間メーカーは研究を再開、また四九―五〇年には相ついで実験が公開された。さらに五〇年のいわゆる電波三法（電波法・放送法・電波監理委員会設置法）によりテレビの放送体制が整備された。NHKは五〇年十一月十日に定期実験放送を開始し、五一年六月三日には、後楽園球場から日本橋三越の電波展覧会会場へプロ野球の実況中継を行なった。

受像機は、各メーカーによって外国技術を導入しつつ開発が進められ、一九五三年には同年二月の本放送開始と軌を一にして各社が続々とテレビを発売した。しかしそれは庶民には高価すぎた「高嶺の花」であった。たとえば、日本テレビ開局前日の

『朝日新聞』（五三年八月二十七日付）の日本橋白木屋（現東急デパート）の広告では、ＲＣＡビクターの受像機は一七インチ一八万五〇〇〇円から二二万円、二一インチ二五万円から三四万円であり、当時の大学卒の初任給が八〇〇〇円ほどだったので、一番安いもので二年分の給与に相当した。そのためテレビを設置できたのは、喫茶店、ビヤホールなどの営業用がほとんどであった。

図128　白黒テレビ１号機（1951年、シャープ）

　このような経緯のなかで、日本のテレビ局は一九五三年（昭和二十八）二月一日にＮＨＫが、続いて八月二十八日に日本テレビが開局した。ＮＨＫ開局の翌日の『朝日新聞』によれば、東京銀座の楽器店の店頭テレビには数百人が集まり、「眼で見るラジオだ」という歓声が上がったという。初期のテレビ経験について、たとえば埼玉県和光市在住の主婦は次のように回想している。「私が小学校二年の頃、昭和三三年頃、番組が始まる前のテストパターンさえも皆でくいいるように見た。祖父（母方）と祖母（父方）が同居していて、二人はブラウン管に顔がくっつく程の近くで膝を乗り出して見ていた。私たち子どもは、集まった近所の子と横一列にきちんと座って、夕方の一時間程を仲良く見たものだ。弟は月光仮面を真似して背中に風呂敷をつけて遊んでいた。『チロリン村とくるみの木』や『怪人二〇面相』などの番組が楽しみだった」。
「年に一度だけ一二時まで起きていていい日があった。大晦日である。『紅白歌合戦』を近所の人

図129　NHK本放送開始時の受像公開（1953年、東京都世田谷区）

たちと一緒に見て、百八つの鐘を聞いて新年を迎えた。東京オリンピックの時にカラーテレビに変わった」。

その後日本のテレビ所有率は、一九六五年（昭和四十）には九〇％を超えたように、普及のテンポは米・英と比較してきわめて急速であり、その要因は急激な価格低下であった。製品のサイズを小型の一四型に集中し、量産効果によって基幹部品たるブラウン管の価格低下が実現したためである。

一方、白黒テレビの急速な普及に貢献したテレビ番組をみると、初期においては街頭テレビによるプロレス中継、続いてアメリカのテレビ映画が、アメリカの政治的思惑を背後に含みつつ人気番組となった。前述の主婦の回想にあるように、一九六〇年代半ばには成熟期を迎えた白黒テレビに代わり、カラーテレビが現れる。本放送は六〇年に開始され、同年各メーカーも発売を開始したが、カラー放送が部

分的であることに加え製品が高価で当初は普及が困難であった。そこで各メーカーは外国技術を導入しつつ共同研究により開発を進める一方、輸出による生産拡大を契機として、量産効果により価格を低下させた。その結果、普及率はほぼゼロだった六六年から七五年には九〇％を超え、白黒テレビと同様に急上昇したのである。六〇年代以降もバラエティやドラマ、子ども向けなど、番組編成は一層多様化し充実していった。しかし他面では、ある東京在住の主婦は「いまでは四人家族なのに三台もテレビがあり、ひとつのテレビを一緒に見るという団欒の時間が少なくなりました」と回想している。

戦後におけるテレビ経験は、国民・家庭・世代・個人というそれぞれのレベルにおける記憶の構造を作り出してきたメディアであり、今日ではその圧倒的地位は後退してきたが、戦後の人びととの行動と思想をその根もとにおいて作り変えてきたメディアであった。

参考文献　北村日出夫・中野収編『日本のテレビ文化』(有斐閣選書、一九八三)、講談社編『昭和―二万日の全記録―』一〇(一九九〇)、久保道正編『家電製品にみる暮らしの戦後史』(一九九一、ミリオン書房)、平本厚『日本のテレビ産業』(一九九四、ミネルヴァ書房)、萩原滋編『テレビという記憶』(二〇一三、新曜社)、安田常雄「テレビのなかのポリティックス」(同編『社会を消費する人びと』二〇一三、岩波書店)、鍛冶博之「カラーテレビ」(石川健次郎編『ランドマーク商品の研究』五、二〇一三、同文館出版)

(安田　常雄)

昭和の心情をのせてレコードは回る

流行歌

「はやりうた」はいつの時代にも存在したが、「流行歌」という呼び名は昭和初年に生まれ定着した。それはレコードという複製技術時代の産物であり、レコード制作会社によって企画制作され、流行を作り出す目的で作られた。

一九二七年（昭和二）にコロムビア、ビクター、ポリドールの外資系企業が相ついで設立され、洋楽原盤を輸入してレコード化するとともに、日本向けのレコード制作を本格化した。すでに二八年には、「アラビアの唄」と「青空」がヒットしていたが、国産流行歌のヒット第一号は、二九年の「君恋し」（二村定一《ふたむらていいち》歌、時雨音羽《しぐれおとは》作詞、佐々紅華《さつさこうか》作曲）であった。この作詞作曲者ともに大正期の浅草オペラの出身であり、続いて同年には「東京行進曲」（佐藤千夜子《さとうちやこ》歌、西條八十《さいじようやそ》作詞、中山晋平作曲）が、同名の日活映画の主題歌として一世を風靡した。そこに多くの論者は、大正期の舶来趣味的な都市モダニズムの影響を指摘している。こうしたレコード会社主導の流行歌システムは、歌手、作詞家、作曲家だけではなく、演奏者や小売店に至るまで自社と専属契約を結ぶ強固な連携を作り上げていった。

また同時代は映画のトーキーへの転換期でもあり、映画主題歌をめぐる三社の攻防が過熱化した時代でもあった。中山晋平、西條八十、佐藤千夜子を擁し、

図130　日本ビクターのポスター

「東京音頭」の大ヒットをはなったビクターに対し、古賀政男、藤山一郎らによる「酒は涙か溜息か」「影を慕いて」のコロムビアが対抗し、遅れたポリドールも三四年（昭和九）には東海林《しょうじ》太郎《たろう》の「赤城の子守歌」や三味線流行歌である「旅笠道中」などで追撃したといわれている。

一九三七年以後の日中戦争期には、戦争の足音が歌謡界にも忍び寄ってくる。三七―三八年はその転換点を象徴する年であり、それは映画「愛染かつら」の主題歌「旅の夜風」（霧島昇、ミス・コロムビア

図131　並木路子・霧島昇「リンゴの唄」のレコード（1945年発売、日本コロムビア）

図132　レコードプレイヤー

歌、西條八十作詞、万城目正《まんじょうめただし》作曲）が史上最高の大ヒットを記録した年であると同時に、内閣情報局によって「愛国行進曲」の作詞・作曲が公募された年でもあった。レコード会社は、素早く軍歌と愛国歌謡に重点を移し、「露営の歌」「出征兵士を送る歌」などの「軍国歌謡」を量産していった。新聞社も大きく紙面をさいて、募集に肩入れし、ラジオもこれらの曲を連日繰り返し放送し、戦意高揚を煽った。

敗戦後の流行歌は、並木路子と霧島昇が歌った「リンゴの唄」でスタートしたというのが定型のイメージとなっている。この歌は松竹映画「そよかぜ」の主題歌（サトウハチロー作詞、万城目正作曲）として作られ、その明るい屈託のなさが暗澹としていた民衆の心を奮い立たせたとされている。また「東京の花売り娘」や「憧れのハワイ航路」などの明るい歌がヒットした。しかし同時にこの時代を象徴するのは、一九四九年（昭和二十四）に「河童ブギウギ」でデビューした美空ひばりである。「悲しき口笛」の大ヒット以後、「東京キッド」「私は街の子」「あの丘越えて」「越後獅子の歌」など、独自の日本的心情とアメリカ風のジャズ的リズムの融合を表現し、アメリカ化する占領期という時代の脚光を浴びた。その後、戦後の流行歌は、昭和三十年代になると、島倉千代子、春日八郎、三橋美智也らが戦後復興の近代化に取り残される地方の人びとの哀感を歌い、他方ではフランク永井の「有楽町で逢いましょう」に象徴される一連の吉田正作曲の都会派ムード歌謡が大ヒットした。それは「もはや戦後ではない」という経済白書のスローガンをめぐる「都市と農村」の拮抗の心情的表現でもあった。

戦後歌謡曲はレコードを通した流行はいうまでもないが、この時代には、ラジオ・テレビ・週刊誌などのメディアを通して全国に広がっていった。五一年の民放開局、五三年からのテレビ放送の開始、昭和三十年代からの芸能・女性週刊誌の全盛などがこの動きに乗り、それを煽っていった。そうしたなかで独自の現象として、西田佐知子の歌った「アカシヤの雨がやむとき」（水木かおる作詞、藤原秀行作曲）が、六〇年安保闘争に「挫折」した若者に好まれ、また六二年に奄美大島出身の仲宗根美樹が歌った「川は流れる」（横井弘作詞、桜田誠一作曲）は、「思い出の／橋のたもとに／錆びついた／夢のかずかず／ある人は／心つめたく／ある人は／好きで別れて／吹き抜ける／風に泣いてる」と歌って、高度成長の谷間からの「孤絶」状況の表現となってヒットした。

テレビ時代を象徴する昭和四十年代には、橋幸夫、舟木一夫、西郷輝彦の御三家や、一九七一年（昭和四十六）の小柳ルミ子、天地真理、南沙織らのアイドル歌手がデビューし、さらに森昌子、桜田淳子、山口百恵の「花の中三トリオ」が登場することによって、初期高度成長期が底辺にもっていた「暗さ」を超越するように、歌謡曲の明るいファッション化が進行したともいわれた。特に七〇年代には、歌謡曲は「演歌」、アイドル、ポップス、ニュー・ミュージック、ロックなどに細分化されていき、それは受け手のニーズの多様化の反映であるとともに、ニュー・ミュージックから始まる企業とのタイアップによるイメージソング（CMソング）の隆盛が大きな影響力をもつ時代に変化していった。

参考文献　加太こうじ・佃実夫編『流行歌の秘密』（一九七〇、文和書房）、園部三郎『日本民衆歌謡史考』（一九八〇、朝日新聞社）、「昭和流行歌史」（『別冊一億人の昭和史』一九九四、毎日新聞社）、長田暁二「歌謡曲の歴史」（石川弘義他編『大衆文化事典』一九九四、弘文堂）、輪島裕介『創られた「日本の心」神話』（光文社新書、二〇一〇）

（安田　常雄）

江戸時代の街道整備で民衆の旅が広がる

旅　行

旅行（旅）とは、人々が何らかの目的のため、その居住地を離れて、一時的に他の土地に赴くことである。

歴史的にみれば、旧石器時代のように人々が主な食糧であった動物や季節の果実などを求めて移動性に富んだ生活を送り、未だ定住生活を営んでいなかった時代には、日々の暮らしそれ自体が一種の旅行であったと述べても過言ではなかった。しかしながら、続く縄文時代以降、不安定ながら定住生活が始まると、旅行は日常的なものではなくなり、非日常的行為として位置付けられることになった。たとえば、特定の場所にしか産出しない石器材料（たとえば黒曜石）などを入手する必要が生じた際、縄文人は一時的にその居住地を離れて旅行に出ていたとみられている。弥生時代、古墳時代にも、こうした経済活動に伴う旅行は不可欠であったとみられている。

奈良時代になると、諸国の民衆には複数の税負担が課せられたが、調・庸は基本的に一定の期日までに諸国が直接、平城京まで運脚するよう令《りょう》に規定があり、貢調使と呼ばれる人々が諸国から平城京を毎年往還していた。また、成人男子には兵役が課せられていたが、東国諸国からは、平城宮を警備する衛《え》士《じ》や、北九州諸国を警護する防人《さきもり》といった兵士が選定され、それぞれの任地まで移動していた。これもまた、古代の旅行である。

このように、人々が自身の生活を維持していくため、必要に迫られてその居住地を離れ、一時的に他の土地に赴く行為は、いつの時代にも普遍的に認められるものであった。こうした旅行に際しては、見知らぬ土地の風景や自身の居住地とは異なる諸文化を楽しむことを予め意図するような余裕は存在しなかった。

そのようななか、前掲のようにさまざまな目的を果たすために居住地を離れて移動する旅行ではなく、赴いた先のさまざまな風景や諸文化を堪能するための旅行、いわゆる観光旅行としての旅行も、時代とともに次第に大きな位置を占めるようになっていった。「観光」という概念は、古代中国の『易経』に登場する「国之光を観る」、すなわち王の人徳と善政で繁栄した国を観るという行為に由来し、日本では江戸時代以降、知識人の間で用いられ始めた用語である。しかしながら、これが、江戸時代の社会で一般的に用いられていた「遊覧」「行楽」「物見遊山」といった用語の語義に転じて広く用いられるようになるのは、昭和期以降に至ってのことであった。

広く認識されているように、一般の民衆が観光旅行としての旅行を行うようになったのは、江戸時代以降のことであり、五街道をはじめとする諸国の交通路の整備と、こうした交通路に設けられた旅籠《はたご》などの宿泊施設の整備がその前提条件となった。たとえば江戸の民衆にとっては、近在の神社仏閣や景勝地を日帰りで訪ねることは広く普及しており、前掲のとおり「遊覧」「行楽」「物見遊山」と称されて人気を集めていた。また、こうした社会状況を背景として、宿泊を伴う（宿泊に際しては必然的に旅費が必要となる）遠方への観光旅行も、江戸時代後期には広く一般化した。人々は、相互扶助組織である講という組織を各地で結成して旅行のための費用を積み立て、これをその構成員が順に旅行に出掛けるための資金に充当した。こうした講の結成を契機に、江戸の民衆の間では、大山阿夫利《おおやまあふり》神社が所在した相模国の大山や江島《えのしま》神社が所在した同江ノ島はもとより、伊勢神宮（伊勢国）や善光寺（信濃国）をはじめとす

図133　田山花袋『東京近郊一日の行楽』（1923年）

る遠方の神社仏閣を訪ねる旅行も次第に増加していった。

近代以降になると、都市部では徐々に鉄道網の整備が進み、観光旅行の範囲も一層拡大していったが、明治後期には学校での遠足や修学旅行も始まり、観光旅行は単なる「行楽」や「物見遊山」ではなく、教育の一環としても位置付けられるようになっていた。

大正期に入ると、明治期以来の社会資本の整備も進み、経済発展に伴う好景気が続いたこともあって、都市近郊の賃金労働者を中心として市民生活にも余裕が生まれた。鉄道網に加えてバス路線や汽船の航路も急速に拡大し、市民の間には、日帰りまたは一、二泊による観光旅行の一大ブームが到来した。小説『田舎教師』などでも知られる小説家田山花袋は、大正期には『東京近郊一日の行楽』（博文館、一九二三年〈大正十二〉）をはじめとする、いわゆる旅行ガイドブックを多数執筆している。こうした市民の間の観光旅行ブームは、昭和初期まで続いたが、社会が戦時態勢に入るとともに衰退していった。

アジア・太平洋戦争後は、高度経済成長期に空前の国内・外国旅行ブームが到来し、一九七〇年（昭和四十五）に開催された日本万国博覧会には、一八三日の会期中にのべ六四二二万人の入場者が訪れた。実に国民の五人に三人が、大阪府の博覧会会場を訪れたことになる。また、この時期、人々の遠隔地への観光旅行は、従来からの鉄道に加えて、新たに地方空港が整備されてその利用が急増した航空機、日本列島全体を覆い尽くすように整備された高速自動車道を背景に一般家庭にも急速に普及した自家用車の利用が急増し、ますます多様化の一途をたどっていった。

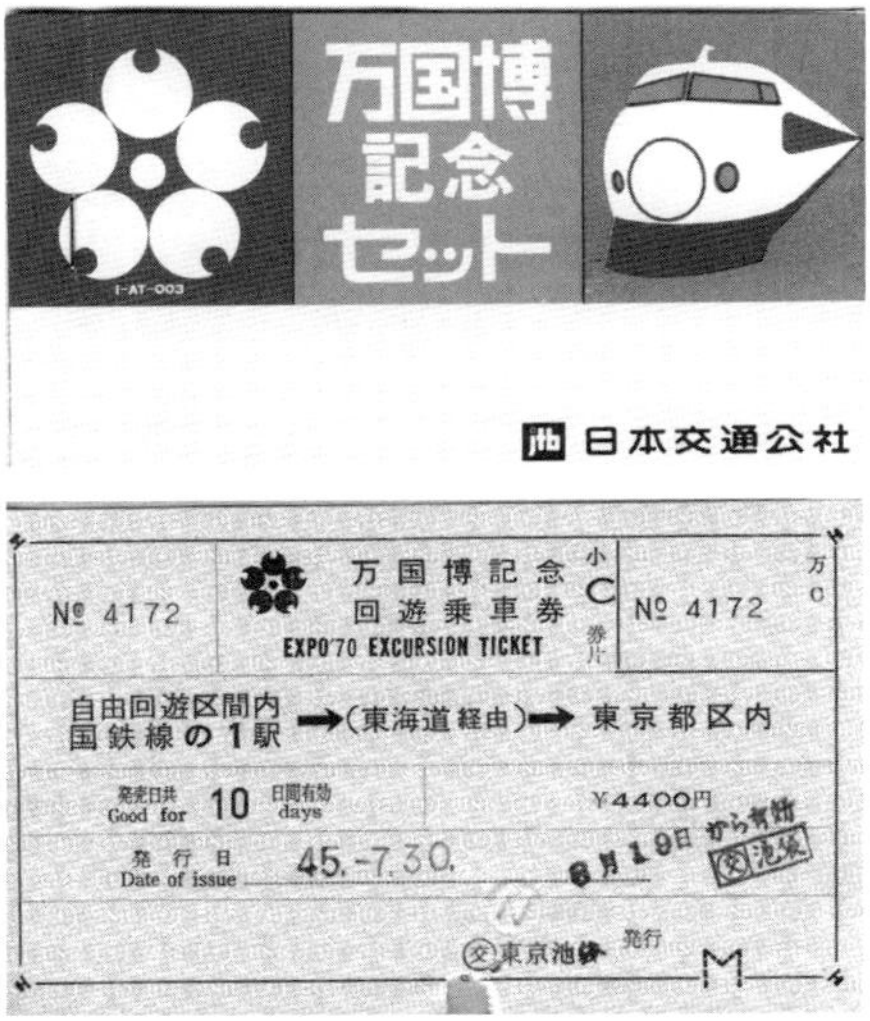

図134　日本万国博覧会記念乗車券セット

　現在では、二〇〇八年（平成二十）に誕生した観光庁を中心とした国策もあって、日本人の観光旅行は国内のみならず広く国外にも拡大し、また、インバウンドの旅行者、すなわち外国からの訪日旅行者も爆発的に増加している。その一方で、観光客が増加するに伴って、観光地の市民生活に支障が生じるケースも増加し、「観光公害」という新たな課題も生じている。

参考文献　白幡洋三郎『旅行ノススメ』（中公新書、一九九六）

（宮瀧　交二）

行楽や遊園地——消費の楽しみの拡大

レジャー

レジャーleisureとは、一般的には生活時間の全体から、労働、勉強などの拘束時間と、睡眠、食事のような必要時間を引いた残りの自由な時間およびその活動を指す。かつて「余暇」と呼ばれたが、外国語の「レジャー」を使うときは、より積極的な活動のイメージがある。戦前の日本でも「余暇」という言葉が使われたが、これは工業化社会の進展のなかで、労働者の労働時間が管理・圧迫され、ストレスが蓄積するため、労働者の健康を維持し、生産性を向上させるために「余暇」が注目されたからである。その意味で、資本による労働者管理の文脈が強く働いている。またもう一つ「レクリエーション」という外来の言葉があるが、これは一九五〇年代のアメリカから輸入され、学校教育や社会教育のプログラムとして定着したが、それは何より健康・健全志向で余分な金を使わないことが特徴である。

「レジャー」とは「余暇」でもなく、「レクリエーション」でもなく、もう一つの意味をもった独自の用語として、使われ始めた。この言葉が新聞紙上にはじめて登場したのは、衣料メーカーのレナウンが「レジャーウェア」という表現を広告コピーに使ったときであったといわれるが、そこでは消費の楽しみの拡大というイメージを伴って同時代の若者にアピールした。

戦後の日本において「レジャー」が流行語となったのは高度成長期の一九六一年（昭和三十六）であり、その前後から遊園地、レジャーランド、ゴルフ場、ボーリング場などが各地で建設された。また正月のスキー、ゴールデンウィークの行楽、夏のキャンプ、海水浴といった「レジャー」も六〇年代に人気となった。また七三年のオイルショックを契機に省エネ・節約ムードが高まった時期には、「安い・近い・短い」レジャー活動が好まれた。八三年に開園した東京ディズニーランドは、テーマパークのブームを呼び起こし、多くのリピーターを獲得し、人気

図135　浅草花やしきのメリーゴーラウンド（昭和40年代ごろ）

のあるレジャーとして定着した。

日本の最も代表的な「レジャー」として遊園地の例を引けば、一八五三年（嘉永六）、浅草寺の土地に造園師森田六三郎がつくった「花屋敷」（現花やしき）は見世物が娯楽場として固定した最初のもので、日本で最も古い遊園地といわれている。明治前期には、庭園の草花や眺望を楽しんだり、飲食したりする遊覧の場を「遊園（地）」と呼ぶようになり、明治後期以降には、回転木馬やウォーターシュートといった遊戯機械だけでなく、演芸場、映画館、動物園、ダンスホール、運動施設など、遊園地はつぎつぎに都市の新しい娯楽施設を取り込んでいった。このころには、遊園地を象徴するシンボルとして、豆電車、メリーゴーラウンド、観覧車がイメージされるようになった。

しかしこうした遊園地の中には、園内の料理屋に芸妓を置くようなものもあったが、一九二六年（大

正十五）に、警視庁の遊園地取締規則が制定されたころから「健全化」が図られ、郊外電車の沿線につぎつぎと開業した遊園地は、子ども連れでも安心して遊べる施設となった。その代表的なものに、関西の香櫨園《こうろえん》（〇七年〈明治四十〉、阪神）、宝塚（一四年、阪急）、花月園（一四年、京浜急行）、多摩川園（二五年、東急）、豊島園（二六年〈昭和元〉、西武）、向ヶ丘遊園（二七年、小田急）などがある。戦後はスリルとスピードを売りにした遊戯空間を揃えた後楽園ゆうえんち（五五年開業）のような都心型遊園地や、広大な敷地に遊戯施設だけでなく、スケート場などスポーツ施設を設けた富士急ハイランド（六一年開業）に代表される大型総合レジャーランド、そして東京ディズニーランド（八三年開業）に代表されるテーマパークなど、多様な形態をとりながら人気を集めている。

生井英考によれば、遊園地（amusement park）の起源は、二つの源流をもつという。その第一は、十八世紀初頭から貴族やジェントリおよび上層中流階級の社交生活の舞台となっていた「プレジャー・ガーデン」であり、第二は十九世紀後半における万国博覧会の副産物として誕生した「アミューズメント・パーク」であった。前者の代表としては、一七〇〇年前後にロンドンで開園したヴォクスソール庭園やラネラ庭園があり、これらの社交用庭園では、上流の来客と大衆や中産階級の生活の違いを際立たせるため夜更けの宴が盛んに開かれ、十九世紀初頭までには、宮廷の祝祭文化の模倣が都市市民文化の一つとして定着していた。その一つとして一八四三年のコペンハーゲンに開かれたチボリ・ガーデンは、その開園目的が「市民に豊かさの夢を授け、彼らの眼を革命への誘惑から逸らさせるため」だったというエピソードは、「貴族の贅沢を民主主義的に享受させる」プレジャー・ガーデン型遊園地の文化的イデオロギーを示している。これに対し、第二の起源であるアミューズメント・パークは、勤勉と生産倫理をもつ中産階級によって支えられる万国博覧会をモデルとする。その代表は一八七三年のウィーン博が開催されたプラーター・ガルテンだが、それに次いで九三年のシカゴ博では、ミッドウェイ・プレザンス（歓びの中通り）という見世物市の副会場がおかれ、そこではハーバード大学の人類学者が社会進化思想によって計画した「人類の見本市」が大衆の興奮を引き付けたという。これは日本においては、一九〇三年（明治三十六）大阪で開かれた第五回勧業博覧会における「人類館」事件を想起させて興味深い。

遊園地の起源は、このシカゴ博に感銘をうけたティルユーという人物がコニー・アイランドに帰って開いたスティープルチェイス・パークが、通常われわれがイメージする「遊園地」の事実上の嚆矢なのである。つまり一言でいえば、アミューズメント・パーク型遊園地とは、ブルジョワ・エリートの資本主義美学に大衆文化の側から再解釈を施した祝祭的消費の場なのである。今日、人気を誇っているディズニーランドは、機械遊戯物中心主義で、アミューズメント・パークであるが、ディズニー自身はコニー・アイランドの「猥雑な」大衆性を嫌い、ヨーロッパ旅行中にチボリ・ガーデンを知って狂喜しながら自らの「王国」のモデルにしたという。その二つの融合の複雑さが、今日の遊園地という二十世紀大衆文化の底に沈殿しているといえるのかも知れない。

参考文献　石川弘義編『余暇の戦後史』（東書新書、一九七九、東京書籍）、薗田碩也「レジャー」（石川弘義他編『大衆文化事典』一九九四、弘文堂）、生井英考「遊園地」（同前）、安野彰・篠野志郎「明治・大正・昭和初期における東京近郊の遊園地の実態」（『日本建築学会計画系論文集』五一八、一九九九）、橋爪紳也『日本の遊園地』（講談社現代新書、二〇〇〇）、神田孝治編『レジャーの空間』（二〇〇九、ナカニシヤ出版）

（安田　常雄）

明治時代の欧化政策——行楽地から公園へ

公　園

市民の利用を前提にして設置された庭園や遊園地などの緑地や、景勝地などのエリアを指定し、その保全を目的として設置される「地域制公園」と、都市部などで予め用地を確保した後にその整備を行う「営造物公園（都市公園）」に大別される。

日本で「地域制公園」としての公園が誕生するのは近代以降であり、明治期に入り欧化政策を推進していた明治政府は、一八七三年（明治六）、西欧諸国に倣って公園を設置することを決め、太政官布告によりその候補地の選定を各府県に求めた。各府県では、江戸時代以来、物見遊山の行楽地として賑わっていた神社仏閣や景勝地をその候補に推薦し、函館公園（北海道）、上野公園（東京都）、飛鳥山公園（東京都）、芝公園（東京都）、大宮公園（埼玉県）、住吉公園（大阪府）など、全国各地に公園が誕生した。このうち上野公園は、八六年に宮内省に移管されたが、一九二四年（大正十三）に東京市へ下賜され、上野恩賜公園となった。

そのようななか、アメリカの国立公園法に倣って、明治期以降、わが国でも国立公園を設置しようという機運が高まり、一九三一年（昭和六）には国立公園法が制定され、三四年に瀬戸内海、霧島、雲仙の三ヵ所が日本初の国立公園に指定され、現在では三二ヵ所に至っている。その後、五七年には国立公園法が改定されて自然公園法が制定され、これにより、国立公園・国定公園・都道府県立自然公園という今日の自然公園体系が確立された。国定公園は、国立公園に準じるものとして各都道府県の申し出により環境大臣が指定するものであり、現在、五六ヵ所に至っている。

図136　戦前の大宮公園の風景
（「大宮公園風景絵はがき　蛍ノ名所見沼川畔風光」）

一方で、「営造物公園（都市公園）」は、一九五六年の都市公園法によって体系化され、国または地方公共団体が都市計画区域内に設置する公園・緑地が都市公園とされた。都市公園には、街区公園（かつては児童公園と称された。半径二五〇メートル程度の街区に居住する人々が利用）、近隣公園（半径五〇〇メートル程度の街区に居住する人々が利用）、地区公園（半径一キロ程度の徒歩圏内に居住する人々が利用）、総合公園（市町村全域の人々が総合的に利用）、運動公園（市町村全域の人々が運動に利用）などがあり、市民生活には不可欠な存在となっている。近年では都市公園としての防災公園も注目され、設置が相ついでいる。その一方で、ブランコやすべり台、ジャングルジムといった公園の遊具は、旧来のものから大きく変化はしておらず、また、こうした遊具で遊ぶ親子の風景も変わっていない。

（宮瀧　交二）

参考文献　小野良平『公園の誕生』（二〇〇三、吉川弘文館）

モノのはじまりを知る事典
生活用品と暮らしの歴史

二〇一九年(令和元)十二月二十日　第一刷発行
二〇二一年(令和三)四　月二十日　第三刷発行

著　者　木《き》村《むら》茂《しげ》光《みつ》
安《やす》田《だ》常《つね》雄《お》
白《しら》川《かわ》部《べ》達《たつ》夫《お》
宮《みや》瀧《たき》交《こう》二《じ》

発行者　吉川道郎

発行所　株式会社 吉川弘文館
郵便番号一一三―〇〇三三
東京都文京区本郷七丁目二番八号
電話〇三―三八一三―九一五一(代表)
振替口座〇〇一〇〇―五―二四四番
http://www.yoshikawa-k.co.jp/

印刷＝株式会社 東京印書館
製本＝誠製本株式会社
装幀＝伊藤滋章

ISBN978-4-642-08368-3

著者紹介

木村茂光（きむら　しげみつ）
1946年　北海道に生まれる
1978年　大阪市立大学大学院文学研究科博士課程単位取得退学
現在　東京学芸大学名誉教授、博士（文学）
〔主要著書〕
『日本古代・中世畠作史の研究』（校倉書房、1992年）
『日本中世百姓成立史論』（吉川弘文館、2014年）

安田常雄（やすだ　つねお）
1946年　東京都に生まれる
1977年　東京大学大学院経済学研究科博士課程単位取得退学
現在　国立歴史民俗博物館名誉教授、総合研究大学院大学名誉教授、経済学博士
〔主要編著書〕
『日本ファシズムと民衆運動』（れんが書房新社、1979年）
『シリーズ戦後日本社会の歴史』全4冊（編、岩波書店、2012-13年）

白川部達夫（しらかわべ　たつお）
1949年　北海道に生まれる
1978年　法政大学大学院人文科学研究科博士課程単位取得退学
現在　東洋大学文学部教授、博士（文学）
〔主要著書〕
『日本近世の自立と連帯』（東京大学出版会、2010年）
『近世質地請戻し慣行の研究』（塙書房、2012年）

宮瀧交二（みやたき　こうじ）
1961年　東京都に生まれる
1989年　立教大学大学院文学研究科博士後期課程学位予備論文提出退学
現在　大東文化大学文学部教授、博士（学術）
〔主要論文〕
「九世紀の地震災害と東国の国分寺・国分尼寺」（佐藤信編『古代東国の地方官衙と寺院』山川出版社、2017年）
「平将門・藤原純友の乱の再検討」（佐藤信編『古代史講義』ちくま新書、2017年）

本書は、木村茂光・安田常雄・白川部達夫・宮瀧交二編『日本生活史辞典』(2016年、吉川弘文館)の成果をもとに企画された。本書収録の項目に関連する事項が『日本生活史辞典』にも解説されているので、あわせて参照されたい。

本書収録の項目	『日本生活史辞典』収録の関連項目
背広	仕事着／洋服
ワイシャツ	ワイシャツ
ネクタイ	ネクタイ
Tシャツ	肌着／メリヤス
ジーンズ	ジーンズ／ズボン
眼鏡	眼鏡
靴	履(くつ)／運動靴／靴下／ゴム長靴
寝巻	寝巻
雨具	雨具／笠／傘／合羽／コート
かばん	かばん／学生かばん／ハンドバッグ
米飯	米／飯／かて飯／握り飯／麦飯
パン	パン／餡パン／乾パン
そば・うどん	蕎麦／饂飩
ラーメン	ラーメン／即席ラーメン
鮨	鮨
弁当	弁当
駅弁	駅弁
すき焼き	すきやき／牛肉
蒲焼き	蒲焼
天ぷら	てんぷら
カレーライス	カレーライス
豚カツ	とんかつ
鯛焼き	鯛焼き
インスタント食品	インスタント食品
酒	酒／飲酒／ウイスキー／酒屋／焼酎／ビール／ワイン
茶	茶／喫茶
清涼飲料水	清涼飲料水／カルピス／コカ＝コーラ
調味料	調味料／砂糖／塩／醬油／酢／ソース／マヨネーズ／味噌
うま味調味料	うま味調味料
屋台	屋台
学校給食	学校給食
包丁	包丁
俎	俎板
鍋	鍋／小鍋
食器	食器／匙／皿／漆器／茶碗／陶磁器／鉢／椀
箸	箸
食卓	食卓／折敷／膳／ちゃぶ台

団地	団地
ダイニング・キッチン	ダイニングキッチン／ＬＤＫ
水洗トイレ	水洗トイレ／便所
風呂	風呂／共同風呂／銭湯
ミシン	ミシン
アイロン	火熨斗
洗濯機	洗濯機
掃除機	掃除機
冷蔵庫	冷蔵庫
石油ストーブ	ストーブ
自家用車	自動車／マイカー
プラスチック製品	プラスチック製品
薬	薬／置き薬／漢方薬／売薬
時計	時計／時刻／時の鐘
灯火	行灯／照明／松明／提灯／雪洞／ランプ
電灯	電灯／懐中電灯／電球
敷物	敷物／円座／茣蓙／薦／座布団／絨毯／莚
椅子	椅子／胡座／家具／床几
寝具	寝具／蒲団／枕
筆	筆／硯／墨
ペン	ペン／ボールペン
鉛筆	鉛筆
紙	紙
机	家具
手帳	手帳／母子手帳
日記	日記
スーパー・マーケット	スーパーマーケット
自動販売機	自動販売機
通信販売	通信販売
手紙	手紙
郵便	郵便／葉書／郵便文化
電話	電話／携帯電話／電報／電話交換手
囲碁	囲碁
将棋	将棋
面子	面子
煙草	たばこ
映画	映画
マンガ	マンガ／マンガ雑誌
ラジオ	ラジオ／トランジスタ＝ラジオ
テレビ	テレビ／テレビ文化
流行歌	流行歌／レコード
旅行	旅行／観光／行楽／旅／物見遊山／旅行案内
レジャー	レジャー／遊園地
公園	公園

索　　引

＊配列は，読みの五十音順とした．
＊項目名は，太字であらわし，先頭に「・」を付した．
＊項目の見出しのページは太字であらわし，先頭においた．
＊a b は，それぞれ上段，下段をあらわす．
＊索引語の別表記は〔　〕内に適宜まとめ，同じ表記については-を用いて省略した．

あ

アーク灯　141b, 142a
愛国歌謡　224a
愛染かつら　207b, 223b
アイドル歌手　225a
・**アイロン**　**114a**, 115a
青い目の人形　128b
赤崎勇　143b
秋元巳之助　65b
あぐら〔胡床，呉床〕　150a
揚げ物　43b
麻　10b, 14b, 114b, 153b, 164b
足利義晴　8a
味の素　73a, 74b
足踏み式ミシン　112a
小豆餡　24b, 50b
安斗智徳日記　172a
穴一　202a
穴風呂　106b
アニメーション〔アニメ〕　209b, 213b
油　38a, 42b, 138a
雨合羽　17a
・**雨具**　**14a**
甘葛　71b
天沼ビール　59b
天野浩　143b
アミューズメント・パーク　232b, 233a
綾藺笠　14b
安藤百福　29b
行灯　138b
あんパン　24b

い

藺〔-草〕　14a, 146a, 152a
伊吉博徳日記　172a
生島藤七　8b
池田菊苗　73a, 74b
・**囲碁**　**198a**, 199b
・**椅子〔倚子〕**　**150a**, 95b, 102a, 151a, 168b
出文机　168b
市女笠　14b
稲藁　10b, 15a, 152a
居間　102b, 103b
鋳物師　88b
井山裕太　199b
囲炉裏　88a, 89a
岩谷商会　205b
インク　160a
飲酒　56a, 181b
飲食店　76a
インスタント・カレールウ　46b　→即席カレー
インスタント・コーヒー　52b, 53b, 55a, 181a
・**インスタント食品**　**52a**, 54b, 55a
インスタント・ラーメン　29b, 52b, 55a
インターネット　185a, 209b
インフォメーション・アワー　215b

う

ウイスキー　61a
ウィリアム・コープランド　59b
上杉謙信　15b
上野公園　234a
ウォシュレット　105b
烏頭　133b, 134a
淡口醤油　70b
ウスターソース　72b
薄縁　148b
腕時計　137b
・**うどん〔饂飩〕**　**26a**, 27b
鰻　40a, 41b
・**うま味調味料**　**74a**, 73a, 75a

駅家　190b
羽毛蒲団　154b
漆塗　90b, 93b
上着　2a, 5b
上蓆〔表筵〕　152b, 153b
『雲州往来』　189b
運転免許　127a
運動公園　235b

え

・映画　**206a**, 207b, 213b, 220b, 222b
映画館　206a, 231b
映画法　207b
映画倫理規定管理委員会　208b
栄西　62b
営造物公園　234a, 235b
永忠　62a
エースコック　52a
奕　198a
駅制　190a
・駅弁　**34a**, 33b, 35a, 36a, 37a
荏胡麻油　138b, 139b
ＮＨＫ　214a, 216a, 218a, 219b　→日本放送協会
ＬＥＤ　143a
ＬＤＫ　103b
塩田　68a
・鉛筆　**162a**, 163a
鉛筆削器　163b

お

オアシス　180b
大内義隆　8a, 136a
オーカラ　58a
大塚食品工業株式会社　47a, 54b
大藤松五郎　58b
大鍋　88b
大橋　52a
大橋宗桂　200b
大蒲団　153b
大宮公園　234b
岡本一平　211a
置行灯　139a
置時計　137a
苧屑蒲団　154a
尾崎貫一　29a
折敷　94a
押し鮨　30b
おでん　77b
おにぎり　22b, 33b　→握り飯
オペラバッグ　19a
御薬園　134a
およげ！　たいやきくん　51a
折箸　93a
温室〔-院〕　106b
温水洗浄便座　105b

か

カーボン電球　141b
街区公園　235b
外食　29a, 76b, 93b
懐中時計　137a
懐中日記　175a
回転木馬　231b
外套　15b
街灯　139a, 142a
街頭テレビ　220b
街頭録音　215b
掻巻　12b, 153b
改暦令　136b
化学調味料　75a　→うま味調味料
篝火　138a
鍵　100a
核家族　98b, 99b
学習机　169b
覚心　70b
掛行灯　139a
家計簿　175b
掛時計　137a
掛蒲団　153b
籠弁当　33b
笠　14a
傘　14a
貸自動車　124b
粕酢　31a, 71b
ガス灯　141b, 142a
ガソリン〔-スタンド〕　124b, 125a
カタログ　182b, 183a, 184a, 185a
カチューシャ　206a
鰹節　26b, 74a, 75b
カツカレー　48b
脚気　25b, 44b

・学校給食　**80a**, 25b, 81a　→給食
葛飾北斎　211a
活動写真　206a　→映画
カツ丼　48b, 49b
合羽　14a, 15b
カップヌードル　29b, 52b
活弁　206b
カツレツ　48a
家庭電化製品〔家電-〕　99b, 100a, 103b, 120b
金岡団地　98a
靴〔カノクツ〕　10b
・蒲焼き〔樺-〕　**40a**
・かばん　**18a**
釜　88a, 106b
鎌倉飛脚　191a
蒲の穂〔ガマ-〕　40b, 132b, 152a
釜風呂　106b
・紙　**164a**, 158a, 165b, 166a
紙合羽　17a
紙衾　154a
紙巻き煙草　205b
紙屋紙　164b, 165b
萱　152a
粥　23b
歌謡曲　224b, 225b
カラーテレビ　220b
唐紙　164a
『我楽多珍報』　210b
ガラス　90b
苧　146b, 152b
カルピス　66b, 67a
乾飯笥　32b
カレー粉　44a, 45b
・カレーライス　**44a**, 45a, 46b, 47a, 48b
カレールウ　44a, 46b, 47a, 52a
河金丼　48b
革靴　11b
河内未曽　68b
川本幸民　59b
観光〔-旅行〕　227a, 228b, 229a
寒造り　57b
カンテラ　141a
龕灯　139b
乾パン　24b
雁皮紙　164b
漢方薬　133b

き

几　94a, 168a
戯画　210a
木履〔-靴〕　10a
刻み煙草　205b
汽車弁　34a　→駅弁
煙管　205a
喫煙　181b, 204a, 205a
喫茶　62a
吉兆　33b
切手　180b, 190a, 192b
絹〔-糸, -織物〕　11b, 12b, 114a, 147b
きぬかさ　14b
紀ノ国屋　178b
木枕　154b, 155a
君恋し　222a
木村安兵衛　25a
牛カツ　48b
給食　44b, 80a, 81b　→学校給食
牛鍋　38b, 39a
牛肉　38b, 39a, 46b, 48b
牛乳　81b
キューピー人形　129a
キユーピーマヨネーズ　73a
九和フード・センター　178b
行水　107b
炬火　138a
玉音放送　215a
曲彔　150b
切机〔-案〕　86a
『貴嶺問答』　189b
金線サイダー　65b
近隣公園　235b

く

クオーツ式時計　137b
括り枕　155a
・薬　**132a**, 133b, 134a
具注暦　172a
・靴〔沓, 舄, 履, 鞋〕　**10a**
靴下　11b
グルタミン酸　73a, 74a
黒澤明　208b, 209a
鍬焼き　38b

軍国歌謡　224a
軍事郵便　193b
軍隊手帳〔軍人-〕　170a

け

笥　32a
経営日記　174a
蛍光灯　142b, 143a
警察手帳　170a
鶏糸麺　29b
携帯電話　195b
経帯麺　28a
毛織物　149a
外記別日記　173b
毛履　10b
下水道　104a, 105a
下駄　10b
ケルビネーター社　120a

こ

濃口醤油　26b, 70b
碁石　198a
小石川植物園　134a
講　227b
交椅　150a
・公園　**234a**
広告鉛筆　163b
公衆電話　194a, 195b
公衆浴場　107b, 108b
楮　164b, 166a, 167b
公団住宅　98b, 99b
こうもり傘　15a
高遊外　63b
行楽　227a, 230b
後楽園ゆうえんち　232a
肥松　138b
五右衛門風呂　109a
コーヒー　52b, 53b
コーラ飲料　67a
五街道　191b, 227b
古賀清右衛門　149b
黒鉛　162a
国際郵便　192b
国書　188a
国定公園　234b
国民歌謡　214b
国民車育成要綱案〔-構想〕　125a
国立公園　234b
こけらずし　30b
茣蓙　146a, 147b
甑　22b
腰高　90b
小袖　12a
『子供パック』　211b
碁盤　198a
小麦〔-粉〕　24a, 26b
米　22a, 23a, 30a, 55b, 56a
米酢　31a, 71b
薦〔菰〕　152a, 154a
薦枕　154b, 155a
コレラ菌　64a
コロムビア　129b, 222a, 223a
強飯　22b
コンタクトレンズ　9b
昆布〔コンブ〕　73a, 74a, 75b
混浴　108b

さ

サイダー　65b, 66b
蔡倫　164a
サイレント　206b
酒酢　71b
・酒　**56a**, 30b, 32b, 57b, 68b, 71a, 181b
酒麹　25b, 56b
提重　32b
笹鮨　30b
匙　91b
座敷　152b
『ザ・ジャパン・パンチ』　210b
坐褥　148b
薩摩揚げ　43b
砂糖　71b, 72a
サトウキビ　71b, 75b
座布団　147b, 148b
皿　90a, 92b, 95a
サングラス　9a
三種の神器　99b, 120b
三四郎御弁当　35b
三朝庵　48b
山東京伝　211a
サントリーウイスキー白札　61a
三洋電機　117a

サンライズ　205b

し

シアーズ・ローバック社　182a, 184a
ＣＩＥ　215a
ＣＭソング　225b
・ジーンズ〔ジーン・パンツ〕　**6a**, 4b, 7a
ジェームズ・ディーン　4b, 6b
塩　30a, 68a
・**自家用車**　**124a**, 229b　→マイカー
敷蒲団　153b, 154a
・**敷物**　**146a**, 149a, 152a
『時事新報』　211a
自笑亭　35b
システム手帳　171a
自然公園　234b
脂燭　138a
時代劇　206b, 209a
下着　4a, 5b, 12a
七道　190a
支柱式天狗眼鏡　8b
漆器　90a, 91a
実況中継　218b
自動車　124a, 125a, 127b
自動車学校　124b
自動車ショー　127a
・**自動販売機**〔自販機〕　**180a**, 67b, 181a
児童福祉法　171b
茵〔褥〕　147b, 148b, 152b
シネマトグラフ　206a
紙背文書　189b
芝浦製作所　116a, 118a　→東京芝浦電気株式会社
事発日記　172a
渋谷庄三郎　59b
シブタニ・ビール　59b
シム商会　64b
四文屋　77b
杓子　92a
司薬場　134b
ジャパン・ヨコハマ・ブルワリー　59b
シャンペンサイダー　65b
集合住宅　98a, 102a
住宅建設一〇ヵ年計画　98a
絨毯　118a, 148b, 149a
重箱　32b
重油　125a
酒悦　47b
宿紙　165b
宿場　191b
手食　92a
酒造　56a
主題歌　222b, 223b
じゅばん　12b
主婦〔専業-〕　55b, 101a, 102b, 118b
主婦之友社　183a
純印度式カリー　46b
巡査手帳　170a
松煙墨　159b
松花堂弁当　33b
床几　150b
・**将棋**　**200a**
将棋駒　200a
消息　188a
焼酎　57b, 58a
蒸餅　24a
照明　138a, 139a, 142a, 143a
醬油　26b, 29a, 30b, 39b, 40a, 70a
書簡　188a, 190a　→手紙
食事　95b, 102b
食事室　102a
食寝分離　95b, 102a
燭台　139a
・**食卓**　**94a**, 95b, 102a, 169b
食品トレイ　131a
書札礼　189b
書状箱　191b
・**食器**　**90a**, 95a
シリンダー錠　100a
白黒テレビ　220b, 221a
・**寝具**　**152a**, 153b, 154b
信玄袋　18b
寝室　102a, 103b
新中間層　98b
進駐軍　161b　→占領軍
寝殿造　147b
新日本放送　216b
深夜放送　217a

す

酢　30b, 31a, 68b, 71a
推古天皇　188a

水晶時計　137b
・**水洗トイレ**〔-式便器〕　**104a**, 105a
水田稲作　22a
杉原紙　166a
・**スーパー・マーケット**　**178a**, 37a, 131a
須恵器　90a, 92b
・**すき焼き**　**38a**, 39b
菅　14a, 15a, 152a
菅枕　154b
・**鮨**〔寿司，鮓〕　**30a**, 31b, 76b
図書寮　158b, 159b, 164b
鈴木三郎助　73b, 74b
鈴木鉄蔵　141a
硯　158a, 159b
ステンレス流し台　99b, 102a
ストーブ　122a
ストーリー漫画〔-マンガ〕　211b, 213b
ストッキング　11b
スバル360　125b, 126a
スプーン　90b, 91b
スプリング・バレー・ブルワリー　59b
ズボン　2a, 6a
スマートフォン　195b
炭　114a　→石炭
墨　158a, 159a
酢飯　30b, 31b
スワン万年筆株式会社　161b
ズンドウ　122a

せ

製塩〔-土器〕　68a
精工舎〔セイコーウオッチ株式会社〕　137b
清酒　56b, 57b　→酒
西洋料理　44a
・**清涼飲料水**　**64a**, 66b, 67b
清涼飲料水営業取締規則　64a
石州半紙　167b
石炭　122b, 129a　→炭
石炭ストーブ　122a
尺牘　188a
石油　123a, 129a, 138b, 141a
・**石油ストーブ**　**122a**
意銭　202a
ゼネラルフーズ　53b
・**背広**　**2a**, 3a
セルロイド　128a
全自動式洗濯機　117a
仙台味噌　70a
洗濯　100b, 116a
洗濯板　116b
洗濯乾燥機　117b
・**洗濯機**　**116a**, 117a, 119a　→電気洗濯機
煎茶　63b
銭湯　107b, 108b
千利休　63b
占領軍　6b, 104b, 120b　→進駐軍

そ

総合公園　235b
掃除　118a
・**掃除機**　**118a**, 119a
造酒司　56a
雑炊〔-水，増水〕　69b
草履　10b
ソース　72b
即席カレー　52a　→インスタント・カレールウ
即席食品　52a
即席麵　29b, 52a, 54a
袖合羽　17a
・**そば**〔蕎麦，蕎麦切り〕　**26a**, 76b
蕎麦がき　26a
蕎麦粉　26b
空弁　34a

た

ダイエー　179a
大規模小売店舗法　179b
醍醐味合資会社　67a
台所〔台盤所〕　94b, 100b, 102a
大日本山梨葡萄酒会社　58b
・**ダイニング・キッチン**〔ＤＫ〕　**102a**, 98a, 99b, 103a, 119a
ダイニングテーブル　95b
台盤　94b
松明　138a
大名時計　136b
大名飛脚　191b
・**鯛焼き**　**50a**, 51b
太陽暦　136b
高木兼寛　44b

高島小金治　73a
高島屋　183a
高坏　22b, 90a
高柳健次郎　218a
炊き干し法　22b
竹鶴政孝　61a
出汁〔だし〕　26b, 73a, 74a, 75b
畳〔タタミ〕　100b, 146b, 147b, 152a
脱脂粉乳　25b, 81a
ダットサン310型　127a
伊達正宗　70a, 162b
店売り　26b
・煙草　**204a**, 180a, 181b, 205a
タビ〔手火〕　138a
旅　226a　→旅行
旅日記　174a
旅の夜風　223b
溜り〔-醤油〕　26b, 38a, 40b, 70a
ダルマストーブ　122a
俵谷高七　180b
炭酸飲料　64b
檀紙　165b, 166a
丹前　12b
・団地　**98a**, 100a, 101a, 119a
団地族　98b
団茶　62b
断髪令　155b
暖房　122a

ち

地域制公園　234a
チキンラーメン　29b, 52a
地区公園　235b
ちまき　22b
・茶　**62a**, 55b
チャールズ・ワーグマン　210b
チャトランガ　200a
茶の湯　63b
ちゃぶ台　95b
茶弁当　32b
中華麺　28a, 29b
中部日本放送　216b
提灯　141a
蝶ネクタイ　3a
・調味料　**68a**, 40b, 74a
楮紙　164b
貯炭式ストーブ　122a
チョッキ　2a

つ

・通信販売　**182a**, 183a, 184a, 185a
『通販生活』　184b
坏　90a, 92b, 94a, 168a
継紙　164b
継ぎ飛脚　191b
続松　138b
・机　**168a**, 94a
造り酒屋　56a
辻行灯　139a
辻売り　26b
津田仙　182b
綱貫　10b
釣行灯　139a
弦付鍋　88b, 89a

て

・Tシャツ　**4a**, 5b, 13a
庭園　231b, 234a
ディズニーランド　231a, 232a, 233b
・手紙　**188a**, 192b　→書簡
テキヤ　78a
手提行灯　139a
手燭　139b
・手帳　**170a**
手塚治虫　213a
鉄筋耐火建築　98a
鉄道　33b, 34a, 35a, 122a, 127b, 228a
鉄砲風呂　109a
出前　49b, 101a
寺子屋　168b
・テレビ　**218a**, 99b, 209a, 217a, 219a, 220b, 221a, 224b, 225a
テレビショッピング　184a
電気アイロン　114b, 115a
電気釜　99b
電気館　206a
電気洗濯機　99b　→洗濯機
電気掃除機　118a
電気冷蔵庫　99b, 102a, 120a　→冷蔵庫
天狗煙草　205b
天神机　168b
・電灯　**142a**, 141b

店頭テレビ　219b
電動ミシン　113b
天皇制について　215b
電波監理委員会　216b, 218b
電波三法　216a, 218b
天平筆　158b
・天ぷら〔天麩羅〕　**42a**, 76b, 77b
典薬寮　132b
店屋物〔てんやもの〕　49b, 101a
・電話　**194a**, 185a, 192b
電話交換手　194a
電話ボックス　194a, 195b

と

トイレ　104b, 105a
・灯火　**138a**, 141a
東京芝浦電気株式会社　116a, 142b →芝浦製作所
東京電灯会社　141b, 142b
東京日日新聞社　200b
東京放送局　214a
東京漫画会　211b
唐紙　164a
陶磁器　90a, 91a
刀子　84a, 85a
灯台　138b
闘茶　63b
道中弁当　33b
東陶〔ＴＯＴＯ〕　105a
灯明　142a
灯油　122b, 138b, 139b, 141a
東洋工業　125a
当用日記　175a
東洋レーヨン　11b
胴乱　18b
道路交通法　127b
トーキー　207a, 222b
土器　88a, 90a, 138a
時の鐘　137a
徳川家康　8a, 42b, 136b, 162b, 204b
徳川光圀　28a
徳川夢声　214b
徳川吉宗　59a
・時計　**136a**, 137a, 182a
床　152b
都市公園　234a, 235b
褞袍　12b
土鍋　88b
宿直衾　152b
富山の配置薬　134b
豊田自動織機製作所　125a
ドラマ　216a
鳥の子紙　164b
トレンチコート　17b
泥面子　202b
・豚カツ　**48a**, 49b
曇徴　158b, 159a, 164a

な

内職　112b
ナイロン　11b, 17a, 19b
長柄傘　14b
中島董一郎　73a
菜刀　85b
中野又左衛門　31b, 71b
中浜万次郎　2b, 112a
中村屋　46b
灘酒造　57b
菜種油　138b, 142a
夏木ゆたかのホッと歌謡曲　217b
夏目漱石　66a
浪花屋総本店　50a
・鍋〔堝〕　**88a**
鍋島絨毯　149b
生成　30a
納屋助左衛門　14b
なれ鮨　30a

に

二月堂机　94b
握り鮨　30b, 31a, 71b
握り飯　32b, 34b　→おにぎり
肉食　38a, 44b
ニッカウイスキー　61b
・日記　**172a**, 173b
日産自動車　125a, 126a
日清食品　29b, 52a
日本活動写真会社〔日活〕　206a, 222b
日本コカ・コーラ社　67b, 180b
日本酒　56a　→酒
日本住宅公団　98a, 102a, 104b
日本通運　192b

日本テレビ　219b
日本能率協会　171a
二本箸　91b, 92b, 93b
日本万国博覧会　229a
日本放送協会　214a, 218a　→ＮＨＫ
日本薬局方　134b
乳酸菌飲料　66b, 67a
入浴　106a, 107b
庭燎　138a
妊産婦手帳　171b

ね

・ネクタイ　**2a**, 3a
猫印ウイスキー　61a
・寝巻〔-間着〕　**12a**, 153b

の

能阿弥　63b
農業日記〔農事-〕　174a
能率手帳　171a
ノース＆レー商会　65b
野田清右衛門　47b
のらくろ　211b
乗合自動車　124b
『ノンキナトウサン』　211b

は

バーバリー　17b
売薬取締規則　134b
葉書　190a, 192b
博多ラーメン　78a
履物　10a
麦酒　59b
白熱灯〔-電灯〕　141b, 143a
博文館　175a
箱膳　90b, 94b
箱枕　155b
・箸　**92a**, 91b, 95a
土師器　90a, 92b
パジャマ　12b
はたき　118b
旅籠　227b
鉢　90a
発声映画　207a　→トーキー
鼻眼鏡　8a
花屋敷〔-やしき〕　231b
花屋与兵衛〔華屋-〕　30b
羽仁もと子　175b
羽ペン　160a
羽生善治　201a
早鮨　30b
腹巻き　12b
パルプ　166b
・パン〔-食〕　**24a**, 25b, 55a, 81b
ハンドバッグ　18a, 19a
半馴　30a
半平　42b

ひ

ビート族　5b
ビール　59a, 90b
皮革使用制限規則　19b
飛脚　191a, 192b
ビクター　222a, 223a
鼻高沓　10a
斐紙　164b
醬　68b, 70a
ビジネス手帳　171a
直垂衾　152b
日立製作所　120b
筆記具〔-用具〕　158a, 160a, 161b, 163a
羊　149a
ヒッピー　5b
ヒデバチ　138b
単　12b
日時計　136a
『人の一生』　211b
日次記　172a
ビニール　17a, 19b
火熨斗　114a
百貨店　183a
平賀源内　41b, 149a
平野水　65b
瓶・缶飲料　180b

ふ

ファーバー・カステル社　162b
ファスト・フード　53b
諷刺画　210b, 211b, 213a
風信帖　188b
フェルト　148b, 149a
福神漬　47b

藤井聡太　201a
富士急ハイランド　232a
藤布　154a
藤村紫朗　58b
衾　152b, 153b
豚肉　48a
文机　168b, 169b
・筆　**158a**
不定時法　136b
葡萄酒製造所　58b
蒲団〔布-〕　152a, 153b
鮒鮨　30a
・プラスチック製品　**128a**, 129a, 130b
フラ・フープ　129b, 130b
フランシスコ・ザビエル　8a, 136a
ブランデー　58b
振り売り　26b
振子時計　136a
ブルー・ジーン〔ブルージーンズ〕　6b, 7a　→ジーンズ
ブルーバード　127a
ブルー・フレーム　123b
プレジャー・ガーデン　232b
・風呂　**106a**, 107b, 108b, 109b
フロックコート　2a
フロン　121b
文寿堂　170b
文房四宝〔-四友〕　158a, 159a

へ

兵食　44b, 45a
・米飯　**22a**, 23a　→飯
ベークライト　128b
別記　172b, 173b
ベッド　100b, 154b
ベッドタウン　98b
ペットボトル　67b, 131a
ペリー　61a, 112a
・ペン　**160a**
ベンチ　151a
・弁当〔便当〕　**32a**, 33a, 34a, 35a, 80a

ほ

方椅　150a
ほうき　118b
『冒険ダン吉』　211b
防災公園　235b
防水布　17a, 19b
坊主枕　155a
放送討論会　215b
包装フィルム　131a
・包丁〔-刀〕　**84a**, 85a, 86a
包丁者〔庖丁，庖丁人〕　84b
ボールペン　160a, 161b
『北斎漫画』　211a
ほくさんバスオール　109b
ポシェット　18a
母子健康手帳　171b
星崎電機　180b
母子保健法　171b
干し物　100b
ボストンバッグ　19b
細川紙　167b
細川忠利　58b
『ポパイ』　184b
ホベ　138a
ポリエチレン　129b
ポリ塩化ビニール　129b
堀切紋二郎　40b
ポリドール　222a, 223a
本因坊　198b, 199b
ボンカレー　47a, 54b
本草学　134a
本田宗一郎　125a
ポンチ絵　210a
ポンチ軒　49b
雪洞　139b
本美濃紙　167b

ま

マイカー〔-時代〕　125b, 126a　→自家用車
毎日放送　216b
前島密　190a, 191b
幕の内弁当　33a
枕　152b, 154b
真崎仁六　162b
麻紙　164b
マダムと女房　207a
町飛脚　191b
マッキントッシュ　17a
松下幸之助　120b

マツダ　125b
抹茶　63b
松脂蠟燭　139b
・俎　**86a**, 87a
マヨネーズ　73a
『団団珍聞』　210b
・マンガ〔漫画〕　**210a**, 211a, 213a
漫画家　211a
漫画雑誌　213a
万年筆　129b, 160a

み

ミカドソース　73a
・ミシン　**112a**, 113a
水時計　136a
未成年者飲酒・喫煙　181b
味噌〔未醤，美蘇〕　39b, 68b, 69a, 70a
醤水　69a
味噌汁　69a
美空ひばり　224b
道弁　34a
三菱鉛筆株式会社　163a
三菱商会　65b
三椏　164b
三ツ矢シャンペンサイダー〔-印平野水〕　66a, 66b
三ツ矢平野鉱泉合資会社　66b
『御堂関白記』　172b
蓑　14a, 15a
身分証明書　170a
都一製麺　29b
宮沢賢治　66b
明星食品　52a
みりん　26b, 39b, 40b
民間情報教育局　215a
民間放送　216b

む

麦縄　27a
麦飯　45a
蒸し風呂　106a
ムシロ〔席，莚，蓆，筵〕　146a, 147b, 152a, 154a
無声映画　206b
陸奥紙　165b
村井吉兵衛　205b
牟礼団地　98a

め

『明衡消息』　189b
明治屋　65b, 66b
銘々器　92b
メール　193b
・眼鏡　**8a**
飯　32a, 69a　→米飯
メニコン　9b
メリーゴーラウンド　231b
メリヤス　4a, 11b
面模　202b
・面子　**202a**, 203a
面打　202b

も

申詞日記　172a
毛氈　148b
毛布　12b, 154b
モーニング　2a
木造賃貸アパート　98b
木蠟燭　139b
藻塩　68a
餅　22b, 26a
物見遊山　32b, 227a, 234a
木綿　12b, 14b, 17a, 147b, 153b, 154a
森田直七　18b
森永製菓　53b
問注記　172a

や

薬剤師　134b
薬品営業並薬品取扱規則　134b
役用日記　174a
・屋台　**76a**, 26b, 31a, 77b, 78a
ヤマサ醤油　72b, 73a
山城屋和助　18b
大和通商　29b
大和屋　44b
ヤミ市〔闇市〕　76a, 78a

ゆ

遊園地〔遊園〕　230b, 231b, 233a, 234a
遊園地取締規則　232a
・郵便　**190a**, 183a, 191b, 192b, 193b

郵便注文営業　183a
郵便取扱所　191b
郵便ポスト　192b
雄略天皇　188a
油煙墨　159b
床座　150a
ゆかた　12b
湯漬け　23b
湯殿　106a
ユニオン・スーツ　4a
ユニットバス　109b
湯槽　106a, 108b　→浴槽
湯屋　106a, 107b, 108a

よ

洋傘　15a
容器包装リサイクル法　131b
洋靴　10b
洋裁　112a, 113a
洋食　44b, 45a, 48b, 90b
洋装　2a, 15a, 112a, 114b
洋服　2a, 10b, 19b, 112a, 113a
余暇　230a
夜着　12a, 152a, 153b
浴室　104b, 109b
浴槽　100a　→湯槽
夜鳴蕎麦屋　77b

ら

・ラーメン　**28a**
ラーメン屋台　29a, 79b
ライスカレー　44a, 46b　→カレーライス
来々軒　29a
柳麺　28a
・ラジオ〔-放送〕　**214a**, 215a, 216a, 217a, 224a
ラジオ体操　214b
羅紗　15b
羅生門　209a
ラス・ビハリ・ボース　46b
ラムネ　64a
ララ物資　80b
蘭学　134a
ランタン時計　136b
ランプ　141a

り

竜切手　192b
・流行歌　**222a**, 224a
リュックサック　19b
糧袋　32b
・旅行　**226a**, 227b
旅行ガイドブック　228b
離洛帖　188b
リンゴの唄　224a

れ

・冷蔵庫　**120a**, 31b, 119a　→電気冷蔵庫
冷凍庫〔-機〕　120a, 121a
冷凍食品　53b
レインコート　14a, 17a
レクリエーション　230a
レコード　222a, 224b
レジスター　179a
レジ袋　131b
・レジャー　**230a**, 231a
レトルト食品　47a, 54b
煉瓦亭　48a

ろ

漏刻〔-尅〕　136a
蠟燭　139a, 142a
六波羅飛脚　191a

わ

・ワイシャツ　**2a**, 3a
ワイン　58a
和三盆　72b
和紙　164b, 167b
和食　74a
和時計　136b
侘茶　63b
藁叺　154a
草鞋　10b
破子〔破籠，割籠弁当〕　32b, 33b
割り箸　93b
円座　148b
碗〔椀〕　90a

図 版 目 録

図１　背広・ワイシャツ・ネクタイを着用した福沢諭吉　国立国会図書館所蔵 ……3
図２　Ｔシャツを着たジェームズ・ディーン　Ronald Grant Archive／Mary Evans／共同通信イメージズ ……5
図３　ファッション雑誌でのジーンズの特集(『装苑』1971年５月号より)国立国会図書館所蔵 ……7
図４　徳川家康所用の眼鏡　久能山東照宮博物館所蔵 ……9
図５　乗馬する検非違使の沓(『伴大納言絵詞』より)　出光美術館所蔵 ……11
図６　明治時代の流行型編上靴(『みつこしタイムス』1908年８月号より)国立国会図書館所蔵 ……11
図７　小袖を身につけ、夜着を掛けた春日明神の化身(『春日権現験記』より)宮内庁三の丸尚蔵館所蔵 ……13
図８　褞袍㊧と掻巻を着た少女㊨(喜田川守貞『守貞漫稿』〈1853年〉より) ……13
図９　市女笠の女性と綾藺笠の男性(『石山寺縁起』より)　石山寺所蔵 ……16
図10　上杉謙信所用の長合羽　上杉神社所蔵 ……16
図11　蓑　秋田県大館市のワラケラ ……16
図12　明治時代の蝙蝠傘(萩原乙彦著、三木光斎画『東京開化繁昌誌』〈1874年〉より)　国立国会図書館所蔵 ……17
図13　胴乱の銭入れ　国文学研究資料館所蔵(旧日本実業史博物館コレクション) ……19
図14　信　玄　袋 ……19
図15　かばんを掛けた郵便配達夫(梅堂国政「開化幼早学門」〈1876年〉より)郵政博物館所蔵 ……19
図16　石川県杉谷チャノバタケ遺跡出土のちまき状炭化米　石川県埋蔵文化財センター提供 ……23
図17　木村屋パン店(吉田保次郎編『東京名家繁昌図録』〈1883年〉より) ……25
図18　木村屋のあんパン ……25
図19　蕎麦切・うんとん屋(長谷川光信画『絵本御伽品鏡』〈1739年〉より) ……27
図20　江戸川乱歩直筆の屋台ラーメン屋　立教大学江戸川乱歩記念大衆文化研究センター寄託資料 ……28
図21　1958年(昭和33)発売のチキンラーメン　日清食品ホールディングス提供 ……29
図22　すし屋台(喜多川歌麿画『絵本江戸爵』〈1786年〉より)　国立国会図書館所蔵 ……31

図23　重箱・割籠（醍醐山人『料理早指南大全』〈1801-04年〉より）……………33
図24　戦時中の駅弁の掛け紙（1938年）……………………………………………36
図25　上野駅ホームの駅弁の売り子（1949年）　毎日新聞社提供　…………………36
図26　鋤焼き（浅野高造『素人庖丁』〈1803-20年〉より）　吉井始子編『（翻刻）
江戸時代料理本集成　第7巻』（1980年、臨川書店）より転載……………………38
図27　牛鍋屋（仮名垣魯文『安愚楽鍋』〈1871年〉より）……………………………39
図28　当世の蒲焼き㊧といにしえの蒲焼き㊨（斎藤彦麿『神代余波』〈1847年〉
より）…………………………………………………………………………………41
図29　天ぷらの屋台（山東京伝『江戸春一夜千両』〈1786年〉より）　東京都立
中央図書館特別文庫室所蔵……………………………………………………………43
図30　1908年（明治41）の海軍割烹術参考書をもとに復原した「よこすか海軍
カレー」……………………………………………………………………………………45
図31　中村屋新宿本店（1909年）　宇佐美承『新宿中村屋　相馬黒光』（1997
年、集英社）より転載……………………………………………………………………46
図32　カ　ツ　丼…………………………………………………………………………49
図33　「わかば」の鯛焼き………………………………………………………………51
図34　1960年（昭和35）発売の森永インスタントコーヒーと初期の広告　森永
製菓株式会社提供…………………………………………………………………………53
図35　1968年（昭和43）発売のボンカレー……………………………………………54
図36　伊丹酒造（木村孔恭著、蔀関月画『日本山海名産図会』〈1799年〉より）
……………………………………………………………………………………………57
図37　初期の国内産ビールのラベル　シブタニ・ビール㊧　ジャパン・ヨ
コハマ・ブルワリー㊨……………………………………………………………………59
図38　1907年（明治40）発売の赤玉ポートワイン……………………………………60
図39　東京銀座のビヤホール　毎日新聞社編『一億人の昭和史　昭和の原
点：明治　中巻』（1977年）より転載……………………………………………………60
図40　1929年（昭和4）発売のサントリーウイスキー白札の広告………………60
図41　製茶の様子　門脇禎二他編『日本生活文化史7』（1974年、河出書房新
社）より転載………………………………………………………………………………63
図42　「やぶ屋」の天ぷら蕎麦とサイダーのセット……………………………………65
図43　1919年（大正8）発売のカルピス………………………………………………66
図44　「初恋の味」をキャッチフレーズにしたカルピスの広告（1924年、オッ
トー・デュンケル作）　印刷博物館所蔵……………………………………………………66
図45　コカ・コーラ　アドミュージアム東京所蔵…………………………………………67
図46　平安時代の大饗に出された調味料（『類聚雑要抄』より）　川本重雄・
小泉和子編『類聚雑要抄指図巻』（1998、中央公論美術出版）より転載……69
図47　塩焼き（渓斎英泉編『女大学教草』〈1843年〉より）……………………………69
図48　下総国醤油製造之図（歌川広重画『大日本物産図会』〈1881年〉より）

国立国会図書館所蔵 ……………………………………………………………71
図49　1925年(大正14)発売のキユーピーマヨネーズの広告 ……………………72
図50　1908年(明治41)発売当時の「味の素」……………………………………74
図51　「味の素」の運搬用の箱車 ……………………………………………………75
図52　屋台の外食店(鍬形蕙斎『近世職人尽絵詞』〈19世紀〉より)　東京国立博物館所蔵 ……………………………………………………………………………77
図53　福岡市中洲のラーメン屋台　フォトライブラリー提供 ……………………79
図54　昭和30年代の学校給食の食事風景　独立行政法人日本スポーツ振興センター提供 ……………………………………………………………………………81
図55　包丁(『酒飯論』〈写本〉より)　国立国会図書館所蔵 ………………………84
図56　堺の包丁を売る店(平瀬徹斎著、長谷川光信画『日本山海名物図会』〈1754年〉より) ……………………………………………………………………………85
図57　四脚の俎で調理をする包丁師(『七十一番職人歌合』〈1500年ごろ〉より) ……………………………………………………………………………………86
図58　かまぼこ形の俎(『新流料理いろは庖丁』〈1903年〉より)　国立国会図書館所蔵 ……………………………………………………………………………87
図59　鍋・鍋ぶた・釜しき(浅野高造『素人庖丁』〈1803-20年〉より)　吉井始子編『(翻刻)江戸時代料理本集成　第7巻』(1980年、臨川書店)より転載 ……………………………………………………………………………………89
図60　古代の貴族の食卓と食器　奈良文化財研究所提供 …………………………91
図61　平城宮跡出土の箸　奈良文化財研究所提供 …………………………………93
図62　箱　　　　膳 ……………………………………………………………………94
図63　ちゃぶ台　安城市歴史博物館所蔵 ……………………………………………95
図64　金岡団地(大阪府堺市)　ＵＲ都市機構提供 ………………………………99
図65　常盤平団地(千葉県松戸市)のダイニング・キッチン　松戸市立博物館提供 ………………………………………………………………………………103
図66　旧岩崎邸の水洗式トイレ(1896年竣工当時のもの、イギリスのドルトン社製) ……………………………………………………………………………105
図67　東大寺大湯屋の鉄湯船 ………………………………………………………107
図68　江戸時代の銭湯(式亭三馬『浮世風呂』〈1809-13年〉より) ……………108
図69　五右衛門風呂(仮名垣魯文著、歌川芳幾画『東海道中栗毛野次馬』〈1860年〉より) ……………………………………………………………………………109
図70　ミシンで裁縫をする女性(楊洲周延画「女官洋服裁縫之図」〈1887年〉より) ……………………………………………………………………………………112
図71　足踏み式ミシン　昭和のくらし博物館所蔵 ………………………………113
図72　火熨斗(『(嘉永訂正)女大学操鑑　全』〈1851年〉より) …………………114
図73　電気アイロン(1923年、芝浦製作所)　東芝未来科学館提供 ……………115
図74　日本初の電気洗濯機(1930年、芝浦製作所)　東芝未来科学館提供 … 117

図75　日本初のアップライト型真空掃除機(1931年、芝浦製作所)　東芝未来科学館提供 …… 119
図76　日本初の電気冷蔵庫(1930年、芝浦製作所)　東芝未来科学館提供 … 121
図77　石油ストーブ「ブルー・フレーム」(『暮しの手帖』1960年12月号より)　国立国会図書館所蔵 …… 123
図78　1959年(昭和34)発売のダットサン310型(初代ブルーバード、日産)　日産自動車株式会社提供 …… 126
図79　第1回全日本自動車ショー(1954年)　共同通信イメージズ提供 …… 126
図80　フラ・フープの流行 …… 130
図81　自治体のペットボトルリサイクル用の回収ボックス …… 131
図82　正倉院薬物　竜角㊧　竹節人参㊨　正倉院宝物 …… 133
図83　小石川植物園(小川一真編『東京帝国大学』〈1900年〉より)　国立国会図書館所蔵 …… 135
図84　万年時計(1851年、田中久重作)　東芝未来科学館提供 …… 137
図85　角行灯　国立歴史民俗博物館所蔵 …… 140
図86　弓張提灯　国立歴史民俗博物館所蔵 …… 140
図87　雪洞(北尾重政『絵本世都之時』〈1775年〉より) …… 140
図88　明治10年代の横浜馬車道のガス灯　横浜開港資料館提供 …… 140
図89　1879年製の最初のエジソンカーボン電球(複製)　東芝未来科学館提供 …… 143
図90　畳と、畳を用いた茵(『春日権現験記』より)　宮内庁三の丸尚蔵館所蔵 …… 147
図91　円座(『類聚雑要抄』より)　川本重雄・小泉和子編『類聚雑要抄指図巻』(1998年、中央公論美術出版)より転載 …… 148
図92　静岡県登呂遺跡出土のあぐら …… 151
図93　一休宗純像(1462年〈寛正3〉自賛)　読売新聞社所蔵 …… 151
図94　夜着・枕・茵(『春日権現験記』より)　宮内庁三の丸尚蔵館所蔵 …… 153
図95　ベッド(福沢諭吉『西洋衣食住』〈1867年〉より)　国立国会図書館所蔵 …… 154
図96　箱枕(紅月楼『仮根草』〈1795年〉より)　国立国会図書館所蔵 …… 155
図97　平城京の役人が使う筆記具(平城宮・平城京出土、筆と墨は複製)　奈良文化財研究所提供 …… 159
図98　昭和前期のセーラー万年筆のカタログ　国立歴史民俗博物館所蔵 … 160
図99　慶応義塾大学の校章 …… 161
図100　徳川家康所用の鉛筆　久能山東照宮博物館所蔵 …… 163
図101　継紙(『貫之集』〈西本願寺本『三十六人家集』〉) …… 165
図102　越前奉書紙づくり(平瀬徹斎著、長谷川光信画『日本山海名物図会』〈1754年〉より) …… 166

図103　石州和紙の紙漉き　石州和紙協同組合提供 …… 167
図104　寺子屋の天神机（鍬形蕙斎『近世職人尽絵詞』〈19世紀〉より）　東京国立博物館所蔵 …… 169
図105　2010年代の母子健康手帳㊧と1947年（昭和22）の妊産婦手帳㊨　妊産婦手帳＝奈良県立図書情報館所蔵 …… 170
図106　歴史手帳（2020年版、吉川弘文館） …… 171
図107　『御堂関白記』　陽明文庫所蔵 …… 173
図108　『伊勢参宮道中記』（1820年）　山形県立米沢女子短期大学所蔵 …… 174
図109　当用日記（2019年版、博文館新社）　博文館新社提供 …… 174
図110　1953年（昭和28）に開店した紀ノ国屋　株式会社紀ノ国屋提供 …… 179
図111　1961年（昭和36）発売の自動販売機「オアシス」　ホシザキ株式会社提供 …… 181
図112　『ポパイ』創刊号（1976年）　国立国会図書館所蔵 …… 184
図113　坂本竜馬から姉乙女へ宛てた手紙（1863年〈文久３〉６月29日、部分）京都国立博物館所蔵 …… 189
図114　継ぎ飛脚（葛飾北斎「冨士百撰　暁ノ不二」より）　郵政博物館所蔵 …… 191
図115　明治10年代の東京郵便局公衆室（「郵便現業絵図」〈1885年〉より）　郵政博物館所蔵 …… 192
図116　戦前の埼玉県氷川神社の絵葉書（大宮町役場・京都祇園観光社発行） …… 193
図117　1900年（明治33）東京京橋に設置された公衆電話ボックス　東日本電信電話株式会社所蔵 …… 195
図118　『源氏物語絵巻』宿木（部分）に描かれた囲碁の対局　徳川美術館所蔵 ©徳川美術館イメージアーカイブ／DNPartcom …… 199
図119　福井県朝倉氏館跡出土の将棋駒　福井県立一乗谷朝倉氏遺跡資料館所蔵 …… 201
図120　戦後の力士の面子と角面子　小山市立博物館所蔵 …… 203
図121　煙草を吸うオランダ人 …… 205
図122　「愛染かつら」（監督：野村浩将、出演：田中絹代、1938年公開、松竹）松竹株式会社提供 …… 207
図123　丸の内ピカデリー劇場（1949年）　朝日新聞社提供 …… 208
図124　『ザ・ジャパン・パンチ』第１号（1862年）　山手資料館所蔵 …… 212
図125　「のらくろ二等卒」（『少年倶楽部』1931年１月号）　©田河水泡／講談社 …… 212
図126　『少年』1952年（昭和27）10月号の表紙と付録「100倍天体地上望遠鏡」／光文社 …… 212
図127　ラジオ受信機サイモフォンＡ-２型（1925年、東京電気株式会社）　東

芝未来科学館提供 …………………………………………………………………… 215
図128　白黒テレビ１号機(1951年、シャープ) ………………………………………… 219
図129　NHK本放送開始時の受像公開(1953年、東京都世田谷区)　世田谷区
立郷土資料館提供 …………………………………………………………………… 220
図130　日本ビクターのポスター …………………………………………………… 222
図131　並木路子･霧島昇「リンゴの唄」のレコード(1945年発売、日本コロ
ムビア)　日本コロムビア株式会社提供 …………………………………………… 223
図132　レコードプレイヤー ………………………………………………………… 223
図133　田山花袋『東京近郊一日の行楽』(1923年) ……………………………… 228
図134　日本万国博覧会記念乗車券セット ………………………………………… 229
図135　浅草花やしきのメリーゴーラウンド(昭和40年代ごろ)　株式会社花
やしき提供 …………………………………………………………………………… 231
図136　戦前の大宮公園の風景(「大宮公園風景絵はがき　蛍ノ名所見沼川畔
風光」) ………………………………………………………………………………… 235